广州市哲学社科规划 2020 年课题（课题编号：2020GZYB44）资助

信息披露影响并购重组的监管策略研究

陈文婷　著

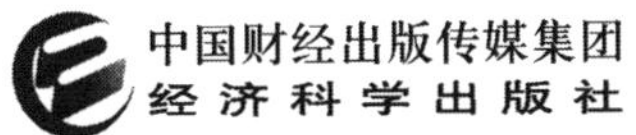

图书在版编目（CIP）数据

信息披露影响并购重组的监管策略研究/陈文婷著．—北京：经济科学出版社，2021.9
ISBN 978－7－5218－2907－5

Ⅰ.①信…　Ⅱ.①陈…　Ⅲ.①企业管理－会计信息－影响－企业兼并－监管制度－研究－中国　Ⅳ.①F279.214

中国版本图书馆 CIP 数据核字（2021）第 192372 号

责任编辑：赵泽蓬
责任校对：蒋子明
责任印制：王世伟

信息披露影响并购重组的监管策略研究
陈文婷　著
经济科学出版社出版、发行　新华书店经销
社址：北京市海淀区阜成路甲 28 号　邮编：100142
总编部电话：010－88191217　发行部电话：010－88191522
网址：www.esp.com.cn
电子邮箱：esp@esp.com.cn
天猫网店：经济科学出版社旗舰店
网址：http://jjkxcbs.tmall.com
北京季蜂印刷有限公司印装
710×1000　16 开　14.5 印张　260000 字
2021 年 9 月第 1 版　2021 年 9 月第 1 次印刷
ISBN 978－7－5218－2907－5　定价：50.00 元
（图书出现印装问题，本社负责调换。电话：010－88191510）

前　言

从研究生阶段始，我在导师的引领下，专注于并购重组领域的研究，至今十余年。我在并购重组领域的研究主要围绕以下几个主题来展开：控制权转移、并购制度变革、并购重组中的信息披露、并购市场的中介行为以及混合所有制并购。从2017年开始，我侧重研究信息披露影响并购重组的作用机制及监管策略，相关研究成果可以归纳为三个方面：（1）构建媒体融合的信息披露影响并购重组的分析框架，为并购重组市场的信息治理效应提供进一步的经验证据，丰富公司信息披露与媒体监督相关理论研究。（2）构建媒体融合视阈下信息披露度量指标，有效弥补了传统手工搜集数据的样本缺少问题，进一步拓展了并购重组信息披露研究的大数据特性。（3）基于我国并购重组市场的信息披露监管制度变革，从信息中介和经济政策环境两个角度丰富了并购重组市场的估值理论和资源配置研究。本书对上述研究进行了梳理和补充，具体编排布局详述如下：

“基于Meta分析的信息披露影响并购重组的文献综述”一章主要从资本市场估值效率与并购绩效两方面检验信息披露与并购重组的关系以及潜在调节变量的影响，运用Meta分析方法对59篇实证文献中提取的59个效应值进行归纳分析。研究结果表明：信息披露能有效提高资本市场估值效率，具体体现为降低股价同步性与资本成本、增强市场流动性；信息披露能提高企业并购绩效；上述关系还受到企业规模、分析师跟踪和测量维度三个方面因素的影响。研究结论厘清并丰富了信息披露影响并购重组的现有研究逻辑，为完善并购重组中信息披露监管策略、保护中小投资者利益提供了政策启示。

“信息披露影响收购方发起并购重组的概率及其绩效研究”一章尝试从信息披露的角度解释市级地方官员变更对上市公司并购成功率和并购绩效的影响机制。研究发现：当地方官员发生变更时，企业并购成功的可能性降低；地方官员变更会降低企业并购的短期绩效；地方官员变更有利于企业长期并购绩效的提升；信息披露水平变化导致的信息不确定和信息不对称解释了地方官员变更如何影响企业并购重组。根据主要研究结论，我们提出如下政策建议：第一，监管部门要建立并购重组中信息披露精准监管策略，提高并购重组市场的信息治理效率，优化市场信息环境，保护中小投资者利益；第二，上市公司要提高信息披露效率，积极利用信息中介进行信息管理，提高并购估值效率，优化公司信息治理框架。

“信息披露影响目标方被并购重组的概率及其绩效研究”一章基于信息披露的研究视角，讨论了上市公司盈余管理与再次被收购概率的关系，以及不同信息披露质量和产权安排对盈余管理影响存在的差异，同时区分应计盈余管理和真实盈余管理进行了检验。结果表明：应计盈余管理与再次被收购概率显著正相关，这种现象在信息披露完备的情况下，民营企业、首次被收购时取得较好市场反应的企业中更为显著；信息披露质量高的上市公司，应计盈余管理与长期并购绩效显著负相关。本章研究结果进一步丰富了目标公司特征的理论研究以及盈余管理与并购的文献观点，同时为监管部门制定并购重组信息披露政策提供了经验证据。

本书还包括两篇案例研究论文，一篇是以利欧股份为例，研究新媒体信息披露及监督影响并购重组的作用路径；另一篇是以乐视网为研究对象，基于大股东及管理层的文本语调管理的研究视角，分析大股东及管理层信息披露违规行为及监管策略。

我国资本市场信息披露影响并购重组的作用机制及监管策略，一直是国内外学者重点关注的问题。本书的研究框架符合国家推动媒体融合发展、建设大数据时代金融监管的迫切要求，研究成果将有助于上市公司管理者积极主动进行媒体和投资者管理，提高并购估值和资源配置效率，规范与优化上市公司信息治理框架。进一步，本书的研究成果还有助于监管部门制定全媒体时代的并购重组信息披露监管策略、优化市场信息环境、提高稽查执法效率，同时增加违法违规成本从而起到市场震慑作用，为建立健全金融监管体制和防范系统性金融风险提供实证依据。

本书得以顺利出版，我要感谢导师李善民教授给予的理论指导与建议；感谢课题组主要参与人余鹏翼教授在项目开展过程中给予的支持与帮助；还要感谢本人的研究生师翌华、曾旻、钟宇丹三位同学的助研工作。本书的出版获得广州市哲学社科规划项目及广东外语外贸大学人才引进项目的资助，深表感谢！最后，还要感谢经济科学出版社高效严谨的编校工作。

陈文婷

2021 年 6 月于广州

目　录

第 1 章

绪　论

1.1　研究背景与意义

如何有效约束上市公司欺诈及内幕交易行为、有效提高上市公司信息披露质量，既是政府管制的难题，也是公司治理的重点。阿格拉沃尔等（Agrawal et al.，1999）曾对企业欺诈行为进行研究，发现欺诈事件发生的前后两年内，欺诈样本组比控制组实施了更多的欺诈行为。由于缺乏对内幕交易行为的有效监管，我国资本市场的上市公司内幕交易情况比欧美市场更为严峻——内幕交易主体包括企业高管及控股股东、实际控制人、收购人、保荐人及媒体等利益相关者。并购重组是政府监管部门强调的内幕交易高发区，因此，我国证监会于 2012 年 12 月正式发布了《关于加强与上市公司重大资产重组相关股票异常交易监管的暂行规定》，严防上市公司重组过程中的内幕交易行为。2017 年 9 月，山东地矿诉讼案成为业绩承诺方不兑现上市公司重组业绩承诺被纳入失信执行人名单的首例。山东地矿这一判例具有很强的现实意义——近两年，随着“后并购时代”的到来，最近一次并购浪潮中依靠高业绩承诺实现高估值变现的并购标的，有相当比例的标的出现业绩无法达到当初承诺的状况，业绩承诺对象将需要为自身的过度自信（或欺诈行为）付出代价。2016 年 6 月证监会发布了《关于上市公司业绩补偿承诺的相关问题与解答》，明确规定重组方不得变更其做出的业绩补偿承诺，即监管部门及时禁止了重组方变更业绩补偿承诺以逃避法律责任的行为。2020 年 3 月 1 日正式施行的《中华人民共和国证券法》（以下简称“新《证券法》”）强化了信息披露要求，在原《证券法》的基础上新增了数项信息披露义务，细化了信息披露义务人损害投资者具体情形及法律责任。新《证券法》的正式生效施行进一步完善了我国证券市场基础法律制度，为证券市场全面深化改革，有效防控市场风险，提供了坚实法治保障。《上市公司收购管理办法》以下简称《收购办法》也相应进行了修订，核心在于具体落实新《证券法》第四章的相关规定，结合过往上市公司收购过程中出现的突出问题，具体完善了上市公司收购制度。新《收购办法》细化了对持股变动信息的披露要求，进一步明确和优化了上市信息披露媒介，强调压实中介机构证券市场“看门人”职责，以更加透明、有序和市场化的方式推进企业并购活动。

虽然我国不断完善企业并购重组信息披露制度，但资本市场仍频繁发生并购重组信息披露违规行为。作为我国资本市场最早上市的公司之一，深圳美丽生态股份有限公司（以下简称“美丽生态”，股票代码：000010）在收购江苏八达园林建设有限公司（以下简称“八达园林”）100%股权的过程中，由于涉及信息披露违规行为，于2016年10月被证监会立案调查。2019年7月5日，证监会发布对美丽生态信息披露违法违规行为的行政处罚决定书，美丽生态存在虚假记载、误导性陈述和重大遗漏的信息披露违规行为。针对该信息披露违规行为，证监会对收购方美丽生态和被收购方八达园林责令整改，给予警告，并分别处以60万元罚款；对相关涉事人员处以警告和罚款的处罚。此外，证监会关联第三方机构处于巨额罚款及警告：责令担任美丽生态重大资产重组项目独立财务顾问和非公开发行主承销商的新时代证券股份有限公司改正并给予警告，没收独立财务顾问业务收入800万元，并处以2 400万元罚款；没收承销股票违法所得1 220.10万元，并处以50万元罚款；对直接责任人处以8万元罚款。企业信息披露违规行为破坏了市场秩序，严重损害了中小投资者利益。党的十九大报告明确提出“深化金融体制改革，增强金融服务实体经济能力”，在此背景下，提高企业及信息中介信息披露质量，有助于完善资本市场资源配置功能，有助于资本市场更好地服务实体经济。《粤港澳大湾区发展规划纲要》强调加强建设大湾区信息交换机制和信息共享平台。市场化、法制化的营商环境能减少政府干预，降低制度性交易成本，为企业应对不确定性提供保障（于文超和梁平汉，2019），进而改善企业绩效并提升市场竞争力。图1－1及表1－1为2017～2021年5月粤港澳大湾区信息披露违规处罚案件的年度分布情况及处罚情况①。自2017～2021年5月，粤港澳大湾区信息披露违规

① 数据以国泰安数据库中的《中国上市公司违规处理研究数据库》为基础，结合证监会、证交所（上交所、深交所）和地方证监局发布的处罚公告进行核对。参考李维安和李晓琳（2017）、刘星和陈西婵（2018）的做法，本研究将“推迟披露”“虚假陈述（虚构利润、虚列资产和虚假记载）”和“重大遗漏”等行为确定为信息披露违规行为。以证监会、证交所和地方证监局发布公告日期为标准确定处罚时间。

处罚案件共 397 件，自 2019 年以来，证监会加大对信息披露违规行为监管力度，信息披露违规处罚数量大幅上升。由表 1－1 可以看出，虚假陈述（虚构利润、虚列资产和虚假记载）是信息披露违规的主要形式；公司违规处罚主要来自深交所和地方证监局；责令整改为信息披露违规处罚最主要的形式。作为我国开放程度最高，经济活力最强的区域之一，粤港澳大湾区在国家发展大局中具有重要的战略地位，加强粤港澳大湾区信息披露违规监管有利于形成稳定、公平、透明、可预期的一流营商环境，充分发挥该地区的协同作用与综合优势。

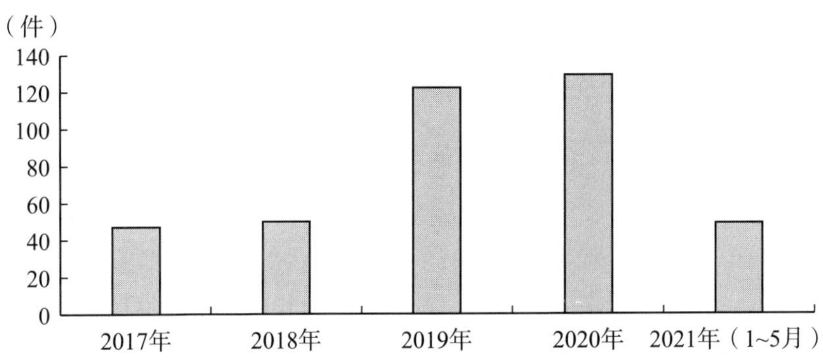

图 1－1　粤港澳大湾区信息披露违规年度分布

表 1－1　粤港澳大湾区信息披露违规处罚情况

违规类型	数量（件）	处罚来源	数量（件）	处罚方式	数量（件）
推迟披露	178	地方证监局	138	警告、罚款、没收非法所得	43
虚假陈述	244	深交所	208	通报批评	67
重大遗漏	145	上交所	24	责令整改	182
		证监会	27	公开谴责及其他	150
总计	567		397		442

长期以来因壳资源交易导致的内幕交易及估值紊乱，使政府监管更侧重于并购重组的规范，但仍未很好地适应全流通市场环境下并购重组审核效率、融资工具创新、业绩承诺机制设计以及互联网新媒介等迫切需求。因此，构建“政府管制—公司治理—媒体监督”三位一体的监管机制，研究信息披露对并购重组效率的影响，将有助于丰富信息披露违规监管理论的研究观点，有助于

提高控制权市场资源的有效配置，对维系我国资本市场健康持续的发展秩序有非常重要的理论价值和现实意义。

1. 理论价值

（1）丰富并购重组中信息披露质量度量的理论研究。现有研究对信息披露的度量并没有统一的结论，同时较少关注非财务信息特征与会计文本信息特征，也未对并购重组中信息环境影响因素进行细化。因此，基于信息披露类型（如财务数据披露与会计文本语调披露）、信息披露主体（如收购方与标的方）、公司特征（如企业性质、企业规模及政治关联度等）、外部治理特征（如媒体监督及分析师跟踪等），从信息披露过程及结果两个维度，探究信息披露（如信息不确定和信息不对称程度）对企业并购重组的影响，对于进一步丰富信息披露理论研究具有重要意义。

（2）丰富公司信息披露与媒体监督相关理论研究。现有研究关注到了媒体这一外部力量在信息收集和信息传播以及提高公司治理效率方面发挥的重要作用，但较少探讨媒体监督如何影响企业信息透明度进而对其并购重组行为产生影响。本研究关注了媒体监督下信息披露影响并购重组的治理机制，分析了外部媒体如何通过联合其他机制对收购方的信息披露质量产生影响，并进一步探讨了自媒体在企业并购重组中发挥的作用。研究结论拓展了媒体监督在信息披露领域的相关文献，为并购重组市场的信息治理效应提供了进一步的经验证据，为媒体外部监督保护中小投资者利益提供了理论依据。

（3）丰富上市公司并购重组中信息披露监管机制的研究框架。本研究构建了“政府管制—公司治理—媒体监督”三位一体的监管框架，分别考虑了官员变更和盈余管理对收购方与标的方并购概率和并购绩效的影响，并探讨了媒体监督、语调管理对信息披露的影响。研究并购重组中信息披露质量对并购绩效及并购市场资源配置效率的影响，并构建一个符合我国新时代金融监管需求的并购重组中信息披露监管机制，是具有重要理论价值的。研究结论从经济政策环境、信息中介等多个角度丰富了并购重组市场的估值理论和资源配置研究。

2. 实践价值

（1）本研究结论符合国家推动媒体融合发展、建设大数据时代金融监管的迫切要求，研究成果有助于政府相关监管部门制定全媒体时代的并购重组信息披露监管策略，对并购重组中上市公司信息披露质量进行更好地评估，加强并购重组中信息披露违规行为防控，以提高控制权市场资源配置效率。同时，本研究为促进我国资本市场建立健全金融监管体制和防范系统性金融风险提供了经验数据。

（2）本研究结论有助于外部投资者更有效地评价上市公司价值及其公司治理水平，识别和评估并购重组中上市公司信息披露违规风险，保护其自身合法权益，提高投资效率。

（3）本研究结论符合并购重组市场缓解信息不对称所导致的估值风险的迫切需要，研究成果将有助于上市公司提高信息披露的及时性和可靠性，有助于上市公司管理者积极主动进行媒体和投资者管理，提高并购估值和资源配置效率，规范与优化上市公司信息治理框架，保护中小投资者利益。本研究为后续进一步探讨粤港澳大湾区上市公司并购重组实践中信息披露的地区差异与具体制度差异提供了理论基础。

1.2　国内外研究现状及发展动态

1.2.1　信息披露的定义与度量

信息披露一般可定义为通过媒介载体向社会公众发布信息的过程（蒋亚朋和杨洋，2005），也可以界定为上市公司将相关信息（定期财务报告、重大公告等）通过互联网及监管部门指定刊物，向投资者公布和传递，为投资决策提供参考的过程（任政亮和徐飞，2013）。

国内外现有研究将信息披露质量理解为“透明度”“信息披露等级”，重点关注财务信息与非财务信息披露、强制性披露与自愿性披露，以及信息披露质量的资本市场效应（资本成本效应和股票价格表现）。近年来，随着信息技术的发展，新媒体信息披露方式受到了诸多学者的关注。除了证监会信息披露指定媒体“七报一刊”及指定信息披露网站外，微博、微信等新媒体已成为上市公司并购重组信息披露的重要平台。我国金融监管等活动现已呈现出高频实时、深度定制化、全周期沉浸式交互、跨组织数据整合、多主体决策等大数据特性（徐宗本等，2014）。

1. 资本成本效应

信息披露可以降低信息不对称程度（Diamond and Verrecchia，1991；周中胜和陈汉文，2008；李青原，2009；逯东等，2012），有利于降低企业权益、债务资本成本（Mayers et al.，1984；Francis et al.，2004；曾颖和陆正 1996；

徐寿福和徐龙炳，2015；王冰和潘琰，2017），增强公司治理、改善经营绩效（Rahman，2002；张宗新等，2007）。迈尔斯等（Myer et al.，1984）研究发现，信息披露质量的提高，可以降低股权融资成本，降低信息不对称导致的代理成本。弗朗西斯等（Francis et al.，2004）、曾颖和陆正飞（2006）等通过实证研究支持了上述结论。李青原（2009）认为财务信息质量的提高减少了信息不对称及投资估值偏误，通过改善契约、监督机制来减少逆向选择和道德风险，抑制非效率投资，促进资本市场资源配置效率。

关于信息披露对企业资本成本的影响路径，可以概括为以下两个方面：一方面，作为一个理性的经济人，在其他条件既定的情况下，投资者要求的收益与其承担的风险水平相匹配。企业提高信息披露水平有利于降低投资者由于信息不充分而预估的风险水平，企业所需支付的信息风险补偿减少（罗进辉等，2020），进而降低投资者要求的报酬率（Handa，1993）。另一方面，公司提高信息披露水平降低了不同投资者之间的信息不对称程度，增强了潜在投资者投资于公司的意愿，有助于提高股票流动性，降低交易成本（蒋琰，2009），进而降低企业资本成本（Healy，1999；Bloomfield and Wilks，2000）。赫尔马林和威斯巴赫（Hermalin and Weisbach，2012）研究发现，增强信息披露行为是一把“双刃剑”：信息披露越完备，越有利于决策；但同时也导致新的代理问题产生，给股东造成更多的成本，包括高管薪酬的提高、首席执行官（CEO）更换率的提高，降低公司价值。他们进一步研究发现，规模大的公司倾向于接受更为严格的信息披露制度，信息披露质量高的公司有可能聘请更多有能力的管理层。

2. 股票价格表现

罗尔（Roll，1988）最早分析了 R^2 与公司特征信息的关系，莫克等（Morck et al.，2000）则提出了股价同步性的概念。股价同步性衡量了股票市场信息传递效率，反映了资本市场运行效率差异（朱红军等，2007）。证券市场的信息不对称，导致投资者难以获取公司特质性信息，股价中包含的公司层面信息较少。企业进行信息披露，有助于增强证券市场的信息透明度，使投资者获得更多公司层面特质性信息，公司股价随市场或行业波动的程度降低，股价同步性降低（Jin and Myers，2006；Hutton et al.，2009；胡军和王甄，2015）。张婷和张敦力（2020）研究发现，非财务性信息披露有助于降低股价同步性，分析师、机构投资者和媒体等中介机构在其中发挥了重要的媒介作用。方红星和楚有为（2019）认为自愿性信息披露和强制性信息披露对股价同步性具有差异化影响，自愿信息披露有助于降低股价同步性，而强制信息披露造成无差异信息超载，提高股价同步性。何贤杰等（2018）认为网络新媒体的出现丰富了企业进行信息披露的方式和渠道，对降低股价同步性具有积极影响。低的股价同步性有助于降低融资成本（Baker et al.，2003），优化资本配置（Wurgler，2000；Wang et al.，2009），提升公司投资效率（侯永建，2006）。

股价非同步有助于降低融资成本（Baker et al.，2003），优化资本配置（Wurgler，2000；Chen et al.，2007；Wang et al.，2009），提升公司投资效率（DMY，2004；侯永建，2006）。李等（Li et al.，2004）研究发现，一国或地区的司法质量及市场化程度是影响股价信息质量的重要因素。丁等（Ding et al.，2007）在对比分析30个国家的会计准则与国际会计准则差异时发现，与国际会计准则差异越大，盈余管理程度越高，股票价格信息质量越低。金智（2010）通过私有信息交易理论，发现在负向盈余管理时，会计信息质量与股价同步性存在显著的正相关关系。肖浩（2012）使用深交所信息披露考评结果及信息披露违规案例进行分析，发现信息披露质量与股价同步性显著正相关。

3. 新媒体信息披露

技术变革和新媒体的出现对资本市场的信息披露实践产生了重大影响（Miller and Skinner，2015），新媒体在信息的分享和传播上具有速度快、受众广等传统媒体所不具备的巨大优势（Hong et al.，2004），是对传统信息披露方式的有效补充。传统媒体信息披露渠道时效性差，不能满足投资者日益丰富的信息需求，微博、微信公众号等网络社交新媒体信息发布成本和门槛较低，不仅能将公司特质信息和资本市场信息及时准确地传播给社会公众，而且能增强投资者与公司以及不同投资者之间的信息互动，加快了信息的流动，在企业并购重组活动中发挥重要作用。近年来国家监管部门对上市公司运用新媒体进行信息披露的方式也采取积极鼓励的态度。上市公司在社交媒体上开通公司账号有利于扩大信息披露渠道（Porter et al.，2011；Kim and Youm，2017；Elliott et al.，2018），发布增量非财务的特质信息（胡军和王甄，2015），减少市场信息不对称（Blankespoor and Miller，2017），显著影响股价同步性（刘海飞等，2017；何贤杰等，2018）。公司治理水平高的公司更倾向于开设微博并发布未经公司正式公告披露的信息（何贤杰等，2016）。普通员工在社交媒体上分享的信息能预测公司损益（Hales et al.，2018）。上市公司通过微信“推送式”披露信息，能提高无形资产的价值（王卫星等，2018），提高市场流动性（王冰和潘琰，2017）。微信公众号推送“业绩成果类”“声誉类”及“公司治理类”信息会带动股价上扬并为投资者带来超额收益（黄宏斌和郝程伟，2018）。

新媒体在为投资者提供企业价值相关信息的同时，也存在着大量噪声信息，如广告、心灵鸡汤、娱乐等无关信息（徐巍和陈冬华，2016；Blankespoor，2018）。噪声信息披露会导致信息过载并分散投资者有限的注意力，降低投资者对有用信息的关注程度（Veldkamp，2006；Veldkamp and Wolfers，2007），进而使投资者无法及时做出充分的反应（Hirshleifer and Teoh，2003；Hirshleifer and Lim，2009；于李胜和王艳艳，2010），因此企业会通过新媒体进行信息操纵，通过噪声信息披露来掩饰其业绩不佳或财务困境问题（黄宏斌等，2021）。

如何度量信息披露质量依然是一个难题，现有研究一般采用以下两种指标：针对信息本身质量的直接评价指标和针对管理层干预的盈余管理类的间接评价指标。直接评价指标包括标准普尔的透明度与信息披露指数、AIMR 的信息披露报告、CIFAR 的信息披露指数、深交所信息披露考评以及上交所信息披露评价等机构发布的信息质量评价指数，以及研究者设计的信息质量评价体系（Botosan，1997；Chau and Gray，2002；王咏梅，2003；崔学刚，2004；李进营和周晓苏，2010）。由于资本市场股票价格一般会随着公司盈余变化而变化（Bernard and Thomas，1990；Chaney and Lewis，1995），研究发现投资者进行投资决策时对盈余信息的关注程度远大于其他信息。为了最大化自身利益或局部利益，管理层会对盈余信息进行干预，这就是所谓的盈余管理行为。希利和瓦伦（Healy and Wahlen，1999）认为盈余管理是管理层运用会计方法或刻意安排来改变盈余信息以影响投资者决策。戈尔和塔克尔（Goel and Thakor，2003）认为盈余管理是管理层通过干预使财务报告的盈余水平高于实际业绩，是一种欺诈行为。真实盈余管理程度随着非 CEO 核心高管决策视野和影响力的增加而下降（Cheng et al.，2015）。对于盈余管理的度量，国内外学者主要使用应计项目评价法、特定应计利润法、频率分布检测法。其中，应计项目评价法包括应计利润分离模型和应计项目与现金流分配法。应计利润分离模型主要包括希利模型（Healy，1985）、迪安杰洛模型（DeAngelo，1986）、行业模型（Dechow and Sloan，1991）、琼斯模型（Jones，1991）以及修正的琼斯模型（1995）。应计项目与现金流分配法主要包括 DD 模型（Dechow and Dichev，2002）以及修正的 DD 模型（McNichols，2002）。由于传统的盈余管理模型不适用于金融行业，另有研究针对金融行业（银行业）构建盈余管理模型（Beatty et al.，2002；Cornett et al.，2009），发现银行控股企业盈余管理工具与非银行业不同（Elyasiani et al.，2017）。

1.2.2 信息披露与并购重组

信息披露影响并购重组的效率，对并购重组信息披露的监管是上市公司并购监管的核心（王化成等，2002）。我国上市公司现行信息披露类型包括首次披露、定期披露、临时披露及自愿披露，信息披露制度包括由最高立法机构所制定的基本法律（如《证券法》《公司法》等），由各级政府制定颁发的法规（如《股票发行与交易管理暂行条例》等），由证券监管部门制定的规章（如《上市公司信息披露管理办法》等），以及自律性规范（如市场规则、行业守则等）。

现阶段，我国《公司法》《证券法》《上市公司收购管理办法》以及《上市公司重大资产重组管理办法》等法律规章以及交易所制定的自律性规范文件都对上市公司并购重组信息披露制度做出了相关规定。根据《收购办法》，投资者在一个上市公司中拥有的权益份额发生变化并需要进行信息披露的情况包括：(1)"投资者及其一致行动人在一个上市公司中拥有权益的股份拟达到或者超过一个上市公司已发行股份的5%时，应当在该事实发生之日起3日内编制权益变动报告书"，向证监会、证券交易所提交书面报告，通知该上市公司，并予公告。(2) 该"投资者拥有权益的股份比例每增加或者减少达到或者超过5%的，应当依照上述规定履行报告、公告义务"。(3) 前述投资者"拥有权益的股份达到一个上市公司已发行股份的5%后，其拥有权益的股份占该上市公司已发行股份的比例每增加或者减少1%，应当在该事实发生的次日通知该上市公司，并予公告"。王和拉尔（Wang and Lahr，2017）在构建收购法律指数时，根据阿穆尔等（Armour et al.，2007）的观点，将股权信息披露因子的值与收购股权比例相关联。例如，收购股权比例达到3%时构成信息披露义务的，值为1；收购股权比例达到5%时构成信息披露义务的，值为0.75等。他们通过研究16个欧洲国家1986~2010年的收购法律指数与并购绩效、投资者保护的关系，发现收购法律规定越严厉，并购绩效越好，即较强的投资者保护将提高并购市场效率（陈文婷等，2018）。

《上市公司重大资产重组管理办法》将业绩承诺机制纳入其中，并规定"上市公司应当在重大资产重组实施完毕后的有关年度报告中单独披露上市公司及相关资产的实际盈利数与利润预测数的差异情况，并由会计师事务所对此出具专项审核意见"。研究发现，业绩承诺能够减少信息不对称的负面影响，抑制收购方管理层的道德风险，加强并购协同效应（张波等，2009；肖菁，

2011；刘武，2011；吕长江和韩慧傅，2014）。为避免由于一次性签约业绩目标过高所采取的冒险行为，采用重复对赌协议机制可以有效克服短期利益的束缚和信息风险（肖菁，2011；刘峰涛等，2017）。

作为公司重大交易活动，并购重组会提高信息不确定性程度，增加并购企业经济影响的不确定性与投资收益的不确定性，加深信息不对称程度，增加了控股股东通过并购“掏空”公司的风险，损害公司价值。并购重组的特殊性决定了上市公司并购重组信息披露与传统的面向发行人的证券发行和交易信息披露之间的显著差异（王化成和陈晋平，2002）。费雷拉和劳克斯（Ferreira and Laux，2007）研究发现，控制权市场能够促进公司特质信息的传播。并购信息披露能改善控制权市场的信息环境，使外部利益相关者及时、详细地了解公司并购交易活动的相关信息，有利于缓解并购恐慌（徐士伟等，2017），规避并购活动中的逆向选择与道德风险问题，减少交易摩擦，进而提高并购市场效率（Wang and Lahr，2017）。此外，正面信息与负面信息对重组绩效的影响存在不对称性。正面信息披露有利于激发投资者的乐观情绪（熊艳等，2014），对并购协同效应产生较高的预期，进而推动了股票价格的上涨（游家兴和吴静，2012），有助于提升公司并购成功的概率及并购绩效（醋卫华和夏云峰，2014；李常青等，2016）；而负面信息披露则显著提高了并购失败的可能性（陈泽艺等，2017）。上市公司在社交媒体回应负面信息能有效地管理投资者看法，标的公司的正面媒体报道能显著提高并购价格（Ahern and Sosyura，2014；Cade，2018）。信息披露与并购重组的关系还会受到公司治理水平（如所有权结构、政治关联、机构投资者持股比例、分析师跟踪等）、制度环境、业绩承诺机制与并购支付方式等调节效应的影响（Piotroski and Roulstone，2004；Chan and Hameed，2006；游家兴等，2006；朱红军等，2007；侯宇和叶冬艳，2008；唐松等，2011；Higgins，2012；何贤杰等，2016；Lennox et al.，2017）。

国内外研究信息披露对并购重组效率的影响，一般以盈余管理类的间接评价指标为主，发现公司在并购重组前后（或控制权转移）会进行盈余管理（向上或向下），其程度均高于未发生并购的样本（DeAngelo，1986；Woody，1997；Erikson and Wang，1999；Louis，2004；曾昭灶和李善民，2009；Higgins，2012；王克敏和刘博，2014）。王钰玮、唐建新和孔墨奇（2016）从相反的视角考察了并购效率对盈余管理的影响，发现并购收益越低，公司在并购后第一、二年进行向上盈余管理的程度越大。以并购支付方式作为影响因素时，研究发现收购方在股票收购（对比现金收购）前更倾向于向上盈余管理

(Louis, 2004; Higgins, 2012), 因此审计报告会对此进行较大幅度的向下调整，但这种调整并不能纠正审计报告中的所有信息披露违规行为（Lennox, Wang and Wu, 2017)。

1.2.3　政府管制与公司治理

1. 政府管制对信息披露与并购重组的影响

政府管制是包括金融管制、资本市场管制和薪酬管制等一系列政府干预行为的总称（沈永建等，2020)。金融管制主要通过金融抑制和金融放松影响企业资本结构和投融资等行为（Laeven et al., 2003；唐国正和刘力，2005；薛云奎和朱秀丽，2010；Zhu et al., 2012；罗时空和龚六堂，2014；沈永建等，2018；孙会霞等，2019)。为保护中小投资者利益并维护资本市场的健康发展，相关监管机构不断完善资本市场制度，对企业股票发行、再融资、股利分配等进行管制，进而提高资本市场资源配置效率（Miller, 1977；朱红军和钱友文，2010；肖成民和吕长江，2011；王国俊和王跃堂，2014；陈胜蓝和马慧，2017；王仲兵和王攀娜，2018)。相关监管部门通过资本市场管制有助于促进信息传递与信息公平，减少内幕交易行为（朱红军和汪辉，2009)。然而，国内相关研究认为我国监管部门套用发达国家信息披露管制制度效率低下（计小青和曹啸，2003；杨书怀，2012)。高管薪酬管制会抹杀高管薪酬的激励与治理效应（辛清泉，2007)，导致企业通过并购或在职消费等行为谋取个人私利（李善民等，2009；徐细雄和刘星，2013)。此外，官员变更、产业政策、政企关联等其他政府干预行为也会对企业信息披露水平、公司治理水平、市场反应、投资效率等产生影响（Morck et al., 2000；Ye and Li, 2016；Chen et al., 2017；陈德球和陈运森，2018；陈冬华和姚振晔，2018)。

我国上市公司信息披露违规手段主要包括虚列资产、虚增利润、虚假陈述、操纵股价、违规担保、违规关联交易及延迟披露等，信息披露违规行为的性质包括大股东掏空、证券操纵及财务舞弊等。研究发现，大股东掏空行为是我国上市公司信息披露违规的主要性质（蔡志岳和吴世农，2007)，实现手段主要包括违规关联交易及违规担保（Liu et al., 2007；Peng et al., 2011；陈文婷和李善民，2015；Chen et al., 2017)。证券操纵是指上市公司内部人利用尚未公开的可能影响股票价格的信息进行内幕交易获取不正当利益。财务舞弊是指通过虚列资产、虚增利润、虚假陈述等粉饰财务报表，误导欺骗中小投资者。美国 2000 ~ 2002 年披露的上市公司财务舞弊对投资者造成了惨重的损失，

《萨班斯－奥克斯利法案》（SOA）于2002年7月签署生效，该法案重点强调信息披露与内幕交易制度。我国政府相关监管部门对上市公司并购重组中的关联交易及内幕交易进行了重点管制：（1）逐步建立起以《公司法》《证券法》《收购办法》以及《上市公司重大资产重组管理办法》等法律法规为核心的关联交易防控体系，但监管执法过程仍存在较多问题（陈信元等，2007；陈冬华等，2008；肖珉，2008；Chen et al.，2017）。（2）上市公司并购的内幕交易效应超过50%，大部分超额收益发生在首次公告前（岳宝宏和王化成，2013），内幕交易会导致不知情投资者的逆向选择并提升上市公司未来股价同步性，降低资本市场效率（黄灿、李善民、庄明明和黄志宏，2017）。证监会等五部门《关于依法打击和防控资本市场内幕交易的意见》、证监会《关于上市公司建立内幕信息知情人登记管理制度的规定》等规定，对并购重组中防范内幕信息泄露和内幕交易进行了重点监管。研究表明，内幕交易及内幕信息泄露行为会影响经理人的决策行为，监管部门的执法调查频率一般情况下不能影响信息泄露行为发生的概率（Cao et al.，2015）。

2. 公司治理对信息披露与并购重组的影响

已有研究认为公司治理失效的表现之一是企业的信息披露违规行为（陈西婵和周中胜，2020）。国内外研究表明，信息披露违规概率较高的上市公司具有如下特征：第一大股东持股比例较高、家族涉入程度较高、董事长和总经理两职合一、董事会会议次数较少、董事会中独立董事比例更少，并且更少设置审计委员会，内控机制匮乏，近半数违规公司被外部审计师出具非标准审计意见（Beasley，1996；Uzun et al.，2004；Agrawal and Chadha，2005；Chen et al.，2006；蔡志岳和吴世农，2007；唐跃军，2007；冯旭南和陈工孟，2011；于晓强和刘善存，2012；李维安和李晓琳，2017）。高管薪酬激励、独立董事薪酬激励能够发挥公司治理效应，抑制企业信息披露违规，提高企业信息披露质量（陈西婵和周中胜，2020；朱杰，2020）。2008年财政部等五部委联合发布了《企业内部控制规范》，2010年又发布了《企业内部控制配套指引》，我国上市公司内部控制规范体系得以基本建立，越来越多的企业建立和实施了内控机制，进一步完善公司治理机制。研究表明，有效的公司治理机制一般包括董事会、所有权安排和高管薪酬计划等。

莫克等（Mork，1989）研究发现在产业运行良好的时候，董事会能够有效地解决企业问题；当产业运行出现问题的时候，并购市场将发挥作用。法玛（Fama，1980）认为如果把外部董事纳入专门仲裁者中，董事会将提高以低成本进行控制权内部转移的能力，这同时也降低了高管合谋侵占股东利益的可能性。现有研究主要从以下四个结构性特征来分析董事会的监管作用：（1）董事会规模（Jensen，1993；Ocasio，1994；Adams，2000；Adams and Ferreira，2007；Munisi et al.，2014）；（2）董事会独立性（Bathala and Rao，1995；Mak and Li，2001；Lasfer，2006；唐跃军和左晶晶，2010；Chauhan et al.，2016）；（3）董事长与总经理两职合一（Mak and Li，2001；Linck et al.，2008；Monem，2013）；（4）董事会政治关联（Faccio，2006；Li et al.，2006；Chen et al.，2011；Hillman，2013）。

公司治理对信息披露（包括强制性信息披露与自愿性信息披露）与并购重组的影响，现有研究主要从以下因素展开：国有股比例（Ruland，1990；Mitchell，1995；Eng and Mak，2003；Wang and Claiborne，2008；李慧云等，2013）、管理层持股比例（Mork et al.，1988；Ruland et al.，1990；Aboody and Kasznik，2000；Naga，2003；秦续忠等，2018）、机构持股比例（Strickland et al.，1996；Elgazzar，1998；Healy et al.，1999；Khan et al.，2005；Elyasiani et al.，2017；刘欢等，2020）、股权集中度（Mitchell et al.，1997；Burkart et al.，1997；Shleifer and Vishny，1997；LLSV，1998；Schadewitz and Blevins，1998；Hossain，2001；Fan et al.，2002；李忠，2012；陈文婷和李善民，2015；Chen，Li and Chen，2017）、股权制衡水平（Pagano and Roll，1998；Chau and Gray，2002；修宗峰，2008；坚瑞和戴春晓，2019）、两权分离度（Boubaker et al.，2014）、独立董事比例（Fama，1983；Rosenstein and Wyatt，1990；Forker，1992；Millstein and MacAvoy，1998；Charles，2000；王跃堂等，2008；尹志宏等，2010）、董事长与总经理两职合一（Molz，1998；Forker，1992；Gul and Leung，2004；Cheng and Courtenay，2006；冯旭南和陈工孟，2011；吴国萍和黄政，2012；陈西婵和周中胜，2020）、高管薪酬计划（Core et al.，1999；Healy and Palepu，2001；李忠，2012）、审计委员会（Forker，1992；Collier，1993；Mullen，1996；Persherg，2006；陈汉文等，2020）、会计师事务所规模（Craswell and Taylor，1992）等。

1.2.4 文献评述

现有研究表明上市公司信息披露对并购重组具有重大影响，违规监管与公司治理作为制度环境对上述关系的影响机制未形成定论。由于单一内部治理机制所达到的效率总是次优的，只有通过内部治理与外部监管机制相配合，才有可能达到效率最大化（Hurwicz，1960、1971、1977；Maskin，1977、1999、

2002；Myerson，1979、1981、1986、1989）。因此，研究上市公司外部违规监管与内部公司治理的影响机制，对进一步理解信息披露对并购重组的作用关系具有理论意义。

（1）现有研究对信息披露的定义有较为一致的看法，但对信息披露质量的度量存在一定的分歧。现有研究主要使用直接评价指标或盈余管理类的间接评价指标（金融业、非金融业）对信息披露质量进行分析，分析角度和研究结果有一定的局限性。因此，基于并购重组中“政府管制—公司治理—媒体监督”三个维度的影响因素，构建一个符合我国全流通市场信息环境特征的信息披露质量测度指标，能够在一定程度上弥补现有文献的缺陷，丰富和深化信息披露影响因素方面的研究。

（2）现有研究信息披露对并购重组效率的影响，一般以盈余管理类的间接评价指标为主，发现公司在并购重组前后（或控制权转移）会进行盈余管理（向上或向下）。但较少文献关注信息披露质量对并购市场（控制权市场）有效性的影响，因此在我国资本市场制度背景下构建一个目标公司信息披露质量、并购重组绩效及并购重组市场资源配置效率的研究框架，分析法律制度、公司治理以及媒体监督的作用机制，并进一步分析控制权市场的治理功能，在我国金融监管40年的今天，具有迫切的现实意义。

（3）现有研究主要从制度约束信息披露违规行为的视角来分析违规监管，包括政府管制层面和公司治理层面。政府管制层面的研究着重分析信息披露制度的立法和违规执法情况；公司治理层面的研究更多关注公司治理特征与信息披露质量、并购效率的关系。但较少文献关注并购重组中媒体监督对信息披露质量的影响，也鲜有文献关注财经公关公司（投资者关系管理）对信息披露影响并购重组效率关系的作用机制，因此，构建一个符合我国新时代资本市场特征的信息披露违规防控机制的研究框架是非常有经济意义的。

1.3 关键科学问题及研究方法

1.3.1 拟解决的关键科学问题

根据研究内容与研究目标，本书需要解决的关键科学问题如下：

（1）并购重组中信息披露的度量。这是本书的研究前提，也是分析并购重组中信息披露监管机制的基础。现有研究指出，合理测量上市公司信息披露质量仍是理论界一大难题。因此，本书将借鉴文献提及的测量方法，并查阅相关法律条文，以及证监会、交易所等监管部门的公开发文及研究报告等，来解决此问题。

（2）探究信息披露影响并购重组的实现机制。现有文献尚未关注到信息披露影响并购重组的实现机制，因此，研究并购重组的信息披露如何作用于资本市场进而影响收购方和标的方的并购概率和并购绩效，也是本书需要解决的关键问题。本书拟从调节因素和中介作用的角度分析信息披露影响并购重组的实现机制，但对各路径的具体影响仍需要进行更深入的分析。

（3）为了实证检验“政府管制—公司治理—媒体监督”机制对信息披露质量的影响，需要收集各种机制的相关数据。对于在 CSMAR、WIND 等公开数据库无法采集的数据，如地方官员来源、媒体报道、文本语调倾向等，需要对政府网站信息、样本公司的官方网站信息、大众媒体的报道等信息进行收集整理。因此，这部分数据的采集和整理工作，也是需要解决的重要问题之一。

1.3.2 研究方法

本节主要采用理论模型和实证研究相结合的方法，并配合案例研究做深度分析。具体研究方法包括：

（1）理论分析部分：基于我国并购重组中信息披露实务，采用历史研究法与 Meta 分析等文献分析方法系统梳理并归纳现有并购重组中信息披露监管理论研究成果，从中挖掘理论研究中有待完善的视角，构建信息披露影响并购重组的分析框架。

（2）实证分析部分：在理论分析的基础上，使用 STATA 等计量软件，运用 logit 回归模型、逐步法的中介效应检验模型等对并购重组中信息披露监管机制的作用机理进行实证分析。

（3）政策建议部分：拟采用案例和比较研究的分析方法，比较借鉴国际成功经验，为我国金融监管部门防控信息披露违规，保护中小投资者权益，维系资本市场良好秩序提供政策建议。

1.4 可能的创新

本研究的特色是将研究视角放在了并购重组中信息披露监管机制上，以此为突破点，研究“政府管制—公司治理—媒体监督”三种机制如何影响信息披露质量、并购重组绩效，进而影响控制权市场的资源配置效率。国内目前以此类视角研究投资者保护或公司治理的文献并不多，因此体现出一定的创新性。

本研究的创新性具体包括以下三个方面：

第一，现有研究表明信息披露对并购重组具有重要影响，但研究结论存在较大分歧，同时鲜有文献关注信息披露对并购重组不同阶段（并购前的资本定价效率和并购后绩效）的影响是否存在差异，分析框架与研究结论具有一定的局限性。因此，基于我国并购重组中信息披露实务，使用 Meta 分析的定量文献分析法系统梳理并归纳现有理论研究，能在一定程度上解释现有文献研究结论存在差异的原因，丰富和深化信息披露影响并购重组方面的研究。

第二，现有关于信息披露对并购重组效率的影响的研究，一般以盈余管理类的间接评价指标为主，发现公司在并购重组前后会进行盈余管理。但较少文献关注信息披露质量对并购市场资源配置效率的影响，因此在“政府管制—公司治理—媒体监督”监管框架下，综合分析地方官员变更、盈余管理水平和媒体监督导致的信息披露质量的变化对收购方与标的方并购重组概率、并购重组绩效及并购重组市场资源配置效率的影响，可以进一步完善并购市场有效性的理论研究。

第三，现有研究主要从政府管制和公司治理两个层面来分析信息披露监管体系。较少文献关注并购重组中媒体监督对信息披露质量的影响，也鲜有文献使用案例研究方法分析会计文本信息语调操纵影响管理层行为的作用机理，因此，构建一个符合我国新时代资本市场特征的信息披露违规防控机制的研究框架，可以为政府监管部门提高执法效率提供政策建议。

第 2 章

基于 Meta 分析的信息披露影响并购重组的文献综述*

2.1 引　　言

并购重组是市场发挥资源配置功能的重要手段，然而信息不对称的存在对并购前标的资产的估值及并购后绩效均产生消极影响，降低了并购市场的资源配置效率，损害了中小投资者利益。已有研究发现信息不对称诱使被收购公司做出高业绩承诺，以此提高标的资产的估值（王竞达和范庆泉，2017），资产错误估值导致并购后股票价格与企业绩效下跌。信息披露作为公司实现外部治理的重要方式与手段，能促进信息透明度的提升与资源的优化配置。高质量的信息披露有利于投资者对企业真实价值进行准确地评估，也有利于对企业管理层等信息优势方进行有效监督（李维安等，2019）。我国相关监管部门已出台一系列政策法规对并购重组中内幕信息泄露与内幕交易进行管制，然而，企业信息披露违规行为仍频繁发生，抑制了资本市场价值发现功能的发挥，导致投资者难以判断企业真实价值（肖土盛等，2017）。如何有效约束上市公司欺诈及内幕交易行为，有效提升企业信息披露水平，既是政府管制的难题，也是公司治理的重点。

现有关于信息披露作用效果的研究尚未达成一致结论，一些学者认为企业积极进行信息披露能显著提升并购的短期市场绩效（Erickson et al.，2012），高水平的信息披露向市场传递利好信息，更容易得到投资者的信任，有利于促

* 作为广州市哲学社科规划 2020 年课题（课题编号：2020GZYB44）的阶段性成果，部分数据结果已发表于《外国经济与管理》2020 年第 12 期。

进企业价值的提升（蒋弘和刘星，2012）。李青原（2009）认为财务信息质量的提高能降低信息不对称程度及投资估值偏误，通过改善契约和监督机制减少逆向选择和道德风险问题的发生，促进资本市场资源配置效率的提升。王和拉尔（2017）发现较高的信息披露水平将提高并购市场效率。另一些学者认为增强信息披露行为是一把“双刃剑”：信息披露越完备，越有利于决策；但同时也会导致新的代理问题产生，给股东造成更多的成本（Hermalin and Weisbach，2012）。已有研究发现，企业管理层为进行印象管理或掩盖较差的企业绩效，有动机披露虚假信息或提前披露好消息而推迟披露坏消息。因此，企业信息披露难以有效缓解信息不对称问题（胡元木和谭有超，2013）。通过梳理现有文献可知，尽管国内外关于信息披露与并购重组的研究已相当丰富，但研究结果在相关性方向与强弱程度上存在明显差异，增加了学者进行后续研究及管理者进行实践创新的难度。本研究认为现有研究存在以下问题：（1）集中于信息披露对市场价值及资源配置效率的影响，即主要关注对并购后绩效的影响，较少关注信息披露对并购重组过程中不同阶段的影响差异；（2）对信息披露或并购重组的度量指标存在分歧，导致研究结果存在较大争议，难以得出具有普遍性的结论；（3）企业规模特征与分析师的信息传递作用等情景因素对信息披露与并购重组关系的影响也未形成定论，分析框架与研究结论具有一定的局限性；（4）尚未有文献对信息披露与并购重组中资本市场估值效率与并购绩效的关系进行 Meta 分析，情景因素与测量因素在其中发挥何种作用也不明确。

基于以上研究的局限性，本研究采用 Meta 分析方法对 59 篇实证文献内容进行整合分析，以回答信息披露能否提高资源配置效率以及对企业并购重组活动产生何种影响这一核心问题。研究发现：信息披露有利于提高资本市场估值效率与并购绩效，上述关系还受到企业规模、分析师跟踪、测量维度三个方面因素的影响。与以往研究相比，本研究的贡献在于：第一，首次采用 Meta 分析将以往零散的实证研究结果综合起来，得出信息披露对并购重组的综合影响效应，保证了结论的普适性。同时从分析师跟踪、企业规模及测量维度三个方面的调节效应解释现有研究的异质性结论，有助于丰富信息披露监管理论的研究观点；第二，将企业并购重组进一步区分为并购前的估值效率与并购后绩效，丰富和发展了财务学及信息经济学中有关信息披露影响并购重组的分析框架；第三，揭示了信息披露对并购重组效率的影响，有利于提高控制权市场资源的有效配置，为完善新时代并购重组信息披露监管机制与推动资本市场健康持续发展提供经验证据和政策启示。

本书其余部分结构安排如下：第二部分阐述了信息披露影响并购重组的理论机制，并提出研究假设；第三部分说明了 Meta 分析的研究设计；第四部分为回归结果分析；最后为研究结论与启示。

2.2　理论分析与研究假说

2.2.1　信息披露与资本市场估值效率

本研究分别从股价同步性、市场流动性以及企业资本成本三个方面探讨信息披露对资本市场估值效率的影响。莫克等（Morck et al.，2000）首次以 R^2 对股价同步性进行度量，分析了公司特质信息融入股票价格的程度。现有研究认为信息不对称问题是导致股价同步性过高的根源（Roll，1988）。由于对资本市场有效性的判断存在争议，关于信息披露对股价同步性影响的研究结论不一。非理性因素观认为在新兴资本市场中，非理性交易行为较多（张程睿和徐嘉倩，2019），股票价格包含泡沫、投资者情绪等与企业经营情况不相关的噪声。信息披露难以降低噪声对股票价格的影响，企业股价同步性越低，噪声越多（沈华玉等，2017），资本市场估值效率也越低。随着资本市场有效性的逐步增强，信息效率观得到了更为广泛的认同。信息效率观认为股价同步性衡量了股票市场信息传递效率，企业信息披露水平越高，越有利于更多公司特质信息融入股价，进而提升股价的信息含量（何贤杰等，2018）。此外，较高的信息披露水平能降低信息不确定性，使投资者全面、准确地了解公司特质信息，为投资者的决策提供参考，进而减少非理性因素对股票价格的影响，股价随市场或行业波动的程度随之降低（胡军和王甄，2015）。赫顿等（Hutton et al.，2009）将企业盈余管理作为信息透明度的代理指标，发现企业负面信息隐藏行为越多，股价同步性越高。

现有研究普遍认为信息披露作为缓解信息不对称的重要手段，能有效地提升股票市场流动性。委托代理理论认为企业管理者比外部投资者拥有更多内部信息，管理层有充足的动机与能力利用内部信息优势牟取个人私利并损害投资者利益。因此，管理层的信息操纵行为会导致信息不对称程度提高，降低股票流动性。同时，羊群效应和泡沫现象的形成，会加剧市场的投机性和波动性，进一步降低流动性水平（王春峰等，2012）。企业积极进行信息披露能提高投资者与分析师对公司未来经营预测的准确性（谢志华和崔学刚，2005），增强投资者对公司的关注与信任程度，减少不知情交易并降低交易成本，进而促进市场流动性的提升（徐寿福和徐龙炳，2015）。巴里和布朗（Barry and Brown，1985）认为企业信息披露能够降低投资者估计的偏差，进而增强股票流动性。金和维雷基亚（Kim and Verrecchia，1994）发现投资者认为信息披露质量较高的公司股票按公允价值进行交易，故流动性水平较高。

信息披露对资本成本影响的研究主要集中于代理理论与信息不对称问题（孙士霞，2008）。一方面，信息不对称程度越高，投资者对企业真实价值进行评估的难度越大，企业积极进行信息披露可以释放优质信号（肖红军等，2015），降低投资者预估的风险水平（张然等，2012），进而促进企业交易成本与资本成本的下降（Handa and Linn，1993）；另一方面，企业积极进行信息披露能增加投资者对公司的关注度，促进股票流动性的提升，从而通过压缩交易成本与减少估计误差降低企业资本成本（Bloomfield and Wilks，2000；蒋琰，2009）。据此，本章研究提出假设 2. 1。

H2. 1：信息披露能提高资本市场估值效率，具体表现为降低股价同步性与资本成本、增强股票市场流动性。

2. 2. 2 信息披露与并购绩效

并购重组会提高信息不确定性（Erickson et al. , 2012），加深信息不对称程度，增加控股股东通过并购“掏空”公司的风险。费雷拉和劳克斯（2007）研究发现，控制权市场能够促进公司特质信息的传播，并购信息披露能改善信息环境，规避并购活动中的逆向选择问题，降低高质量公司价值被低估的风险，进而促进并购交易成本的降低与并购市场效率的提升（Wang and Lahr，2017）。同时，企业进行信息披露能加强外部投资者对经理人的监督与约束，减少道德风险问题（王春林和刘淑莲，2019），避免公司内部管理层出于自利动机进行低质量并购，从而有助于提高并购绩效。根据信号理论，企业提供高质量的信息披露向市场传递了管理层对并购活动的把控较为自信的信号，有助于增强投资者信心，达到提高并购绩效的目的。此外，正面信息与负面信息披露对并购活动的影响存在差异，正面信息披露有助于推动股票价格的上涨，提高并购绩效（李常青等，2016），而负面信息披露则显著提高了并购失败的可能性（陈泽艺等，2017）。据此，提出假设 2. 2。

H2. 2：信息披露有利于提升并购绩效。

2.2.3　调节效应

在进行Meta分析时，可以根据理论分析与判断，得出可能对研究结论产生影响的调节变量（Jens et al.，2008）。在对研究样本、研究文献进行整理和编码的过程中，本研究发现分析师跟踪与企业规模是影响信息披露与并购重组关系的重要情景因素。此外，测量因素也是导致现有研究存在差异的重要原因之一。因此，本研究借鉴以往研究成果，进一步检验分析师跟踪和企业规模两类情景因素以及测量维度这一测量因素在信息披露与并购重组关系间的调节效应。

1. 情景因素：分析师跟踪与企业规模

分析师盈利预测或投资评级是影响股票价格的重要因素，但关于证券分析师是否能有效发挥信息传递功能这一问题尚存在争议。部分研究认为，在资本市场机制尚不健全的背景下，分析师缺乏独立性（孙怡龙和凌鸿程，2019），由于认知偏差或规避风险的动机，分析师倾向于相互依赖并隐藏部分私有信息，表现出迎合管理层或过度乐观等非理性行为特征（游家兴和张哲远，2016），降低了资本市场估值效率，对企业并购绩效造成损害。也有研究认为，分析师能对第一手资料进行加工、处理和分析，形成高质量的公司信息（Chen and Jiang，2005）。由于投资者的关注能力有限，在信息收集与处理方面也处于劣势，难以充分理解并分析可得信息。分析师作为重要的信息中介，能对公司信息进行解读并传递给投资者，进而提升信息透明度。企业积极进行信息披露会受到更多分析师的跟踪与青睐，有助于信息获取成本的降低和预测准确性的提高（李秉成和郑珊珊，2019），为投资者做出决策提供重要参考。肖浩等（2016）研究发现，分析师会对公司披露的信息进行解读，能给股东提供更多公司层面特质信息，并将其反映在股价中，从而降低股价同步性。布伦南和苏布拉马尼亚姆（Brennan and Subrahmanyam，1995）的研究表明，分析师跟踪能使信息更快地反映在股票价格中，提高了股票流动性。因此，证券分析师在增强资本市场估值效率与并购绩效方面发挥重要作用（陆超等，2018）。

不同规模的公司信息获取成本、披露渠道及受关注度不同，投资者对其信息披露的反应程度也有所不同。一些研究认为企业规模越大，公司市值占比越高，对整个资本市场甚至宏观经济的走势影响越大，能吸引更多投资者的关注。因此，规模较大的企业进行信息披露能引起更大的市场反应。另一些研究认为，投资者收集到的信息数量受到成本的制约（Hirshleifer and Teoh，2003），小公司受到的关注程度较低，投资者通常需要花费大量精力进行信息处理与分析，信息含量较少。因此，规模较小的企业进行信息披露能带来更多的信息增量，引起更强烈的市场反应（Freeman，1987）。据此，提出假设 2. 3。

H2. 3a：相对于分析师跟踪人数较少的企业，在分析师跟踪人数较多的企业中，并购重组对信息披露的敏感程度更高。

H2. 3b：相对于大型企业，在中小型企业中，并购重组对信息披露的敏感程度更高。

2. 测量维度

信息披露与并购重组的衡量方法和测量指标的多样性是造成研究结果差异的一个重要原因，本研究进一步检验样本研究文献中变量测量维度因素的调节效应。在选择单一维度指标来衡量企业信息披露水平时，很有可能出现由于变量选择不当而造成研究结果出现偏差的现象，而多维度测量能够显著提高测量结果的可靠性和准确性。据此，提出假设 2. 4。

H2. 4：相对于单一测量维度，采用多维指标取得的研究结果更加显著。

根据以上分析，本研究提出如图 2 -1 所示研究框架。

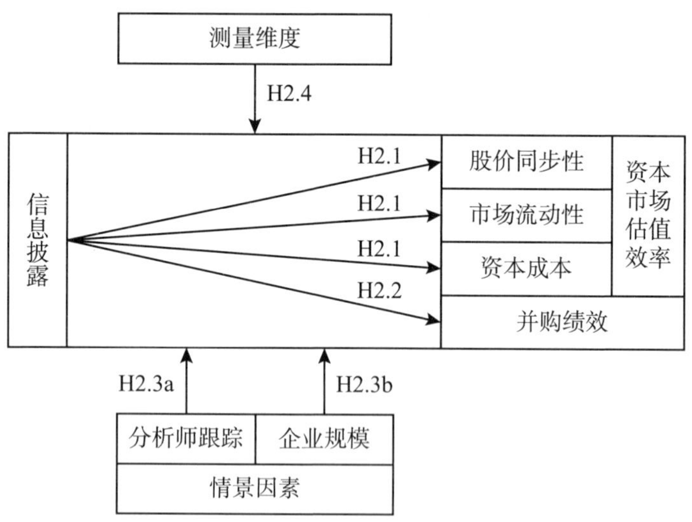

图 2 -1　信息披露与并购重组研究框架

2.3 研究设计

2.3.1 研究方法

Meta分析具有以下优点：一方面，单个实证研究往往难以得出更具普遍性和归纳性的结论，而Meta分析能够对同一领域的多个研究结果进行综合分析，提高统计效度（张翼等，2009）；另一方面，Meta分析能提供量化结果，避免了主观性的影响。关于信息披露与并购重组的关系，已存在大量实证研究，可以满足Meta分析对文献数量的要求。基于以上合理性与适用性，本书运用Meta分析方法进行研究。

2.3.2 基本定义及其测量指标

1. 信息披露的定义及其测量指标

信息披露可以定义为公司为投资者投资决策提供参考和接受社会公众监督而公开披露公司相关信息的行为（任政亮和徐飞，2013），也可以界定为通过媒介载体向社会公众发布信息的过程（蒋亚朋和杨洋，2005）。国内外现有研究通常将信息披露质量理解为“信息透明度”“信息披露等级”，重点关注财务与非财务信息披露、强制性与自愿性信息披露，以及信息披露质量的资本市场效应。信息披露是缓解信息不对称的重要手段，对资本市场有效性及资源配置效率产生重要影响（杨红和杨淑娥，2007）。赫尔马林和威斯巴赫（2012）则认为，信息披露在为投资者决策提供依据的同时会导致新的代理问题，给股东造成更多的成本，包括高管薪酬的提高与CEO更换率的提高，进而降低公司价值。

对信息披露的度量没有统一标准是研究结论存在分歧的重要因素之一，现有文献一般采用以下三类指标衡量企业信息披露水平：直接评价指标、特殊代理指标与新媒体信息披露指标。直接评价指标主要针对信息本身的质量，包括各类信息披露评级与信息披露指数，以及学者自建的信息质量评价体系（Botosan，1997；崔学刚，2004）。特殊代理指标主要包括盈余质量及媒体关注度等间接评价指标。近年来，新媒体的出现对资本市场的信息披露产生了重大影响（Miller and Skinner，2015；徐静等，2018）。新媒体在信息的分享和传播上具有巨大优势（Hong et al.，2004），有利于丰富公司信息披露渠道并增强信息披露及时性，因此，多数学者开始使用新媒体信息披露指标作为主要代理变量。已有研究认为上市公司在社交媒体上开通公司账号有利于扩大信息披露渠道（Porter et al.，2011；Kim and Youm，2017），发布增量非财务信息（胡军和王甄，2015），减少市场信息不对称（Blankespoor et al.，2014）。

2. 并购重组定义及其测量指标

并购重组的关键是价值评估与并购后的整合。现有关于企业并购重组的研究主要集中于并购整合阶段，即关注企业并购后绩效的变化（王艳和李善民，2017；宋贺和段军山，2019）。随着近年来高估值高溢价并购案的频繁发生，越来越多的学者关注到并购重组中的价值评估环节，认为能否对企业价值进行合理的评估直接关系到并购重组业务的成败（葛翔宇和周艳丽，2017），不合理的交易定价削弱了公司价值（程凤朝等，2013）。因此，本书对企业并购重组的研究不仅包括并购后的绩效变化，而且包括并购前的资产评估效率。已有诸多学者对并购重组估值与定价的合理性、并购估值方式以及并购重组估值的影响因素及经济后果等问题进行了研究（程凤朝等，2013；辛宇等，2015；翟进步等，2019）。良好的资产评估效率有利于企业实现最优价值（李小荣等，2019），而资本市场错误估值与高溢价并购会引发商誉减值、业绩承诺无法实现等风险，给并购方带来严重的财务压力，对企业短期市场绩效与长期财务绩效造成损害（刘娥平和关静怡，2018），直接导致并购重组业务的失败。对目标公司价值进行评估主要依赖于企业公开披露的信息，因此企业信息披露质量直接影响公司价值（张宗新等，2005）。在信息不充分的条件下，投资者难以预测企业未来经营状况进而对企业真实价值进行合理评估。随着信息披露质量的提高，投资者获得的信息增加，有利于修正对公司价值的预期。本研究分别从股价同步性、市场流动性以及企业资本成本三个方面探讨信息披露对资本市场估值效率的影响。股价同步性指公司股价波动与市场波动之间的关联性，反映了公司层面信息融入股票价格的程度（肖奇和屈文洲，2017）。股价同步性的形成机理包括投资者保护、制度建设等宏观因素（Morck et al.，2000；游家兴等，2007）以及企业信息披露水平、公司治理效率、信息中介的信息传递作用和投资者关注等微观因素（Piotroski and Roulstone，2004；朱红军等，2007；罗进辉等，2015；肖奇和屈文洲，2017），现有文献主要使用 R^2 及 SYN 衡量股价同步性。市场流动性反映了资产以合理价格迅速变现的能力，是衡量资本市场效率的重要指标（闫红蕾等，2020），受市场机制及投资者行为等因素的影响（肖磊和张聪，2019；尹海员和朱旭，2019）。现有研究主要使用买卖价差、市场深度、交易活跃程度等指标对市场流动性进行度量。资本成本是控制权市场融资效率的体现，是企业做出并购决策的重要参考，包括权益资本成本与债务资本成本。根据信号理论，企业资本成本产生的根本原因在于信息不对称。

并购绩效衡量了并购交易为投资者创造价值的程度，主要表现为上市公司发起并购后的短期市场反应及长期财务绩效，现有研究主要通过事件研究法与会计研究法等衡量企业并购的短期市场财富效应（CAR/BHAR）和并购后长期绩效（ROA/ROE/Q）。事件研究法可以直接衡量并购活动为投资者带来的收益或损失，但难以剔除同期内其他事件对股票价格的影响。会计研究法以财务报告信息为基础判断并购活动对企业绩效的影响，但会计指标具有可操纵性，缺乏客观性。表2-1汇总了信息披露与并购重组的主要衡量指标。

表2-1　　　　信息披露与并购重组的主要衡量指标

衡量指标		具体衡量指标举例
信息披露	直接评价指标	深交所信息披露评级、内部控制信息披露质量指数、自愿性信息披露指数等
	特殊代理指标	盈余质量、媒体报道数量、媒体曝光指数等
	新媒体信息披露	微信订阅号信息发布数量、微信点击量、是否开设微博等
资本市场估值效率	股价同步性	R^2、R^2 对数化处理后指标 SYN
	市场流动性	买卖价差、换手率、交易量、交易金额、波动率、收益反转等
	资本成本	CAPM模型，FF三因素模型、GLS模型等；利息支出、财务费用与债务总额的比重等
并购绩效		市场财富效应（CAR/BHAR）、并购后长期绩效（ROA/ROE/Q）、主成分分析法构成的综合财务指标

2.3.3 数据选择

1. 文献检索

参考崔小雨等（2018）的做法，本研究的文献检索主要有以下三个步骤：首先，以信息披露、信息不对称、社交网络、媒体关注、媒体报道、并购重组、股价同步性、市场流动性、information disclosure、information dissemination、information asymmetry、media exposure、media attention、merger and acquisition、transparency 等为关键词，在包括中国知网、谷歌学术、Springer Link、JSTOR、Wiley 等在内的主流国内外数据库进行文献检索；其次，检索国内外关于信息披露与并购重组的重要会议论文；最后，根据相关的综述性和实证性核心论文，从其参考文献中进行进一步跟踪与挖掘，增强研究样本的完整性。

2. 文献筛选

根据以上检索步骤，共发现 5 275 篇相关文献，但这些文献并非全部符合 Meta 分析的要求，本研究对以上文献进行了进一步筛选，主要遵循以下原则：（1）样本文献必须是实证研究文献，剔除案例研究、文献综述等；（2）研究的问题必须是信息披露对资本市场估值效率或并购绩效的影响，剔除将信息披露作为因变量，资本市场估值效率或并购绩效作为自变量的文献，以及仅研究单一方面的文献；（3）样本文献必须具有明确的效应值；（4）若存在使用相同研究样本且研究方法与数据处理基本相同的文献，则只保留其中一篇。根据以上标准，最终确定 59 篇样本文献，其中中文文献 38 篇，英文文献 21 篇（样本文献汇总描述性统计表详见附录表 1）。样本文献的筛选过程如图 2－2 所示。

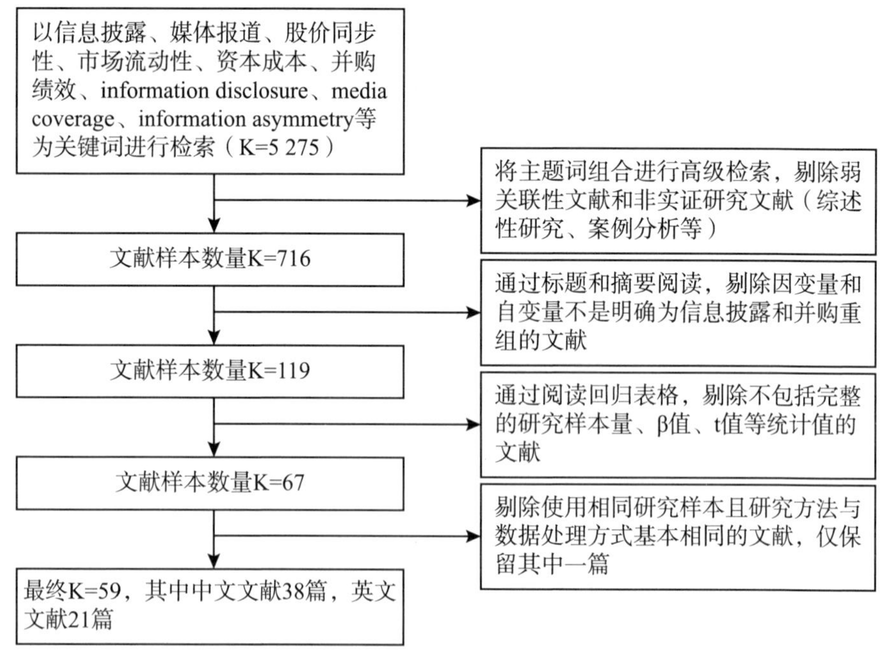

图 2－2　样本文献的筛选过程

3. 文献整理和数据编码

确定纳入分析的样本文献后，需要从文献中提取研究所需要的数据。本研究主要对研究描述项和效应值统计项进行数据编码，研究描述项包括标题、作者、发表年份、发表期刊等，效应值统计项包括回归系数、t 值、p 值、F 值、标准误（Se）等。一般以独立研究为单位进行编码，由于单项研究可能采用多个衡量指标，或构建不同的模型，因此单篇文献中可能出现多个效应值，本研究以其平均值作为替代效应值，最终获得 59 个效应值，样本总量为 434 224。

为了检验调节变量对信息披露与并购重组关系的影响，本研究进一步对样本文献的 3 个调节变量进行 0 - 1 形式的编码。（1）大型企业编码为 1，中小型企业编码为 0；（2）若以分析师跟踪人数较多的企业样本回归获得的效应值编码为 1；反之为 0；（3）若样本文献选择两个或以上变量进行度量编码为 1，仅选择一个变量进行度量编码为 0。

2.4　Meta 回归分析结果

2.4.1　效应值转换

效应值（effect size，ES）是 Meta 分析中的关键性指标，由于纳入分析的样本文献性质和结构等方面存在差异，因此需要计算综合效应值。常用做法是将所有统计量转换为统一的效应值——相关系数 r。

$$r = \sqrt{\frac{t^2}{t^2 + df}} \tag{2-1}$$

将单个 r 通过费雪转换得到 Fishers'Z 值：

$$Fishers'Z = \frac{1}{2}\ln\left(\frac{1 + r}{1 - r}\right) \tag{2-2}$$

进而求出 Fishers'Z 值的标准误：

$$seFishers'Z = \sqrt{\frac{(1 - Fishers'Z^2)}{df}} \tag{2-3}$$

通过 Comprehensive Meta Analysis 2.0（CMA2.0）计算，最终获得了 59 篇文献的 59 个效应值。①

① 样本文献汇总描述性统计详见附录。

2.4.2　发表偏倚分析与异质性检验

1. 发表偏倚分析

研究表明报告高效应值的研究比报告低效应值的研究更容易发表（Dickersin，2005），而发表的研究更有可能包含在 Meta 分析中（Rothstein et al.，2014），所以通过 Meta 分析得到的研究结果可能存在发表偏倚问题。由图 2 –3 可知，大部分样本聚集在漏斗图顶部，且分布于平均效应的两侧，说明存在发表偏倚的可能性很小。由表 2 –2 可知，Egger 检验的 p 值为 0.499，Begg 检验的 p 值为 0.298，均大于 0.05，进一步说明本研究不存在明显的发表偏倚问题。

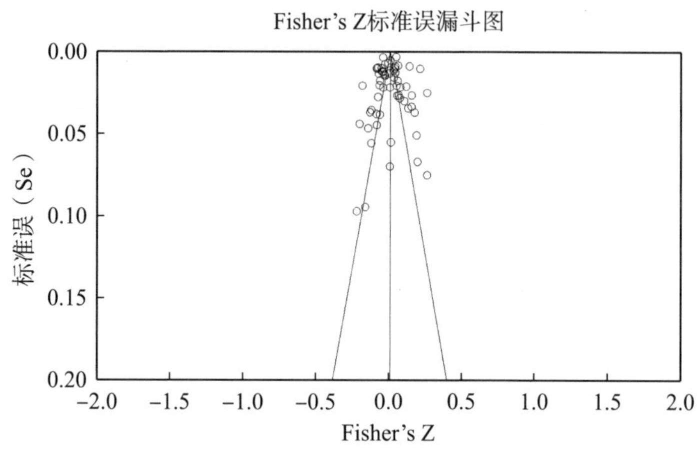

图 2 –3　信息披露与并购重组的漏斗图

表 2 –2　　发表偏倚检验

变量关系	K	Egger 检验 p 值	Begg 检验 p 值
信息披露与并购重组	59	0.499	0.298
信息披露与股价同步性	15	0.468	0.520
信息披露与市场流动性	10	0.401	0.254
信息披露与资本成本	18	0.100	0.111
信息披露与并购绩效	16	0.054	0.207

2. 异质性检验

异质性检验的方法主要包括 Q 值和 I^2 值检验，由表 2 –3 可知 Q 值为

121.178，远超过效应值，且 $p < 0.001$，因而认为本研究的文献数据具有高度的异质性。此外，I^2 为 96.981%，说明有 96.981% 的观察方差反映了真实效应的差别，可以初步判定研究结论差异主要来源于效应值的差异，说明信息披露与并购重组之间存在调节变量的影响。总体样本森林图见图 2－4，其中 10 篇文献的效应值在 95% 的置信区间超出 0 界限，但考虑到样本文献的高度相关性，本研究未进行剔除，并在稳健性检验中剔除该部分样本文献重新进行分析。

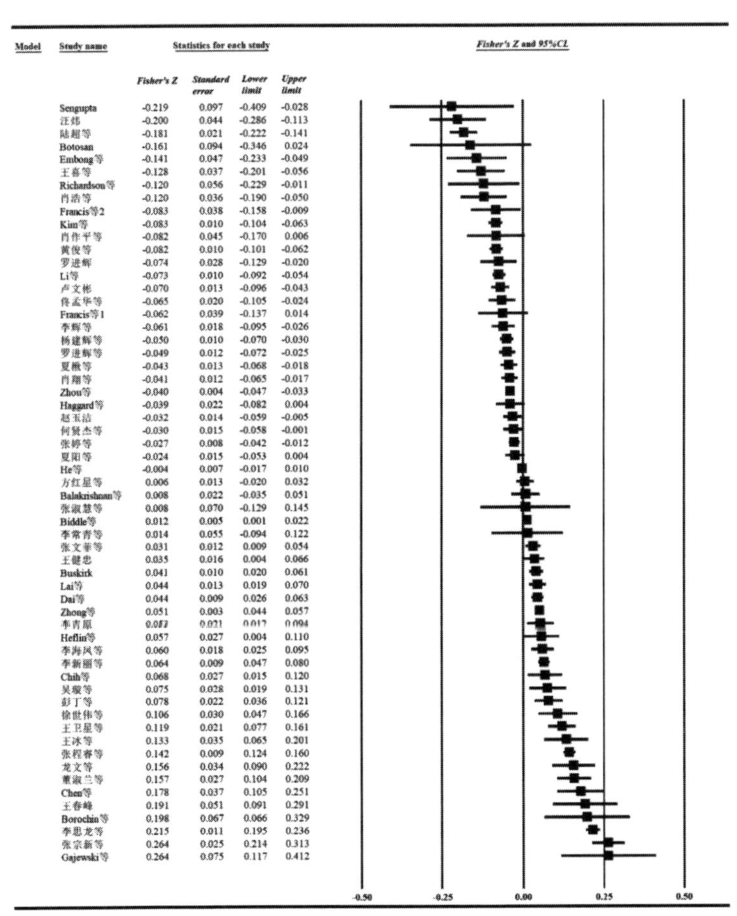

图 2－4　整体样本森林图

2.4.3　主效应检验

表 2－3 列示了主效应检验结果。就整体而言，信息披露与并购重组存在显著的正相关关系，固定效应模型的综合效应值为 0.009，在 1% 的水平上显

著，随机效应模型的综合效应值为 0.010，在 5% 的水平上显著，说明信息披露有利于降低控制权市场的信息不对称程度，对企业并购重组产生积极影响。

表 2－3　　信息披露对并购重组影响的总体效应

模型	K	N	ES	－95% CL	95% CL	Z 值	P 值	Q 值	df（Q）	I^2
固定效应	59	43 4224	0.009***	0.006	0.012	5.674	0.000	121.178***	58	96.981
随机效应	59	43 4224	0.010**	0.009	0.029	2.063	0.039			

注：K 代表研究样本个数，N 代表总样本量，Q 为异质性检验。CL 表示置信区间；*、**、*** 分别表示在 10%、5% 和 1% 的水平上显著，下同。

本研究进一步分析信息披露对股价同步性、市场流动性、资本成本与并购绩效的影响。如表 2－4 所示，信息披露对股价同步性的影响在固定效应与随机效应下分别在 1% 和 10% 的水平上显著为负，说明信息披露能将公司特质信息传递到市场中，降低股价变化同步性；信息披露与市场流动性呈显著正相关关系，说明企业增强信息披露水平有利于改善市场质量，提高股票的市场流动性；在固定效应与随机效应模型下，信息披露对资本成本的影响都在 1% 的水平上显著为负，说明提高信息披露水平能使投资者或债权人更了解公司经营现状，降低其风险预估水平，从而降低企业的资本成本，假设 2.1 得到验证；信息披露与并购绩效在 1% 的水平上显著正相关，说明企业进行信息披露能减少逆向选择与道德风险问题，对改善企业并购绩效具有显著促进作用，假设 2.2 得以验证。

表 2－4　　信息披露性对股价同步性、市场流动性、资本成本与并购绩效的影响

	模型	K	N	ES	－95% CL	95% CL	Z 值	P 值
股价同步性	固定效应	15	189 494	－0.021***	－0.026	－0.017	－9.216	0.000
	随机效应	15	189 494	－0.031*	－0.065	－0.003	－1.763	0.078
市场流动性	固定效应	10	29 989	0.102***	0.091	0.113	17.634	0.000
	随机效应	10	29 989	0.102***	0.043	0.160	3.419	0.001
资本成本	固定效应	18	61 576	－0.039***	－0.047	－0.032	－9.797	0.000
	随机效应	18	61 576	－0.066***	－0.086	－0.046	－6.569	0.000
并购绩效	固定效应	16	153 165	0.047***	0.042	0.052	18.214	0.000
	随机效应	16	153 165	0.090***	0.065	0.115	7.040	0.000

2.4.4　调节效应检验

1. Meta 二元分析

总体效应的 Meta 分析结果表明 59 篇样本文献的研究结论具有异质性，说明信息披露与并购重组的关系受到潜在调节变量的影响。本研究在对研究样本文献进行 0－1 形式编码的基础上，通过 Meta 二元分析进一步探讨潜在调节变量对二者关系的调节作用。具体检验结果如表 2－5 所示。

由表 2－5 可知，在情景因素中，分析师跟踪人数较多企业的效应值（0.025）大于分析师跟踪人数较少的企业（0.009），且满足显著性要求。因此，在分析师跟踪人数较多的企业中，并购重组对信息披露的敏感程度更高，假设 2.3a 得到验证。中小型企业效应值（0.032）大于大型企业（0.022），分别在 1% 和 10% 的水平上显著，由此可知，相对于大型企业，在中小型企业中，信息披露对并购重组的影响程度更为显著，假设 2.3b 得以证实。采用多重维度获得的效应值（0.024，$p<0.050$）大于采用单一维度测量获得的效应值（0.004，$p<0.001$），即与采用单一测量维度的研究相比，采用多维指标取得的研究结果更加显著，假设 2.4 得到支持。

2. Meta 回归分析

根据以上分析可知，本研究收集的样本文献的研究结论具有显著异质性，这种差异可能来源于企业规模、分析师跟踪数量和测量维度三方面潜在因素的差别。为了探讨信息披露对并购重组调节作用的程度，在对样本文献进行编码并根据研究样本量为依据计算各文献权重的基础上，本研究参照彭俞超和顾雷雷（2014）以及王福鸣和董正英（2018）的研究，构建如下模型进行回归分析：

$$Y_i = \alpha + \beta X_i + \gamma Z_i + \varepsilon_i \tag{2-4}$$

其中，Y_i 为样本文献的综合效应量；X_i 为本研究选取的 3 个调节变量；Z_i 为各研究样本的数量；ε_i 为残差项，具体回归结果如表 2－6 所示。

由表 2－6 可知，在将 3 个调节变量纳入 Meta 回归分析模型后，分析师跟踪的系数为正（0.034），且在 1% 的水平上显著，进一步验证了在分析师跟踪人数较多的企业中，并购重组对信息披露的敏感程度更高；企业规模的系数显著为负（-0.033，$p<0.001$），说明相对于大型企业，在中小型企业中，信息披露对并购重组的影响程度更为显著，假设 2.3 得到进一步验证；测量维度的回归系数为正（0.028），且结果显著（$p<0.001$），说明采

表 2-5　　信息披露与并购重组关系的调节效应

调节变量			K	ES	-95% CL	95% CL	Q 值	df（Q）	I^2	Z 值	P 值
情景因素	分析师跟踪	分析师跟踪人数少	10	0.009***	0.004	0.014	786.222***	9	98.855	3.294	0.001
		分析师跟踪人数多	11	0.025***	0.021	0.030	248.625***	10	95.978	10.350	0.000
	企业规模	中小型企业	23	0.032***	0.027	0.036	731.092***	22	96.991	14.609	0.000
		大型企业	22	0.022*	0.014	0.058	748.976***	21	97.196	1.704	0.088
测量因素	测量维度	单一维度	24	0.004***	0.000	0.008	776.116***	23	97.037	10.547	0.000
		多重维度	35	0.024**	0.019	0.028	1 061.810***	34	96.798	2.049	0.040

表 2-6　信息披露与并购重组的 Meta 回归分析结果

调节变量	系数	标准误	Z 值	P 值	-95% CL	95% CL
分析师跟踪（跟踪人数多 =1，跟踪人数少 =0）	0.034***	0.004	9.447	0.000	0.027	0.041
企业规模（大型企业 =1，中小型企业 =0）	-0.033***	0.004	-9.026	0.000	-0.040	-0.026
测量维度（多重维度 =1，单一维度 =0）	0.028***	0.003	9.124	0.000	0.022	0.034

用多维指标取得的研究结果更加显著，假设 2.4 得到验证，进一步证实了二元分析所得结论，即 3 个调节变量在信息披露与并购重组的关系中具有较为显著的调节作用。

2.4.5　稳健性检验

为保证研究结论的稳健性，本研究进行如下稳健性检验[①]：（1）剔除图 2-4 森林图中波托森（Botoson）、肖作平等、张淑慧等、弗朗西斯（Francis）等 10 篇效应值横跨零分界线的文献；（2）逐一剔除每一个纳入的研究样本文献进行重新分析，并与原结果进行对比分析，研究结果未发生明显变化。

2.5　研究结论与启示

本章从资本市场估值效率与并购绩效的角度出发，采用 Meta 分析对信息披露与并购重组的关系进行了量化综述，并将情景因素与测量因素两类调节变量纳入分析框架。得出如下结论：首先，Meta 异质性检验表明纳入分析的 59 篇独立样本文献的研究结论具有显著的异质性，说明现有研究关于信息披露对

① 剔除 10 篇效应值横跨零分界线文献的检验结果与逐一剔除样本文献的检验结果（仅报告剔除第一篇及最后一篇样本文献的检验结果）详见附录表 2 ~ 表 7。

并购重组的影响方向或影响程度存在显著差异；其次，主效应回归研究结果表明信息披露对并购重组的估值效率与并购绩效产生显著的影响，具体表现为信息披露能降低股价同步性与企业资本成本、增强股票的市场流动性并促进并购绩效的提升。最后，企业规模、分析师跟踪、测量维度是影响信息披露与并购重组关系的 3 个重要调节变量，具体来说，中小型企业相对于大型企业、分析师跟踪人数较多相对于跟踪人数较少的企业，并购重组对信息披露的敏感程度更高；相对于单一测量维度，采用多维指标取得的研究结果更加显著。

信息披露在完善公司治理机制、保护中小投资者利益方面具有重要的作用与意义。部分研究已经发现了信息披露对缓解代理问题、提高资本市场估值效率的积极作用（李竹薇等，2019；何贤杰等，2018），然而，也有研究认为企业进行信息披露无法提升信息透明度（方红星和楚有为，2019；Li，2008）。本章使用 Meta 分析研究信息披露对并购重组的影响具有一定的理论意义。首先，尝试对现有研究结论存在较大分歧的原因进行解释：（1）现有研究对信息披露或并购重组的度量尚未形成统一标准，多数研究未明确区分信息特征（财务信息与非财务信息）、信息披露意愿（强制性信息披露与自愿性信息披露）等因素对企业并购重组的影响；（2）现有文献未细化信息披露对并购重组不同阶段的影响，本研究认为根据企业并购重组的主要步骤，至少可以细分为并购前估值与并购后整合两个阶段；（3）信息披露对并购重组的影响还有可能受到企业规模、分析师跟踪或测量维度等因素的调节。其次，本研究的结论丰富了并购重组中信息披露分析框架。最后，本研究验证了企业信息披露对并购重组的积极影响，为并购重组市场的信息治理效应提供了进一步的经验证据。

本章的研究结论对企业信息披露战略与政府监管政策的制定也提供了有益的政策启示：首先，在十九大号召“金融服务实体经济”的制度背景下，上市公司应充分利用新媒体及时、详尽地披露企业信息，积极主动进行媒体和投资者管理，减少并购估值高溢价风险并提高资源配置效率，规范与优化上市公司信息治理框架；其次，金融监管部门应对并购重组中上市公司信息披露质量进行更好的评估，识别和处理信息提前泄露与内幕交易问题、提高稽查执法效率，同时增加信息披露违规成本从而起到市场震慑作用，维护市场“三公”原则。

虽然本章已尽量全面地对信息披露与并购重组的关系进行研究分析，克服了单个研究在样本选择、变量定义及研究设计等方面可能导致的偏误，得出了较为普遍和客观的结论，但仍存在一些不足：首先，只检索了中英文文献数据库，未将其他语言的文献纳入研究范畴，这会导致研究存在一定程度的选择性偏差，降低实验结果的精确度；其次，Meta 二元分析中，部分调节变量在分组后研究样本较少，这些调节变量分析得到的结论缺乏稳健性；最后，诸如制度环境（游家兴等，2007）、机构投资者持股比例（杨洁等，2016）、政治关联（唐松等，2011）等都会对信息披露与并购重组的关系产生调节作用，但由于不满足 Meta 分析对文献数量的要求，本研究未进行检验。未来研究可以加强目前文献数量较少领域的分析，进一步探讨信息披露影响并购重组的作用机制。

第 3 章

信息披露影响收购方发起并购重组的概率及其绩效研究*

3.1 引　　言

经过改革开放 40 多年的发展，我国经济建设取得了巨大成就，获得“经济增长奇迹”之称。当前，我国经济发展迈入新常态，增长速度逐渐放缓、改革持续深化。在我国经济转型时期，政府这只“有形的手”依然在国民经济中发挥着重要的资源统筹功能。政府主要是由官员组成的，因此政府行为在本质上是官员意志的反映（陈德球等，2016）。作为“理性经济人”的政府官员，通过对政府政策的制定、贯彻与执行，实现政府政绩目标与自身政治目标的“双赢”（周黎安，2007）。因此，要研究政府对企业行为决策的影响，就不能忽略地方官员在其中发挥的作用。随着我国干部人事制度的发展与完善，因政治晋升、地区交流、官员任期等导致的官员变更愈加频繁，因此，从市级官员变更这一动态视角讨论地方政府与官员对企业行为的影响具有重要的理论和实践意义。

在我国宏观经济进入平稳发展局面的背景下，供给侧结构性改革成为促进国家经济发展的重要战略之一，而“三去一降一补”成为供给侧结构性改革的重点任务。其中，如何“去产能”以优化存量资源配置成为重中之重。并购重组不仅是企业实现战略目标的重要方式，也是优化生产要素配置的关键手段，有助于缓解产能过剩问题，促进产业转型升级（史贞，2014；赵昌文等，

* 作为广州市哲学社科规划 2020 年课题（课题编号：2020GZYB44）的阶段性成果，部分数据结果已发表于《软科学》2020 年第 5 期。

2015）。中央经济工作会议明确提出，资本市场要积极配合稳妥化解产能过剩工作，尽可能多兼并重组，少破产清算。在去产能的过程中，既要发挥市场在资源配置中的决定性作用，也要用好政府这只“手”，真正做到中央要求的因地制宜、分类有序处置。并购重组承担着调整优化产业结构的重任，也是盘活存量资源的有效手段，可以快速提升产业活力，最终实现经济发展模式从粗放型增长到集约型增长的重要转变。

信息披露影响并购重组的效率，对企业并购重组监管的重心应放在信息披露上（王化成和陈晋平，2002）。上市公司信息选择性披露的均衡特征研究表明，信息披露政策的干预有可能带来非预期的福利损失（Hoffmanny et al.，2014）。现有研究提出通过政策设计来修正信息利用的低效率（Pavan，2014；Vives，2015）。目前，我国形成了以《证券法》《收购办法》等为主的上市公司并购法规体系。在十九大号召“金融服务于实体经济”的背景下，鼓励企业及信息中介提高信息披露质量与水平，有助于完善资本市场资源配置功能，更好地为实体经济服务。鉴于此，从官员变更的动态视角出发，研究信息披露在并购重组市场中发挥的作用，对资本市场特别是并购重组市场的发展具有重要的经济意义和现实价值。

本章重点关注在我国特殊的制度背景下，地方政府官员变更引起的外部信息环境的变化如何影响并购重组的市场反应与企业绩效，并检验了变更官员来源、企业性质与市场化水平对官员变更和企业并购重组关系的调节作用。官员变更所引起的信息环境变化，主要通过信息披露机制作用于市场反应和企业行为，具体体现为信息不确定和信息不对称程度。一方面，官员变更有可能导致经济政策的变化，使经济政策不确定性增加，影响市场资本流动，影响企业现金持有水平、投资决策与并购活动等（Weeds，2002；Bloom et al.，2007；Duchin and Schmidt，2013；Segal et al.，2015；郝威亚等，2016；饶品贵等，2017；顾夏铭等，2018；Bonaime et al.，2018；Huang and Luk，2018）。另一方面，官员变更会使信息披露质量发生变化，导致信息不对称程度增加，影响企业的盈余管理及避税行为等（Piotroski et al.，2015；李茫茫和黎文靖，2017）。因此，研究地方政府官员变更所引起的信息环境变化如何影响并购重组，并检验信息披露在其中所发挥的作用，具有显著的经济意义和实践价值。

3.2 理论分析与研究假设

3.2.1 相关理论基础

1. 新制度经济学

以科斯和诺斯（Coase and North）等学者为代表的新制度经济学领域的研究认为，制度在社会中起到根本性的作用，决定了长期经济的发展方向，对企业行为产生直接影响。企业的本质是由契约组成的，特定的制度规定了组织经营的范围，使博弈规则与行为人的互动变得更易于理解，也便于更好地理解经济与政治之间的相关关系（North，1990）。诺斯（1990）认为制度是人为设计的，并将其分类为正式制度、非正式制度以及确保制度得以实施的机制。结合相关的概念与定义，本研究所研究的主要变量官员变更属于正式制度的范畴。

新制度经济学理论认为制度是决定契约结构的关键因素，并认为制度运行效率受其制度环境的影响（Coase，1937）。良好的制度可以产生良性激励，降低交易风险和不确定性，创造良好的经济发展环境，进而促进经济增长。对于企业而言，其行为选择也必然受其所处地区的制度效率水平的影响。因此，新制度经济学是研究官员变更对企业并购重组行为影响的理论基础。

2. 财政分权与政治晋升理论

财政分权理论以新古典经济学为理论基础，主要研究如何实现公共资源以及相应的财政工具在各级政府之间的合理分配问题。改革开放后，我国先后进行了一系列包括财政包干制、分税制等在内的财政分权体制改革，将部分财政权力下放给地方政府，有利于提高财政资源的配置效率，促进宏观经济的增长。财政分权制度给予了地方官员充分的自由裁量权，使其在贯彻落实国家的宏观发展战略的同时，可以根据地区经济发展特点，制定本辖区具体的经济发展路径。

晋升锦标赛（周黎安，2007）是指政治权力上的高度集中。中央政府有权力直接决定地方官员的任职与晋升发展，导致相同级别的政府官员除了关注当地的财政收入外，也会关注其在官场上的升迁晋升机会，存在着官员政治晋升锦标赛，其主要考核指标为地方经济的增长（乔坤元，2013）。在“政治集权，财政分权”的背景下，地方政府可以控制大量的行政和经济资源，具有较大的动机与偏好制定经济发展政策，促进区域经济发展。企业作为区域经济发展的重要参与者，其行为决策必然受到政府行为的影响。一方面，晋升锦标赛带来的晋升激励使地方政府官员有强烈的政治动机与能力去发展经济（蒋伏心和林江，2010），为企业发展提供良好的经营环境；另一方面，晋升锦标赛也会导致地方官员行为的扭曲效应（乔坤元，2013），地方官员为获得政治晋升机会，倾向于不计成本地进行竞争，例如采取市场分割战略、通过政企合谋的方式干预企业行为决策（后青松，2015）。

3.2.2　理论推导与假设提出

1. 官员变更与企业并购成功率及并购绩效

经济政策变动推动了行业并购浪潮（Mitchell and Mulherin，1996；Hardfor，2005；李井林，2014），并影响企业并购绩效（Duchin and Schmidt，2013）。与资本市场相对健全的发达经济体相比，我国的并购交易活动并不完全是以市场为导向的行为，会受到较多政治因素的影响，官员变更便是其中最直接和最强烈的影响因素（杨海生等，2014）。政府官员通过制定并实施经济政策或行使资源配置等权力能够对企业并购重组活动进行强有力的干预。基于“新官上任三把火”的传统与个人异质性的偏好，新上任官员在上任初期有动机采取更加积极的经济政策，对产业结构与政策扶持范围等进行调整，以取得显著的经济成绩从而获得晋升机会（王贤彬等，2009）。首先，官员变更引起的经济政策不确定性使市场难以对管理层形成有效监督，导致高管盲目发起收购（屈文洲和崔峻培，2018）。然而，不确定性的提高使并购双方未来可能面临的风险上升，并购成功的可能性随之降低。其次，地方官员变更会对已经形成的社会和政治网络产生影响（Piotroski and Zhang，2014），导致政企关系破裂，政府前期承诺给予企业的“优惠政策”可能落空，进而影响企业并购成功率。最后，官员变更导致的经济政策不确定性提高了企业的违约成本（罗劲博和李小荣，2021）。因此，企业融资约束水平和外部融资成本增加（Pastor and Veronesi，2012；Chan et al.，2017；Kaviani et al.，2017；Huang et al.，2019；王全景和温军，2019），进一步降低企业成功完成并购的概率。基于以上分析，本研究提出假设3.1。

H3.1：地方官员变更会降低企业并购成功率。

官员变更带来的政治冲击增加了企业对未来并购前景不确定性的预期，向外部投资者传递了风险增加的信号，提高了投资者对风险水平的预估（Pastor and Veronesi，2012），增加企业融资难度及未来现金流风险（陈艳艳和程六兵，2018）。并购具有投资风险高、投入金额大、不确定因素多等特点，因此，在地方官员发生变更导致不确定性增大时，企业管理层应理性地对待并购机会，推迟或减少并购行为以降低企业面临的不确定性风险，待相关政策更加明朗或获得更多并购项目信息时再进行并购活动。因此，若企业在不确定性较高时仍然选择进行并购活动，市场会对此持怀疑及消极态度。此外，在短期内，新任官员会改变现行的经济政策以达到提高政治绩效的目的（贾倩等，2013），主要表现为调整产业结构与政策扶持范围等（杨雨清和陶锋，2019）。但新政策与已有相关政策通常存在衔接障碍，企业与新任官员之间的信息沟通渠道尚不顺畅，磨合成本较高，新任官员推行的政策需要一段时间进行贯彻实施，难以在短期内体现显著成效（陈艳艳和罗党论，2012）。因此，从短期来看，地方官员变更损害了企业并购绩效，基于以上分析，本研究提出假设 3. 2。

H3. 2：地方官员变更会降低企业并购的短期绩效。

官员变更导致的不确定性增加使企业在面对决策时变得更加谨慎，企业倾向于放弃对高风险项目的投资（Chen and Funke，2003）。首先，在面对官员变更引起的政治不确定性提高时，企业为规避风险，会对并购方案的各方面进行全面详细的评估与规划，提高并购交易能够带来的经济效益。其次，官员变更意味着新的政治周期的到来，为了适应经济政策波动带来的新变化，上市公司需要调整企业发展战略，这些调整和收益将体现在企业的长期绩效上。最后，政绩考核机制和垂直管理的政治体制加剧了地方官员之间的竞争，为了超越前任官员的表现从而获得政治晋升机会，新上任的政府官员有强烈的动机实施差异化政策（王贤彬等，2009），通过刺激地区经济发展向上级政府传递未来政绩的良好信号，从而体现自身价值。因此，政府官员会通过资源配置等自由裁量权来影响企业的并购重组活动。吉黎（2020）从谨慎性动机的角度出发，解释了变更官员对企业财政补贴的 U 型影响，即在初期减少财政补贴规模，而在中后期加大补贴力度。因此，从长期来看，地方官员变更对企业并购绩效具有积极影响。根据以上分析，本研究提出假设 3. 3。

H3. 3：地方官员变更会提升企业并购的长期绩效。

2. 官员变更、信息披露和并购重组

官员变更可以通过直接影响上市公司的信息披露行为与影响信息中介的信息披露改变上市公司所处的信息环境，进而对企业并购重组产生影响。一方面，官员变更导致经济政策不确定性增加，加大了企业的风险，也提高了公司基本面的信息不确定程度与信息不对称程度（Chen et al.，2018）。此时，企业管理者需要对以下两种信息披露成本做出决策：披露企业经营环境不确定增加所带来的成本，以及隐藏企业真实情况所导致的信息不对称增加而带来的违规风险（Ahmed and Duellman，2013）。官员变更会影响企业盈余管理，降低会计稳健性，增加企业负面信息隐藏行为、避税行为以及关联交易等（Piotroski et al.，2015；陈德球和陈运森，2018；曹越等，2019），使信息披露质量发生变化，导致信息不对称程度增加，并购活动的估值工作受到挑战，进而影响企业并购成功率与并购绩效。此外，正面信息与负面信息对并购绩效的影响是不对称的（李常青等，2016），负面信息披露显著提高了并购失败的可能性（陈泽艺等，2017）。

另一方面，信息中介如新闻媒体、机构投资者和证券分析师等也会对企业信息环境产生影响（牛建波等，2013；杨洁等，2016；伊志宏等，2018），官员变更也可以通过信息中介影响企业并购行为。已有研究认为国有媒体对上市公司的报道有较强的政治倾向（Piotroski et al.，2015），官员变更会削弱中性报道的监督作用（张琦和郑瑶，2018），影响上市公司的信息环境（Chen et al.，2018）。综上，官员变更会影响信息中介的信息处理过程及信息披露成本，对信息披露内容产生影响，进而影响并购重组市场效率。

从长期来看，当地方官员发生变更之后，经过一段时间的磨合与调整，未来的经济政策导向趋于明朗，信息不确定程度随之降低。同时，变更官员执行新经济政策的成效也逐步体现出来，并购企业倾向于通过提高信息披露水平以获得更多的政府补贴、融资便利与税收优惠等。企业信息披露水平的提升也有利于证券分析师等信息中介获得更充分的公开信息，降低了信息不对称程度（谷文林等，2015）。信息不确定与信息不对称程度的降低有助于并购后的整合工作，进而提升了企业长期并购绩效。根据以上分析，本章提出假设3.4。

H3.4a：信息披露在地方官员变更降低企业并购成功率的影响中产生中介效应。

H3.4b：信息披露在地方官员变更降低企业短期并购绩效的影响中产生中介效应。

H3.4c：信息披露在地方官员变更提升企业长期并购绩效的影响中产生中介效应。

3. 变更官员特征、企业特征与地区特征

变更官员的异质性会对区域经济、微观企业行为乃至并购重组市场产生不同的影响（Diebold and Yilmaz，2009；徐现祥和王贤彬，2010）。从变更官员来源的角度看，不同来源的官员体现了不同程度的政策不确定性。本地来源的官员已在当地工作过一段时间，对区域情况更为熟悉，甚至可能参与过前期政策的制定（刘一鸣等，2020）。因此，本地来源的官员更加倾向于延续前任官员的各项政策（张烨宇，2020），即使经济政策发生变化，也是在原来的基础上进行小幅度的调整（陈艳艳和罗党论，2012；罗党论和佘国满，2015；廖义刚等，2016）。因此，官员异地变更意味着较低的政策不确定性程度。而异地来源的官员更可能采取新的经济政策，带来的不确定性程度更高，政策执行不一致性的程度也相对更高（陈德球和陈运森，2018）。此外，企业需要花费更多的时间与成本与异地来源的官员建立联系并适应他们的执政风格（郝增慧，2020），对并购重组的影响更大。而本地来源的官员在上任之前可能已经与并购企业有不同程度的接触，企业维系政企关系的成本较低。因此，与本地来源的官员相比，企业的并购重组活动受异地来源官员变更的影响程度相对更高。

企业产权性质是研究我国资本市场问题需考虑的重要制度背景。企业的所有权性质不同，在面对官员变更引起的制度环境变化时所作出的反应也不同。国有企业由各级政府机构控制，与政府官员存在天然的密切关系（Narayan et al.，2017），具有信息优势（雷光勇等，2015）。因此，国有企业在获取官员变更或政策变化方面具有较强的优势，更容易获得相关政策信息，在这种情况下，国有企业能提前预知官员变更的影响并有相对充足的时间制定应对措施，虽然官员变更会影响原有的政企关系，但国有企业依靠与政府密切的关系能使政企关系得到快速修复，并再次得到政治优势。此外，国有企业承担更多政治任务，面临着软预算约束（林毅夫和李志赟，2004），无论地方官员是否发生变更，政府都会给予国有企业隐性担保和终极救助，防止国有企业破产倒闭。即使国有企业的并购行为最终无法实现正向的经济效益，但只要其能在缓解就业、获得关键技术等方面发挥作用，就有可能获得批准。政府的支持也能够提升国有企业的信用资质，从而使国有企业获得融资优势。因此，与国有企业相比，地方官员变更对非国有企业并购行为的影响相对更大。

从地区特征的角度看，企业从生产到销售的一系列经营活动都离不开其所在地区的制度环境。已有研究认为制度环境对民营经济的发展（马忠新，2021），对上市公司的政治关联、投资效率与投资结构等都会产生直接影响（陈运森和陈德秋，2009；罗党论和唐清泉，2009；杨继东和杨其静，2020）。由于区域发展具有不平衡性，不同地区的制度环境水平存在显著差异（罗党论等，2016），主要表现为市场化程度的差异。在市场化程度较低的地区，其法制化程度也相对较低，新任地方官员为取得政治绩效而对企业进行干预的力度与范围也会更大。此时，企业倾向于与政府建立联系来谋求市场机制不健全情况下的替代保护机制。一旦发生官员变更，原来的政企关系会受到影响，对公司绩效的影响程度和范围也会扩大（方军雄，2006）。进一步地，在市场化程度较低的地区，政策信息的获取成本相对更高，信息传递效率低下（罗劲博和李小荣，2021），提高了经济政策不确定性对企业并购重组的影响。因此，官员变更对企业并购重组的影响程度在市场化程度较低的地区相对较大。基于以上分析，本研究提出假设 3.5。

H3.5a：相对于本地变更，官员异地变更对并购重组的影响更大；

H3.5b：与国有企业相比，官员变更对并购重组的影响在非国有企业中更大；

H3.5c：与市场化程度高的地区相比，官员变更对并购重组的影响在市场化程度低的地区更大。

3.3 研究设计

3.3.1 样本选择与数据来源

本章以 2008～2017 年我国 A 股上市公司并购事件为研究样本，并按如下方法进行处理：(1) 剔除 ST、PT 类以及金融行业上市公司；(2) 剔除主要变量数据缺失的样本；(3) 若同一上市公司在同一年宣告多笔针对同一目标公司的并购交易，则合并为一起并购事件；(4) 剔除债务重组、资产置换、股份回购等形式的并购样本；(5) 剔除没有交易成本的并购样本。本章对所有连续变量在 1% 水平上进行了缩尾处理。本章所使用的并购重组数据、信息披露数据、企业财务与公司治理数据来源于 CSMAR 数据库。市级地方官员的简历及变更信息主要来源于 CSMAR 和 CNRDS 数据库，同时在新华网和各级政府网站对缺失信息进行补充。市场化指数数据来自樊纲 2016 年《中国市场化指数》。

3.3.2 变量定义与模型设定

1. 变量定义

本研究的核心解释变量为地方官员变更（TurnOver）。若在并购当年收购方企业所在地的市长或市委书记任意一个职位的官员发生变更，则该年份的 TurnOver 取值为 1，否则取值为 0。

本研究被解释变量为企业并购重组相关变量，包括企业并购成功率、短期并购绩效和长期并购绩效。其中，并购成功率用并购成功次数与并购发起次数的比值衡量；短期并购绩效采用事件研究法进行计算，得到并购首次公告日前后股票价格的累计超额收益率。短期并购的估计采用市场模型法，事件窗口为 [-5， +2]，估计窗口为 [-205， -6]。本章参考王艳和李善民（2017）的研究，使用并购首次公告日后 12 个月内持有收购方公司股票的超额收益率作为长期并购绩效的衡量指标（BHAR），并用 24 个月的 BHAR 进行稳健性检验。持有收购方公司股票的超额收益率的计算公式如下：

$$BHAR_{i,T} = \prod_{t=0}^{T}(1 + R_{i,t}) - \prod_{t=0}^{T}(1 + R_{m,t}) \quad (3-1)$$

其中，$R_{i,t}$表示收购方 i 在并购公告日后第 t 月的实际收益率，$R_{m,t}$表示并购公告日后第 t 月的市场收益率，T = 12 和 T = 24 分别计算并购后 12 个月和 24 个月的购买并持有收购方股票的超额收益率。

中介变量为信息披露，本研究分别考虑了信息不确定和信息不对称两方面的影响。信息不确定通常被认为与企业的非系统性风险相关，借鉴伯克等（Berk et al.，1999）的研究，本研究采用变量的标准差来衡量信息不确定，使用了每股收益波动率、超额收益波动率与资产收益率波动率三个指标，其中超额收益根据市场调整模型计算得到。参考方军雄（2007）的研究，本研究分别采用分析师预测分歧（diver）、非流动性（illiq）与分析师关注（analyst）三个指标衡量信息不对称，其中，分析师预测分歧指标的具体计算方法如式（3 -2）所示：

$$diver_{i,t} = \frac{Std(FPE_{i,t})}{Abs(APE_{i,t})} \quad (3-2)$$

其中，$APE_{i,t}$为企业在 t 年的实际市盈率，$FPE_{i,t}$为分析师对企业 t 年的预测市盈率。本章参考周开国等（2014）的做法，使用每位分析师预测值的平均值，作为分析师预测市盈率。

调节变量为变更官员特征、企业特征与地区特征。为了考察变更官员的特征，本研究定义 Source 为变更官员来源，参考于文超等（2015）的做法，若新任官员来自外地，取值为 1，否则取值为 0；使用企业性质衡量企业特征，国有企业取值为 1，非国有企业取值为 0；使用市场化程度衡量地区特征，若大于当年的中位数，取值为 1，否则取值为 0。

除了官员变更外，企业并购成功率及并购绩效还会受到政治关联、企业规模、成长能力、盈利能力、公司治理等公司特征与并购交易规模和支付方式等交易特征的影响，因此本研究对这些影响因素加以控制，并取滞后一期的数值。此外，本研究还设置了年份（year）和行业（ind）虚拟变量。变量说明与定义如表 3－1 所示。

表 3－1　　变量定义表

<table>
<tr><th>变量类型</th><th colspan="2">变量名称</th><th>变量符号</th><th>变量定义</th></tr>
<tr><td rowspan="3">被解释变量</td><td colspan="2">并购成功率</td><td>MArate</td><td>并购成功数与并购发起数的比值</td></tr>
<tr><td colspan="2">短期并购绩效</td><td>CAR</td><td>估计窗口为［－205，－6］，事件窗口为［－5，＋2］计算的累计超额回报率</td></tr>
<tr><td colspan="2">长期并购绩效</td><td>BHAR</td><td>并购公告后［0，12］月内的持有超额收益率</td></tr>
<tr><td>解释变量</td><td colspan="2">地方官员变更</td><td>TurnOver</td><td>若并购当年收购方所在地市长或市委书记变更则取值为 1，否则取值为 0</td></tr>
<tr><td rowspan="6">中介变量</td><td rowspan="3">信息不确定</td><td>每股收益波动率</td><td>sd_EPS</td><td>公司每股收益的标准差</td></tr>
<tr><td>超额收益波动率</td><td>sd_AR</td><td>根据市场调整模型计算得到的公司超额收益的标准差</td></tr>
<tr><td>ROA 波动率</td><td>sd_ROA</td><td>公司资产收益率的标准差</td></tr>
<tr><td rowspan="3">信息不对称</td><td>分析师预测分歧</td><td>diver</td><td>分析师对企业预测市盈率的标准差与企业实际市盈率绝对值的比值</td></tr>
<tr><td>非流动性</td><td>illiq</td><td>股票日收益与交易金额比值的中位数</td></tr>
<tr><td>分析师关注</td><td>analyst</td><td>对企业进行跟踪的分析师人数</td></tr>
<tr><td rowspan="3">调节变量</td><td colspan="2">变更官员来源</td><td>Source</td><td>异地来源取值为 1，否则为 0</td></tr>
<tr><td colspan="2">产权性质</td><td>SOE</td><td>国有企业取值为 1，非国有企业取值为 0</td></tr>
<tr><td colspan="2">市场化程度</td><td>Market</td><td>来自樊纲 2016 年《中国市场化指数》</td></tr>
<tr><td rowspan="4">控制变量</td><td colspan="2">政治关联</td><td>PC</td><td>若并购当年 CEO 在政府机关的机构任职取值为 1，否则取值为 0</td></tr>
<tr><td colspan="2">企业规模</td><td>Size</td><td>并购前一年公司账面总资产的自然对数</td></tr>
<tr><td colspan="2">交易规模</td><td>Dealsize</td><td>并购交易金额的自然对数</td></tr>
<tr><td colspan="2">支付方式</td><td>Cashpay</td><td>若并购交易以现金支付取值为 1，否则取值为 0</td></tr>
</table>

续表

变量类型	变量名称	变量符号	变量定义
控制变量	成长能力	Growth	并购前一年公司主营业务收入的增长率
	资产收益率	ROA	并购前一年总资产收益率
	托宾 Q 值	TobinQ	并购前一年公司托宾 Q 值
	两职合一	Dual	并购前一年公司董事长和总经理两职合一取值为 1，否则取值为 0
	CEO 变更	CEOrepl	若并购当年 CEO 发生变更取值为 1，否则取值为 0
	董事会独立性	Depend	并购前一年公司独立董事人数占董事会总人数的比例
	董事会规模	Boardsize	并购前一年董事会人数的自然对数
	董事会持股比例	Holder	并购前一年董事会持股比例
	股权集中度	Top10	并购前一年前十大股东持股数/股本总数
	股权制衡度	z_index	并购前一年第一大股东/第二大股东持股比例
	年份	year	年份控制变量
	行业	ind	行业控制变量

2. 实证模型设定

为了研究地方官员变更对企业并购成功率及并购绩效的影响，本章参考温忠麟等（2004）的研究，构建如下多元回归模型检验信息披露发挥的中介效应：首先对式（3－3）进行回归，检验官员变更对企业并购成功率和并购绩效的影响，若不显著则停止中介效应分析；第二步，对式（3－4）进行回归，检验官员变更对信息披露的影响；第三步，对式（3－5）进行回归，若信息披露的系数（γ_2）显著，且官员变更的系数变小或显著性降低，则说明信息披露在官员变更与并购重组的关系中发挥了部分中介作用，若官员变更的系数不显著，则说明信息披露发挥了完全中介作用。若 β_1 与 γ_2 与至少有一个不显著，则需要进行 Sobel 检验判断中介效应是否显著。

$$\begin{aligned}MA_{i,t} = {} & \alpha_0 + \alpha_1 TurnOver_{i,t} + \alpha_2 SOE_{i,t} + \alpha_3 PC_{i,t} + \alpha_4 Size_{i,t-1} + \alpha_5 Dealsize_{i,t} \\ & + \alpha_6 Cashpay_{i,t} + \alpha_7 Growth_{i,t-1} + \alpha_8 ROA_{i,t-1} + \alpha_9 TobinQ_{i,t-1} + \alpha_{10} Dual_{i,t-1} \\ & + \alpha_{11} CEOrepl_{i,t-1} + \alpha_{12} Depend_{i,t-1} + \alpha_{13} Boradsize_{i,t-1} + \alpha_{14} Holder_{i,t-1}\end{aligned}$$

$$+\alpha_{15}Top10_{i,t-1}+\alpha_{16}z\_index_{i,t-1}+\sum ind_{i,t}+\sum year_t+\varepsilon \quad (3-3)$$

$$\begin{aligned}Disclosure_{i,t}=&\beta_0+\beta_1TurnOver_{i,t}+\beta_2Size_{i,t-1}+\beta_3Depend_{i,t-1}+\beta_4ROA_{i,t-1}\\&+\beta_5EBIT_{i,t-1}+\beta_6MV_{i,t-1}+\beta_7TobinQ_{i,t-1}+\beta_8BM_{i,t-1}\\&+\beta_9first_{i,t-1}+\sum ind_{i,t}+\sum year_t+\varepsilon\end{aligned} \quad (3-4)$$

$$\begin{aligned}MA_{i,t}=&\gamma_0+\gamma_1TurnOver_{i,t}+\gamma_2INF\_Uncertainty(Asmmetry)_{i,t}+\gamma_3SOE_{i,t}\\&+\gamma_4PC_{i,t}+\gamma_5Size_{i,t-1}+\gamma_6Dealsize_{i,t}+\gamma_7Cashpay_{i,t}+\gamma_8Growth_{i,t-1}\\&+\gamma_9ROA_{i,t-1}+\gamma_{10}TobinQ_{i,t-1}+\gamma_{11}Dual_{i,t-1}+\gamma_{12}CEOrepl_{i,t-1}\\&+\gamma_{13}Depend_{i,t-1}+\gamma_{14}Boardsize_{i,t-1}+\gamma_{15}Holder_{i,t-1}+\gamma_{16}Top10_{i,t-1}\\&+\gamma_{17}z\_index_{i,t-1}+\sum ind_{i,t}+\sum year_t+\varepsilon\end{aligned} \quad (3-5)$$

其中，$MA_{i,t}$分别表示企业在 i 年的并购成功率、短期并购绩效与长期并购绩效。式（3－4）中的 ROA 为资产报酬率、EBIT 为企业息税前利润、MV 为市场价值、BM 为账面市值比、first 为第一大股东持股比例。

为了检验变更官员来源对企业并购重组的影响，本研究建立了如下回归模型：

$$\begin{aligned}MA_{i,t}=&\alpha_0+\alpha_1Source_{i,t}+\alpha_2SOE_{i,t}+\alpha_3PC_{i,t}+\alpha_4Size_{i,t-1}+\alpha_5Dealsize_{i,t}\\&+\alpha_6Cashpay_{i,t}+\alpha_7Growth_{i,t-1}+\alpha_8ROA_{i,t-1}+\alpha_9TobinQ_{i,t-1}\\&+\alpha_{10}Dual_{i,t-1}+\alpha_{11}CEOrepl_{i,t-1}+\alpha_{12}Depend_{i,t-1}+\alpha_{13}Boardsize_{i,t-1}\\&+\alpha_{14}Holder_{i,t-1}+\alpha_{15}Top10_{i,t-1}+\alpha_{16}z\_index_{i,t-1}+\sum ind_{i,t}+\sum year_t+\varepsilon\end{aligned} \quad (3-6)$$

为了检验变更官员来源、企业性质与市场化程度的调节作用，本研究对相关变量进行了分组，在式（3－3）的基础上分别进行回归。

3.4 实证结果与分析

3.4.1 描述性统计

图 3－1 直观地展现了我国市级官员在研究样本期间（即 2008～2017 年）的变更情况。2008～2017 年，我国共发生了 2 128 次市级官员变更，其中 1 059 次为市委书记变更，1 069 次为市长变更，官员变更频率较高，且市长与市委书记变更频次在每年较为一致。另外，我国市级官员的变更呈现周期性的

特征，比较符合地方五年一次换届选举的规定，统计结果与陈文磊（2018）的研究基本一致。图 3－2 统计了我国平均每个城市官员变更频率最高的十个省份，主要集中在东北、华北及华中地区，与华东和华南地区相比，这些地区经济发展与市场化水平相对较低，通过官员异地交流的形式进行官员变更有利于打破官场保护主义并推广成功经验，从而促进各地区间经济的协调发展。

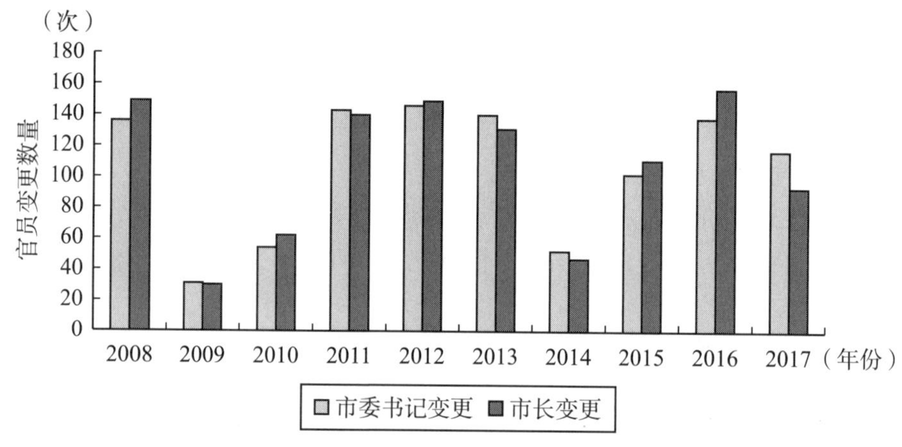

图 3－1　市级官员变更年份统计

数据来源：国泰安数据库

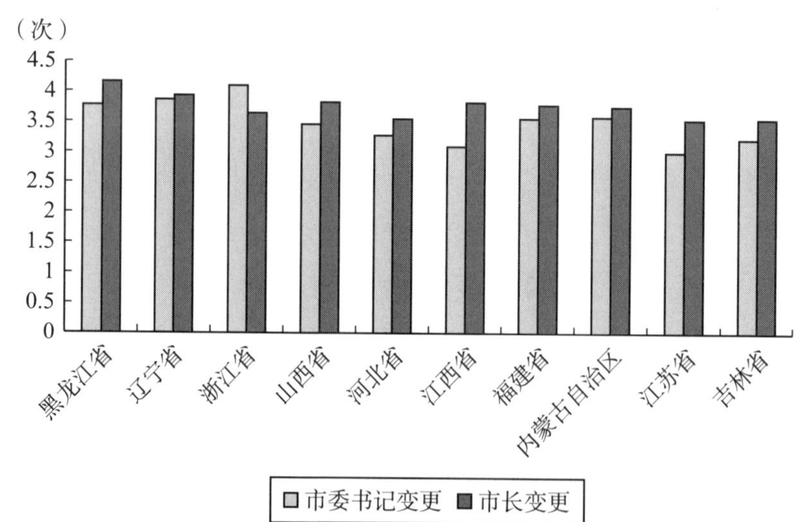

图 3－2　市级官员变更地区统计

数据来源：国泰安数据库

表3－2 为主要变量的描述性统计结果，并购成功率的平均值为0.949，中

位数为 0.955，说明绝大多数并购交易是成功的。短期并购绩效和长期并购绩效的均值分别为 0.011 和 0.077，总体而言，并购活动对收购方公司股东是有益的。官员变更的均值为 0.410，说明有 41% 的研究样本发生了官员变更，我国地方官员的变更较为频繁。其余变量方面，支付方式 Cashpay 的均值为 0.906，说明绝大多数并购交易采用现金支付方式，Growth 的均值和中位数分别为 0.598 和 0.168，说明样本公司的成长能力较好。董事会独立性的均值为 0.371，最小值为 0.300，说明样本公司独立董事比例符合相关监管规定。

表 3 - 2　　主要变量描述性统计结果（N = 2 522）

变量	均值	标准差	p25	中位数	p75	最小值	最大值
MArate	0.949	0.038	0.923	0.955	0.972	0.800	1.000
CAR	0.011	0.079	-0.042	0.007	0.062	-0.181	0.232
BHAR	0.077	0.653	-0.285	-0.059	0.284	-1.256	2.835
TurnOver	0.410	0.492	0.000	0.000	1.000	0.000	1.000
SOE	0.315	0.465	0.000	0.000	1.000	0.000	1.000
PC	0.212	0.409	0.000	0.000	0.000	0.000	1.000
Dealsize	18.080	1.861	16.900	18.150	19.400	12.890	21.960
Cashpay	0.906	0.292	1.000	1.000	1.000	0.000	1.000
Growth	0.598	1.708	-0.018	0.168	0.525	-0.669	11.960
ROA	0.055	0.052	0.025	0.049	0.079	-0.168	0.236
Size	21.920	1.155	21.120	21.760	22.530	19.220	25.820
TobinQ	2.436	2.049	1.084	1.857	3.193	0.211	12.190
Dual	0.301	0.459	0.000	0.000	1.000	0.000	1.000
CEOrepl	0.063	0.242	0.000	0.000	0.000	0.000	1.000
Depend	0.371	0.051	0.333	0.333	0.429	0.300	0.571
Boardsize	2.151	0.191	2.079	2.197	2.197	1.609	2.708
Holder	0.154	0.207	0.000	0.012	0.312	0.000	0.672
Top10	0.589	0.148	0.483	0.600	0.704	0.221	0.903
z_index	9.870	17.820	1.896	4.023	9.814	1.003	143.000

3.4.2　变量间相关性检验

表 3 - 3 报告了变量间的相关性系数。各变量间的相关系数小于 0.3，说明本研究不存在明显的多重共线性问题，变量选择较为合理。官员变更与并购成功率和短期并购绩效的相关系数分别在 1% 和 5% 的水平上显著为负，初步支持了假设 3.1 和假设 3.2。

表 3-3 变量相关系数检验

变量	MArate	CAR	BHAR	TurnOver	SOE	PC	Dealsize	Cashpay	Growth
MArate	1.000								
CAR	-0.003	1.000							
BHAR	0.073***	0.049**	1.000						
TurnOver	-0.159***	-0.048**	-0.009	1.000					
SOE	0.101***	-0.023	-0.054***	-0.059***	1.000				
PC	0.056***	0.024	0.038*	-0.013	-0.082***	1.000			
Dealsize	-0.075***	0.053***	-0.074***	0.036*	0.032*	0.014	1.000		
Cashpay	0.045**	-0.121***	0.001	0.009	0.125***	0.018	-0.308***	1.000	
Growth	0.005	-0.041**	-0.036*	-0.025	0.060***	-0.004	0.098***	0.015	1.000
ROA	0.034*	-0.043**	-0.065***	-0.024	-0.131***	0.030	0.023	0.034*	0.014
Size	-0.078***	-0.058***	-0.143***	0.049**	0.338***	-0.009	0.342***	0.103***	0.070***
TobinQ	-0.057***	-0.029	-0.096***	0.076***	-0.256***	-0.009	-0.060***	-0.058***	-0.029
Dual	-0.029	0.004	0.010	0.013	-0.279***	0.243***	-0.015	-0.052***	-0.047**
CEOrep	0.110***	0.021	0.043**	-0.019	0.057***	0.006	-0.054***	0.022	0.004
Depend	-0.035*	0.031	-0.003	-0.017	-0.051***	0.049**	0.022	-0.033*	0.019
Boardsize	0.067***	-0.036*	-0.006	-0.020	0.272***	-0.031	0.036*	0.064***	-0.012
Holder	-0.040**	0.043**	0.065***	0.051**	-0.474***	0.036*	-0.064***	-0.137***	-0.060***
Top10	0.021	-0.009	0.030	0.005	-0.145***	0.075***	0.062***	0.006	0.025
z_index	0.052***	-0.014	-0.002	-0.044**	0.220***	-0.013	0.024	0.065***	0.004

续表

变量	ROA	Size	TobinQ	Dual	CEOrepl	Depend	Boardsize	Holder	Top10
Size	-0.091***	1.000							
TobinQ	0.401***	-0.459***	1.000						
Dual	0.039**	-0.157***	0.125***	1.000					
CEOrep	-0.042**	-0.037*	-0.072***	-0.038*	1.000				
Depend	-0.004	-0.013	0.047**	0.103***	-0.029	1.000			
Boardsize	-0.031	0.242***	-0.172***	-0.193***	0.049**	-0.499***	1.000		
Holder	0.149***	-0.335***	0.258***	0.220***	-0.006	0.080***	-0.202***	1.000	
Top10	0.244***	0.014	0.113***	0.093***	-0.020	0.082***	-0.086***	0.272***	1.000
z_index	-0.058***	0.135***	-0.128***	-0.098***	0.073***	0.017	0.048**	-0.214***	-0.057***

注：***、**、*分别表示在1%、5%、10%的水平上显著。

3.4.3　地方官员变更与并购重组的实证分析

表 3 -4 列示了地方官员变更对并购成功率和并购绩效的影响结果。第（1）列中，官员变更的系数为 -0.005，在 1% 的水平上显著，即当收购方企业所在地的市长或市委书记发生变更时，企业的并购成功率下降，说明当地方官员发生变更时，市场难以对企业并购活动进行有效监督，管理层可能出于自利动机发起并购，但并购成功完成的可能降低。假设 3.1 得到验证。第（2）列和第（3）列分别为官员变更对短期并购绩效和长期并购绩效的影响结果。在短期并购绩效中，官员变更的系数在 5% 的水平上显著为负，说明官员变更时发生的并购交易短期绩效相对较差，支持了假设 3.2。从短期来看，地方官员变更对企业并购活动似乎发挥了“攫取之手”的影响，损害企业短期绩效，但主要原因可能是短期内企业与新任官员的磨合与适应成本较高，且新政策难以在短期内体现成效。在长期并购绩效中，官员变更的系数在 5% 的水平上显著为正，说明从长期来看，地方官员为取得政治绩效更倾向于与企业进行合作，给予企业更多支持资源；同时，随着信息沟通的增加，企业与信任官员之间的磨合成本降低，新政策显示出显著成效，官员变更对企业的影响实质上表现为“支持之手”，与假设 3.3 相一致。

表 3 -4　　地方官员变更与并购重组回归结果

变量	(1)	(2)	(3)
	MArate	CAR	BHAR
TurnOver	-0.005*** (-3.751)	-0.007** (-2.145)	0.058** (2.096)
SOE	0.005** (2.499)	0.004 (0.879)	-0.054* (-1.736)
PC	0.002 (1.335)	0.006 (1.424)	0.030 (0.866)
Dealsize	0.000 (0.084)	0.002** (2.440)	0.002 (0.256)
Cashpay	0.000 (0.050)	-0.026*** (-3.550)	0.025 (0.414)

续表

变量	(1)	(2)	(3)
	MArate	CAR	BHAR
Growth	-0.000 (-0.231)	-0.002* (-1.646)	-0.014 (-1.471)
ROA	-0.018 (-1.108)	-0.030 (-0.856)	-0.621** (-1.976)
Size	-0.000 (-0.180)	-0.007*** (-3.268)	-0.102*** (-6.236)
TobinQ	0.001* (1.914)	-0.003** (-2.259)	-0.050*** (-5.914)
Dual	-0.000 (-0.223)	-0.004 (-1.033)	-0.020 (-0.641)
CEOrepl	0.003 (1.186)	0.007 (1.090)	-0.003 (-0.044)
Depend	-0.003 (-0.192)	0.030 (0.830)	0.162 (0.589)
Boardsize	0.001 (0.190)	-0.006 (-0.588)	0.068 (0.876)
Holder	0.002 (0.588)	0.009 (0.939)	0.112 (1.325)
Top10	-0.001 (-0.178)	-0.003 (-0.269)	0.167* (1.946)
z_index	0.000 (1.052)	-0.000 (-0.458)	0.000 (0.481)
Constant	0.961*** (41.112)	0.133*** (2.807)	2.172*** (5.780)
year	控制	控制	控制
ind	控制	控制	控制
Observations	2 522	2 522	2 522
R - squared	0.243	0.037	0.093

注：括号内为 t 值，***、**、* 分别表示在 1%、5%、10% 的水平上显著，下同。

3.4.4 信息披露中介效应的实证分析

本研究进一步对官员变更影响并购成功率和并购绩效的作用机制进行分析。首先，表3－5中第（1）列至第（3）列对式（3－3）进行了检验，通过了中介检验的第一步。其次，分别选择了三个衡量指标，通过式（3－4）检验官员变更对信息不确定及不对称程度的影响。由表3－5的回归结果可知，官员变更与六个信息披露度量指标均在10%以上的置信水平上显著，说明官员变更对信息环境的变化具有显著的影响。中介检验的第二步，即官员变更对信息披露的影响成立。

表3－5　　中介变量检验

变量	(1)	(2)	(3)	(4)	(5)	(6)
	信息不确定			信息不对称		
	sd_EPS	sd_AR	sd_ROA	diver	illiq	analyst
TurnOver	0.028*** (4.817)	0.001*** (3.679)	0.005* (1.896)	0.124*** (24.288)	0.000*** (11.685)	－3.203** (－2.396)
Size	0.124*** (9.187)	－0.000 (－0.452)	－0.003** (－2.134)	－0.077*** (－5.734)	－0.000*** (－4.457)	19.136*** (25.507)
Depend	－0.109** (－2.527)	0.008*** (2.815)	－0.075*** (－12.494)	0.112 (1.389)	0.002*** (13.448)	－3.3810 (－1.629)
ROA	－0.544*** (－3.799)	－0.025*** (－6.977)	0.061*** (8.259)	0.297 (0.997)	－0.004*** (－14.618)	9.786*** (2.619)
EBIT	0.081*** (8.578)	0.001*** (3.202)	0.002*** (4.113)	－0.051*** (－6.846)	0.001*** (6.411)	－3.231*** (－6.812)
MV	－0.114*** (－8.547)	－0.001 (－1.283)	0.005*** (3.613)	0.114*** (9.227)	－0.000*** (－4.225)	－10.121*** (－13.444)
TobinQ	0.039*** (14.721)	－0.000 (－0.681)	0.005*** (23.841)	0.022*** (6.528)	0.000*** (6.363)	1.241*** (8.276)
BM	0.004 (0.197)	－0.007*** (－5.738)	0.006*** (2.608)	0.306*** (7.033)	0.000** (1.974)	－33.263*** (－23.203)

续表

变量	(1)	(2)	(3)	(4)	(5)	(6)
	信息不确定			信息不对称		
	sd_EPS	sd_AR	sd_ROA	diver	illiq	analyst
first	-0.071*** (-5.406)	0.002* (1.675)	0.028*** (13.204)	-0.146*** (-9.017)	-0.000*** (-8.182)	-14.345*** (-12.308)
Constant	-0.084 (-1.348)	0.049*** (14.321)	-0.031*** (-4.150)	-0.909*** (-6.962)	0.009*** (9.429)	-160.783*** (-66.844)
Observations	1 599	2 522	2 522	1 518	2 522	2 522
R - squared	0.398	0.087	0.931	0.663	0.313	0.892

表 3 -6 列示了官员变更与并购成功率中介效应的检验结果，由第（1）列和第（4）列可以看出，公司每股收益波动（sd_EPS）和分析师预测分歧度（diver）与并购成功率分别为在 1% 和 10% 的置信水平上显著正相关，且官员变更的绝对值均为 0.004，其绝对值小于表 3 -4 中第（1）列中的 0.005，且显著性水平也从 1% 分别下降到 5% 和 10%，说明信息披露在官员变更和并购成功率的关系中起到了部分中介作用。假设 3.5a 得到验证。

表 3 -6　　　官员变更与并购成功率中介效应检验

变量	(1)	(2)	(3)	(4)	(5)	(6)
	信息不确定			信息不对称		
TurnOver	-0.004** (-2.018)	-0.005*** (-3.742)	-0.005*** (-3.756)	-0.004* (-1.952)	-0.005*** (-3.760)	-0.005*** (-3.751)
sd_EPS	0.014*** (2.804)					
sd_AR		0.121 (0.837)				
sd_ROA			0.013 (0.288)			
diver				0.004* (1.835)		

续表

变量	(1)	(2)	(3)	(4)	(5)	(6)
	信息不确定			信息不对称		
illiq					-0.284 (-0.370)	
analyst						-0.000 (-0.386)
SOE	0.005** (1.985)	0.005** (2.525)	0.005** (2.503)	0.004* (1.648)	0.005** (2.510)	0.005** (2.466)
PC	0.002 (0.804)	0.002 (1.333)	0.002 (1.335)	0.003 (1.172)	0.002 (1.333)	0.002 (1.337)
Dealsize	0.001 (0.897)	0.000 (0.043)	0.000 (0.087)	0.001 (1.223)	0.000 (0.095)	0.000 (0.099)
Cashpay	0.004 (1.069)	0.001 (0.204)	0.000 (0.043)	0.004 (1.178)	0.000 (0.059)	0.000 (0.045)
Growth	0.000 (0.145)	-0.000 (-0.266)	-0.000 (-0.232)	0.000 (0.262)	-0.000 (-0.236)	-0.000 (-0.233)
ROA	-0.048** (-2.120)	-0.016 (-0.967)	-0.019 (-1.169)	-0.033 (-1.430)	-0.018 (-1.100)	-0.016 (-0.958)
Size	-0.001 (-0.525)	-0.000 (-0.028)	-0.000 (-0.186)	-0.000 (-0.263)	-0.000 (-0.277)	-0.000 (-0.024)
TobinQ	0.001 (1.622)	0.001* (1.864)	0.001* (1.812)	0.001 (1.432)	0.001* (1.845)	0.001* (1.960)
Dual	-0.000 (-0.061)	-0.000 (-0.245)	-0.000 (-0.221)	0.001 (0.284)	-0.000 (-0.232)	-0.000 (-0.211)
CEOrepl	0.003 (0.841)	0.003 (1.181)	0.003 (1.187)	0.002 (0.642)	0.003 (1.177)	0.003 (1.178)
Depend	0.006 (0.285)	-0.003 (-0.189)	-0.003 (-0.179)	0.010 (0.482)	-0.003 (-0.190)	-0.003 (-0.195)
Boardsize	0.004 (0.742)	0.001 (0.197)	0.001 (0.193)	0.004 (0.727)	0.001 (0.177)	0.001 (0.191)

续表

变量	(1)	(2)	(3)	(4)	(5)	(6)
	信息不确定			信息不对称		
Holder	0.002 (0.289)	0.002 (0.587)	0.002 (0.600)	0.003 (0.590)	0.002 (0.610)	0.002 (0.613)
Top10	0.002 (0.255)	−0.002 (−0.294)	−0.001 (−0.162)	−0.001 (−0.071)	−0.001 (−0.103)	−0.001 (−0.169)
z_index	0.000 (0.921)	0.000 (1.061)	0.000 (1.055)	0.000 (1.310)	0.000 (1.038)	0.000 (1.017)
Constant	0.951*** (32.878)	0.955*** (38.051)	0.961*** (40.985)	0.935*** (30.123)	0.963*** (39.695)	0.958*** (39.827)
year	控制	控制	控制	控制	控制	控制
ind	控制	控制	控制	控制	控制	控制
Observations	1 599	2 522	2 522	1 518	2 522	2 522
R − squared	0.263	0.243	0.243	0.270	0.243	0.243

表3−7列示了官员变更与短期并购绩效的中介效应的回归结果。从第(2)列和第(5)列可以看出，公司超额收益波动（sd_AR）与非流动性（illiq）的系数分别在1%和10%的水平上显著，且官员变更的绝对值均为0.007（0.0072），小于模型（2）中官员变更系数的绝对值0.007（0.0073），t值也相对较低。Sobel检验结果分别在5%和10%的水平上显著。因此，信息披露在官员变更与短期并购绩效的关系中发挥了部分中介效应，假设3.5b得以验证。第（3）列中虽然ROA波动率与短期并购绩效的回归系数在1%水平上显著，但官员变更与短期并购绩效相关系数的绝对值变大，且Sobel检验结果并不显著，未能发挥中介作用。采用分析师预测分歧度（diver）和分析师关注（analyst）衡量信息不确定时，也未能通过Sobel检验，中介作用不显著。可能的原因是CAR衡量的是短期内的绩效，而市场投资者通常需要一段时间才能获取到作为信息中介的分析师的关注度和预测等相关信息，因此难以根据分析师提供的信息对企业并购决策做出及时反应。

表 3－7 官员变更与短期并购绩效中介效应检验

变量	(1)	(2)	(3)	(4)	(5)	(6)
	信息不确定			信息不对称		
TurnOver	－0. 007 (－1. 644)	－0. 007 ** (－2. 206)	－0. 008 ** (－2. 257)	－0. 007 (－1. 598)	－0. 007 ** (－2. 166)	－0. 007 ** (－2. 219)
sd_EPS	－0. 003 (－0. 192)					
sd_AR		0. 936 *** (2. 623)				
sd_ROA			0. 273 *** (2. 804)			
diver				0. 004 (0. 659)		
illiq					3. 579 * (1. 908)	
analyst						0. 000 (0. 375)
SOE	0. 004 (0. 832)	0. 004 (0. 990)	0. 004 (0. 922)	0. 005 (0. 895)	0. 003 (0. 785)	0. 004 (0. 885)
PC	0. 011 ** (2. 187)	0. 006 (1. 431)	0. 006 (1. 436)	0. 012 ** (2. 325)	0. 006 (1. 440)	0. 006 (1. 428)
Dealsize	0. 001 (1. 202)	0. 002 ** (2. 348)	0. 003 ** (2. 499)	0. 001 (0. 868)	0. 002 ** (2. 412)	0. 002 ** (2. 452)
Cashpay	－0. 008 (－0. 741)	－0. 022 *** (－3. 000)	－0. 025 *** (－3. 488)	－0. 004 (－0. 314)	－0. 025 *** (－3. 469)	－0. 025 *** (－3. 427)
Growth	－0. 002 (－1. 400)	－0. 002 * (－1. 741)	－0. 002 * (－1. 655)	－0. 002 (－1. 418)	－0. 002 (－1. 620)	－0. 002 (－1. 645)
ROA	－0. 093 ** (－1. 991)	－0. 017 (－0. 485)	－0. 060 * (－1. 714)	－0. 041 (－0. 834)	－0. 034 (－0. 969)	－0. 036 (－0. 983)
Size	－0. 004 (－1. 501)	－0. 006 *** (－2. 743)	－0. 007 *** (－3. 389)	－0. 003 (－1. 241)	－0. 005 ** (－2. 510)	－0. 007 *** (－3. 213)

续表

变量	(1)	(2)	(3)	(4)	(5)	(6)
	信息不确定			信息不对称		
TobinQ	-0.001 (-0.364)	-0.003** (-2.425)	-0.003*** (-2.720)	-0.002 (-0.967)	-0.002* (-1.910)	-0.003** (-2.286)
Dual	-0.005 (-1.020)	-0.004 (-1.157)	-0.004 (-1.071)	-0.005 (-0.965)	-0.004 (-1.031)	-0.004 (-1.094)
CEOrepl	0.010 (1.166)	0.007 (1.035)	0.007 (1.057)	0.009 (1.074)	0.007 (1.102)	0.007 (1.070)
Depend	0.026 (0.582)	0.030 (0.840)	0.034 (0.940)	0.031 (0.673)	0.030 (0.822)	0.030 (0.832)
Boardsize	-0.009 (-0.726)	-0.006 (-0.607)	-0.006 (-0.605)	-0.007 (-0.507)	-0.006 (-0.560)	-0.006 (-0.627)
Holder	0.020 (1.611)	0.009 (0.953)	0.010 (1.041)	0.024* (1.893)	0.008 (0.839)	0.009 (0.925)
Top10	-0.007 (-0.462)	-0.007 (-0.635)	-0.001 (-0.093)	-0.004 (-0.299)	-0.007 (-0.628)	-0.003 (-0.244)
z_index	-0.000 (-0.551)	-0.000 (-0.437)	-0.000 (-0.443)	-0.000 (-0.923)	-0.000 (-0.392)	-0.000 (-0.434)
Constant	0.077 (1.344)	0.086* (1.681)	0.131*** (2.766)	0.059 (0.977)	0.106** (2.118)	0.141*** (2.793)
year	控制	控制	控制	控制	控制	控制
ind	控制	控制	控制	控制	控制	控制
Observations	1 599	2 522	2 522	1 518	2 522	2 522
R - squared	0.029	0.040	0.039	0.026	0.038	0.036

表3-8列示了官员变更与长期并购绩效的中介效应的回归结果。从第(3)列和第(6)列可以看出，公司ROA波动率（sd_ROA）和分析师关注（analyst）的系数在1%和10%的水平上显著，官员变更与长期并购绩效的回归系数分别为0.056和0.057，小于表3-4中第(3)列中的0.058，且显著程度有所下降。Sobel检验结果分别在10%和5%的水平上显著。因此信息不确定和信息不对称发挥了部分中介作用，实证结果支持了假设3.5c。第(1)

列和第（5）列中中介变量的系数虽然显著，但官员变更系数的绝对值变大，Sobel 检验结果不显著，未能发挥中介作用。超额收益波动率的系数不显著，可能的原因是超额收益的衡量采用的是企业的月度数据，而官员变更发生的时间可能在年度后几个月，只对变更后的少数几个月份的超额收益具有较大影响，因此月度数据无法对官员变更当年的整体波动情况进行准确的衡量，而如分析师关注度、分析师预测分歧和 ROA 波动率使用的是企业的季度甚至年度数据，能更好地反映企业长期整体信息环境的变化。

表 3－8　官员变更与长期并购绩效中介效应检验

变量	(1)	(2)	(3)	(4)	(5)	(6)
	信息不确定			信息不对称		
TurnOver	0.061* (1.881)	0.057** (2.091)	0.056** (2.047)	0.054 (1.624)	0.060** (2.176)	0.057** (2.092)
sd_EPS	－0.168* (－1.647)					
sd_AR		－3.455 (－1.264)				
sd_ROA			3.076*** (3.304)			
diver				0.060 (1.425)		
illiq					42.836** (2.065)	
analyst						－0.003* (－1.781)
SOE	－0.087** (－2.466)	－0.056* (－1.793)	－0.051* (－1.655)	－0.085** (－2.339)	－0.058* (－1.869)	－0.058* (－1.857)
PC	0.055 (1.436)	0.030 (0.866)	0.030 (0.878)	0.066* (1.714)	0.030 (0.876)	0.030 (0.885)
Dealsize	0.012 (1.242)	0.003 (0.317)	0.002 (0.293)	0.008 (0.867)	0.001 (0.171)	0.003 (0.331)

续表

变量	(1)	(2)	(3)	(4)	(5)	(6)
	信息不确定			信息不对称		
Cashpay	0.080 (1.180)	0.014 (0.236)	0.021 (0.352)	0.054 (0.734)	0.021 (0.356)	0.024 (0.401)
Growth	-0.024** (-2.530)	-0.014 (-1.427)	-0.014 (-1.478)	-0.022** (-2.300)	-0.014 (-1.440)	-0.014 (-1.487)
ROA	-0.459 (-1.314)	-0.677** (-2.107)	-0.938*** (-2.820)	-0.409 (-1.153)	-0.637** (-2.021)	-0.457 (-1.383)
Size	-0.093*** (-5.066)	-0.105*** (-6.400)	-0.103*** (-6.405)	-0.089*** (-4.910)	-0.086*** (-5.224)	-0.089*** (-5.038)
TobinQ	-0.045*** (-4.227)	-0.049*** (-5.750)	-0.057*** (-6.650)	-0.048*** (-4.224)	-0.046*** (-5.572)	-0.047*** (-5.553)
Dual	-0.026 (-0.760)	-0.019 (-0.608)	-0.019 (-0.626)	-0.037 (-1.056)	-0.017 (-0.566)	-0.018 (-0.583)
CEOrepl	0.081 (1.000)	-0.003 (-0.036)	-0.003 (-0.044)	0.046 (0.612)	0.000 (0.000)	-0.005 (-0.075)
Depend	-0.196 (-0.671)	0.161 (0.585)	0.206 (0.754)	-0.131 (-0.429)	0.158 (0.577)	0.156 (0.573)
Boardsize	0.157* (1.744)	0.067 (0.866)	0.071 (0.916)	0.167* (1.745)	0.076 (0.985)	0.069 (0.882)
Holder	0.093 (0.889)	0.112 (1.327)	0.121 (1.439)	0.082 (0.780)	0.098 (1.164)	0.121 (1.445)
Top10	0.250** (2.522)	0.184** (2.132)	0.185** (2.164)	0.229** (2.309)	0.112 (1.271)	0.171** (1.989)
z_index	0.000 (0.475)	0.000 (0.467)	0.000 (0.525)	0.001 (0.557)	0.000 (0.588)	0.000 (0.318)
Constant	1.711*** (4.078)	2.351*** (5.934)	2.136*** (5.697)	1.533*** (3.632)	1.839*** (4.832)	1.895*** (4.660)
year	控制	控制	控制	控制	控制	控制
ind	控制	控制	控制	控制	控制	控制
Observations	1 599	2 522	2 522	1 518	2 522	2 522
R-squared	0.101	0.093	0.098	0.097	0.095	0.094

3.4.5 官员特征、企业特征和地区特征对实证结果的影响

1. 官员特征的调节作用

为了检验官员来源对企业并购重组的影响，本研究设置了变更官员来源（Source）的虚拟变量，对式（3-6）进行回归。表3-9报告了变更官员来源对并购重组影响的检验结果。由回归结果可知，官员变更对企业并购成功率及短期并购绩效的影响分别在5%和10%的水平上显著为负，对长期并购绩效的影响在1%的水平上显著为正。说明当变更的官员由外地调任时，官员变更对并购重组的影响更为显著，假设3.5a得到验证。当新任官员来源于异地时，其对当地的环境和原有政治经济制度的了解程度可能还不够深入，同时由于个人偏好差异可能难以认同前任官员施行的战略方针，从而倾向于变更原有的经济政策，并更有可能打破原有的政企关系，这些都会提高经济政策的不确定性。因此与新任官员来源于本地相比，当变更官员来源于异地时，企业的并购重组活动会受到更大的影响。

表3-9 官员来源对并购重组影响检验结果

变量	(1)	(2)	(3)
	MArate	CAR	BHAR
Source	-0.004** (-2.293)	-0.004* (-1.898)	0.017*** (2.686)
SOE	0.005** (2.449)	0.004 (0.908)	-0.058* (-1.879)
PC	0.002 (1.264)	0.006 (1.422)	0.027 (0.798)
Dealsize	-0.000 (-0.019)	0.002** (2.446)	0.001 (0.096)
Cashpay	-0.000 (-0.019)	-0.026*** (-3.539)	0.022 (0.367)
Growth	-0.000 (-0.156)	-0.002 (-1.632)	-0.014 (-1.463)
ROA	-0.016 (-0.985)	-0.029 (-0.832)	-0.600* (-1.904)

续表

变量	(1)	(2)	(3)
	MArate	CAR	BHAR
Size	-0.000 (-0.402)	-0.006*** (-3.062)	-0.111*** (-6.512)
TobinQ	0.001* (1.833)	-0.003** (-2.214)	-0.051*** (-6.047)
Dual	-0.000 (-0.155)	-0.004 (-0.999)	-0.020 (-0.665)
CEOrepl	0.003 (1.098)	0.006 (1.037)	0.000 (0.001)
Depend	-0.002 (-0.128)	0.032 (0.875)	0.143 (0.523)
Boardsize	0.001 (0.133)	-0.006 (-0.586)	0.064 (0.821)
Holder	0.002 (0.501)	0.009 (0.884)	0.117 (1.394)
Top10	-0.002 (-0.301)	-0.003 (-0.250)	0.150* (1.739)
z_index	0.000 (1.122)	-0.000 (-0.452)	0.000 (0.535)
Constant	0.966*** (40.026)	0.127** (2.565)	2.422*** (6.138)
year	控制	控制	控制
ind	控制	控制	控制
Observations	1 014	1 014	1 014
R - squared	0.239	0.035	0.093

2. 企业特征的调节作用

表3-10根据企业产权性质进行了分组，探讨地方官员变更与并购重组的关系在不同分组中存在的差异。由第（1）列和第（4）列可知，在非国有企业中，官员变更与并购成功率的回归系数在1%的水平上显著为负，而在国有

企业中则不显著，组间差异在 10% 的水平上显著。说明官员变更对企业并购成功率的负向影响仅在非国有企业中成立，其可能的原因是当官员变更时，非国有企业处于信息劣势，无法提前获知官员变更及政策变化的相关信息，难以对官员变更导致的不确定性做出充分的应对准备，导致并购成功率降低。在短期并购绩效中，回归系数仅在非国有企业中显著为负，且组间差异在 10% 的水平上显著。说明当官员发生变更时，非国有企业更加难以预测未来政策变化的导向，受到的冲击与国有企业相比更大。第（3）列和第（6）列列示了官员变更对长期绩效的影响。回归系数仅在非国有企业中显著为正，且组间差异在 5% 的水平上显著。说明非国有企业虽然在信息获取方面处于相对劣势的地位，但这可以使企业管理层在面对官员变更这一政治冲击时对并购决策更加谨慎，更全面细致地评估并购活动可能为企业所带来的风险和收益，从而有利于企业长期并购绩效的提升，假设 3. 5b 得到验证。

表 3 – 10　　企业性质分组检验回归结果

变量	(1)	(2)	(3)	(4)	(5)	(6)
	MArate		CAR		BHAR	
	国企	非国企	国企	非国企	国企	非国企
TurnOver	−0. 002 (−0. 625)	−0. 007*** (−4. 207)	0. 002 (0. 416)	−0. 011*** (−2. 624)	0. 017 (0. 401)	0. 075** (2. 105)
PC	0. 006* (1. 874)	0. 001 (0. 527)	−0. 004 (−0. 527)	0. 009* (1. 739)	0. 047 (0. 765)	0. 027 (0. 651)
Dealsize	0. 000 (0. 208)	−0. 000 (−0. 163)	−0. 000 (−0. 050)	0. 004*** (3. 203)	0. 012 (1. 010)	−0. 006 (−0. 491)
Cashpay	−0. 000 (−0. 042)	0. 001 (0. 280)	−0. 042** (−2. 438)	−0. 021** (−2. 573)	−0. 092 (−0. 666)	0. 039 (0. 581)
Growth	−0. 000 (−0. 631)	0. 000 (0. 103)	−0. 002 (−1. 261)	−0. 002 (−0. 936)	−0. 022* (−1. 804)	−0. 009 (−0. 769)
ROA	−0. 029 (−0. 930)	−0. 009 (−0. 448)	−0. 125** (−2. 239)	0. 022 (0. 515)	−0. 811 (−1. 583)	−0. 483 (−1. 213)
Size	0. 001 (0. 691)	−0. 000 (−0. 204)	−0. 003 (−1. 071)	−0. 007** (−2. 518)	−0. 091*** (−4. 007)	−0. 117*** (−4. 804)

续表

变量	(1)	(2)	(3)	(4)	(5)	(6)
	MArate		CAR		BHAR	
	国企	非国企	国企	非国企	国企	非国企
TobinQ	0.003*** (3.464)	0.000 (0.366)	-0.000 (-0.181)	-0.003** (-2.145)	-0.040** (-2.564)	-0.055*** (-5.267)
Dual	-0.007 (-1.374)	0.001 (0.389)	0.009 (1.124)	-0.008* (-1.946)	-0.003 (-0.046)	-0.020 (-0.573)
CEOrepl	-0.001 (-0.234)	0.005 (1.549)	0.012 (1.421)	0.002 (0.177)	-0.095 (-1.066)	0.058 (0.588)
Depend	-0.012 (-0.437)	0.005 (0.283)	0.026 (0.450)	0.025 (0.514)	0.627 (1.611)	-0.145 (-0.391)
Boardsize	-0.003 (-0.341)	0.004 (0.758)	-0.011 (-0.688)	-0.003 (-0.242)	0.049 (0.406)	0.058 (0.571)
Holder	0.027 (1.155)	0.001 (0.315)	-0.064 (-0.886)	0.010 (0.968)	-0.187 (-0.366)	0.098 (1.101)
Top10	-0.006 (-0.755)	-0.001 (-0.132)	0.001 (0.078)	-0.007 (-0.451)	0.268** (2.157)	0.132 (1.121)
z_index	0.000 (1.001)	0.000 (0.196)	0.000 (0.370)	-0.000 (-1.071)	0.001 (0.814)	-0.000 (-0.331)
Constant	0.946*** (26.020)	0.956*** (29.813)	0.142** (2.057)	0.107 (1.479)	1.582*** (2.972)	2.795*** (4.747)
year	控制	控制	控制	控制	控制	控制
ind	控制	控制	控制	控制	控制	控制
Observations	794	1 728	794	1 728	794	1 728
R-squared	0.246	0.254	0.067	0.053	0.109	0.101
组间差异	0.062*		0.051*		0.03**	

3. 地区特征的调节作用

为了检验市场化程度这一地区特征对官员变更与并购重组关系的影响，本研究使用樊纲等（2016）计算的中国各市的市场化指数为度量指标，并按中位数进行分组回归。表3-11列示了分组回归结果，由（1）~（2）列可知，在市场化程度较高的地区，官员变更有利于企业并购成功率的提升，而在市场化程度较低的地区，官员变更对企业并购成功率产生显著的负向影响。说明在市场化程度较高的地区，企业的并购重组活动更多地以市场为导向，有利于并购重组市场资源配置效率的提升。而在市场化程度较低的地区，企业向地方官员进行寻租的可能性较高，一旦官员发生变更，企业原来拥有的优势丧失，导致并购成功率下降。由（3）~（6）列可知，在市场化程度较低的地区，官员变更与企业短期与长期并购绩效的影响分别在1%或10%的水平上显著。回归结果表明在市场化程度较高的地区，市场机制和法律制度较为完善，能够在一定程度上限制变更官员的自由裁量权，政府和官员对市场进行干预的难度大大增加。此外，较高的市场化程度有利于企业对未来形成稳定的预期，企业并购重组可能不会受官员变更这种政治冲击的过度影响。组间差异结果显示，官员变更对企业并购重组的影响在市场化程度较高和市场化程度较低的分组中具有显著差异。因此，当企业所在地为市场化程度较低的地区时，企业并购重组受地方官员变更的影响程度更大。

表3-11　　市场化程度分组检验回归结果

变量	(1)	(2)	(3)	(4)	(5)	(6)
	MArate		CAR		BHAR	
	高程度	低程度	高程度	低程度	高程度	低程度
TurnOver	0.005** (2.165)	-0.015*** (-7.719)	-0.000 (-0.059)	-0.013*** (-2.693)	0.063 (1.596)	0.070* (1.769)
SOE	0.000 (0.057)	0.010*** (4.089)	0.008 (1.241)	-0.001 (-0.126)	-0.074* (-1.688)	-0.025 (-0.569)
PC	0.004 (1.431)	0.002 (0.710)	0.009 (1.637)	0.004 (0.660)	0.014 (0.281)	0.034 (0.700)
Dealsize	-0.000 (-0.030)	0.000 (0.884)	0.001 (0.762)	0.004*** (2.716)	-0.004 (-0.343)	0.003 (0.255)
Cashpay	0.003 (0.592)	-0.002 (-0.781)	-0.034*** (-3.684)	-0.012 (-1.085)	0.013 (0.148)	0.024 (0.303)
Growth	0.000 (0.246)	-0.000 (-0.060)	-0.002 (-0.942)	-0.001 (-0.871)	-0.011 (-0.948)	-0.020 (-1.367)

续表

变量	(1)	(2)	(3)	(4)	(5)	(6)
	MArate		CAR		BHAR	
	高程度	低程度	高程度	低程度	高程度	低程度
ROA	-0.033 (-1.278)	-0.006 (-0.333)	0.034 (0.658)	-0.093** (-1.966)	-0.769* (-1.735)	-0.484 (-1.115)
Size	-0.001 (-0.553)	0.000 (0.148)	-0.007** (-2.281)	-0.007** (-2.408)	-0.097*** (-4.542)	-0.096*** (-3.866)
TobinQ	0.001 (1.021)	0.001 (1.269)	-0.003* (-1.825)	-0.003 (-1.451)	-0.039*** (-3.094)	-0.057*** (-5.048)
Dual	-0.002 (-0.655)	0.001 (0.470)	-0.002 (-0.357)	-0.006 (-1.038)	-0.014 (-0.308)	-0.027 (-0.631)
CEOrepl	-0.002 (-0.407)	0.006* (1.897)	0.009 (0.978)	0.005 (0.639)	-0.038 (-0.408)	0.041 (0.419)
Depend	0.023 (0.918)	-0.006 (-0.333)	0.039 (0.750)	0.021 (0.409)	0.058 (0.161)	0.244 (0.577)
Boardsize	0.004 (0.601)	0.001 (0.153)	0.011 (0.791)	-0.022 (-1.464)	-0.001 (-0.014)	0.138 (1.132)
Holder	-0.010 (-1.545)	0.010** (2.195)	0.019 (1.478)	0.002 (0.101)	0.145 (1.103)	0.093 (0.826)
Top10	0.005 (0.620)	-0.005 (-0.766)	0.016 (0.980)	-0.015 (-0.900)	0.097 (0.765)	0.241** (2.026)
z_index	0.000 (0.191)	0.000 (1.438)	0.000 (0.653)	-0.000 (-1.095)	-0.001 (-1.407)	0.003** (2.429)
Constant	0.960*** (27.998)	0.943*** (34.153)	0.052 (0.733)	0.160** (2.488)	1.666*** (3.081)	2.456*** (4.798)
year	控制	控制	控制	控制	控制	控制
ind	控制	控制	控制	控制	控制	控制
Observations	1 334	1 188	1 334	1 188	1 334	1 188
R-squared	0.372	0.208	0.051	0.064	0.114	0.100
组间差异	0.000***		0.048**		0.089*	

3.4.6 稳健性检验

1. 变更研究样本

由于北京是我国的首都，其政治环境较特殊，包含这部分样本的回归结果可能导致研究结论出现偏差。因此，本研究参考潘越等（2015）的研究，进一步剔除了企业注册地在北京的样本，具体回归结果如表 3－12 所示。该研究得到了 2 246 个回归样本，官员变更与并购成功率和短期并购绩效的回归系数均在 10% 的置信水平上显著为负，与长期并购绩效的回归系数在 5% 的置信水平上显著为正，进一步支持了本研究的主要研究结论。

表 3－12　　变更研究样本的稳健性检验结果

变量	(1)	(2)	(3)
	MArate	CAR	BHAR
TurnOver	−0.003* (−1.809)	−0.009** (−2.497)	0.062** (2.180)
SOE	0.004* (1.800)	0.003 (0.592)	−0.065** (−2.009)
PC	0.002 (1.259)	0.005 (1.266)	0.028 (0.768)
Dealsize	−0.000 (−0.020)	0.003** (2.409)	−0.002 (−0.237)
Cashpay	0.001 (0.265)	−0.030*** (−3.911)	0.011 (0.165)
Growth	−0.000 (−0.274)	−0.002 (−1.488)	−0.018* (−1.894)
ROA	−0.025 (−1.461)	−0.071* (−1.904)	−0.691** (−2.041)
Size	−0.000 (−0.071)	−0.006*** (−2.713)	−0.089*** (−4.918)
TobinQ	0.001** (2.045)	−0.002 (−1.258)	−0.046*** (−4.823)

续表

变量	(1)	(2)	(3)
	MArate	CAR	BHAR
Dual	-0.001 (-0.450)	-0.004 (-1.049)	-0.021 (-0.632)
CEOrep	0.003 (1.016)	0.005 (0.713)	-0.010 (-0.142)
Depend	0.000 (0.005)	0.002 (0.047)	-0.183 (-0.648)
Boardsize	0.000 (0.076)	-0.006 (-0.491)	0.002 (0.023)
Holder	0.001 (0.138)	0.006 (0.616)	0.134 (1.469)
Top10	-0.002 (-0.440)	-0.002 (-0.174)	0.140 (1.538)
z_index	0.000 (1.334)	-0.000 (-1.031)	-0.000 (-0.099)
Constant	0.959*** (37.331)	0.133*** (2.647)	2.287*** (5.620)
year	控制	控制	控制
ind	控制	控制	控制
Observations	2 246	2 246	2 246
R-squared	0.219	0.041	0.090

2. 变更变量衡量指标

(1)单一职位官员变更。

在以上回归中，本研究对官员变更指标的衡量方法为：若市长或市委书记任意一个职位发生变更，则 TurnOver 取值为1，否则取值为0。考虑到市长或者市委书记两种职位的变更可能对企业并购重组产生不同影响，本研究改变了官员变更这一变量的衡量方法，分别检验市长或市委书记单一职位变更的影响。具体方法为：首先，仅考虑市长是否发生变更，若某地区某一年市长发生变更，则 TurnOver 取值为1，否则为0。其次，仅考虑市委书记是否发生变更，若某地区某一年市委书记发生变更，则 TurnOver 取值为 1，否则为 0。市长或市委书记单一职位变更的回归结果如表 3－13 所示，无论市长变更还是市委书记变更，企业并购成功率和并购绩效都会受到影响。

表 3－13　单一职位变更的稳健性检验结果

变量	(1)	(2)	(3)	(4)	(5)	(6)
	市长变更			市委书记变更		
	MArate	CAR	BHAR	MArate	CAR	BHAR
TurnOver	－0.013*** (－7.237)	－0.007* (－1.654)	0.075** (2.457)	－0.003* (－1.699)	－0.006* (－1.665)	0.068* (1.907)
SOE	0.009*** (4.588)	0.002 (0.503)	－0.036 (－1.128)	0.009*** (4.448)	0.002 (0.581)	－0.077** (－1.976)
PC	0.005*** (2.718)	0.006 (1.411)	0.057 (1.630)	0.005** (2.264)	0.003 (0.678)	－0.020 (－0.521)
Dealsize	－0.001 (－1.078)	0.002** (2.164)	－0.001 (－0.102)	－0.001 (－1.283)	0.001 (1.532)	－0.003 (－0.298)
Cashpay	0.003 (1.313)	－0.027*** (－3.041)	0.027 (0.389)	0.002 (1.064)	－0.024*** (－3.723)	0.229*** (4.475)
Growth	0.000 (0.480)	－0.002** (－2.533)	－0.011 (－1.468)	0.000 (0.561)	－0.002*** (－2.692)	－0.009 (－1.043)
ROA	0.051*** (3.280)	－0.050 (－1.503)	－0.266 (－1.002)	0.062*** (4.108)	－0.029 (－0.888)	－1.327*** (－4.322)
Size	－0.006*** (－7.054)	－0.005*** (－2.819)	－0.131*** (－9.278)	－0.006*** (－7.361)	－0.004** (－2.122)	0.024 (1.393)
TobinQ	－0.002*** (－5.056)	－0.002* (－1.818)	－0.066*** (－8.821)	－0.003*** (－5.758)	－0.002** (－2.166)	0.014* (1.754)
Dual	－0.001 (－0.598)	－0.003 (－0.805)	－0.027 (－0.908)	－0.001 (－0.717)	－0.000 (－0.050)	－0.060* (－1.731)
CEOrepl	0.014*** (4.652)	0.004 (0.611)	0.019 (0.378)	0.013*** (6.139)	0.001 (0.089)	－0.054 (－0.532)
Depend	－0.002 (－0.132)	0.029 (0.824)	0.055 (0.195)	0.001 (0.071)	0.041 (1.189)	－0.283 (－0.801)

续表

变量	(1)	(2)	(3)	(4)	(5)	(6)
	市长变更			市委书记变更		
	MArate	CAR	BHAR	MArate	CAR	BHAR
Boardsize	0.013 *** (2.788)	-0.002 (-0.179)	0.111 (1.392)	0.012 ** (2.422)	-0.006 (-0.666)	-0.035 (-0.363)
Holder	-0.002 (-0.346)	0.012 (1.326)	0.075 (1.020)	0.000 (0.099)	0.008 (0.881)	-0.190 ** (-2.177)
Top10	0.012 ** (2.181)	-0.000 (-0.013)	0.274 *** (3.067)	0.010 * (1.804)	0.007 (0.684)	-0.091 (-0.837)
z_index	0.000 (1.329)	-0.000 (-0.330)	0.001 (0.669)	0.000 (1.219)	-0.000 (-0.700)	-0.000 (-0.075)
Constant	1.051 *** (50.718)	0.106 ** (2.434)	2.671 *** (7.551)	1.060 *** (50.807)	0.091 ** (2.143)	-0.602 (-1.435)
year	控制	控制	控制	控制	控制	控制
ind	控制	控制	控制	控制	控制	控制
Observations	2 522	2 522	2 522	2 522	2 522	2 522
R - squared	0.086	0.018	0.065	0.072	0.019	0.027

（2）变更长期并购绩效衡量指标。

本研究在主回归中使用并购方公司并购后 12 个月的 BHAR 计算长期并购绩效，为考察官员变更对企业并购绩效更长期间的影响，现使用并购方公司并购后 24 个月的 BHAR 衡量企业长期并购绩效。回归结果如表 3 - 14 所示，此时回归系数为 0.058，依然在 5% 的水平上显著为正。再次验证了官员变更对企业并购重组长期绩效的促进作用。

表 3 - 14 变更长期并购绩效衡量指标的稳健性检验结果

变量	BHAR
TurnOver	0.058 ** (2.111)
SOE	-0.052 * (-1.686)

续表

变量	BHAR
PC	0.026 (0.759)
Dealsize	0.002 (0.256)
Cashpay	0.028 (0.475)
Growth	-0.013 (-1.415)
ROA	-0.650** (-2.070)
Size	-0.101*** (-6.225)
TobinQ	-0.049*** (-5.891)
Dual	-0.018 (-0.589)
CEOrepl	-0.007 (-0.106)
Depend	0.160 (0.582)
Boardsize	0.075 (0.969)
Holder	0.118 (1.397)
Top10	0.172** (2.003)
z_index	0.001 (0.692)
Constant	2.132*** (5.712)

续表

变量	BHAR
year	控制
ind	控制
Observations	2 522
R - squared	0.093

3. 内生性问题

（1）样本选择偏差导致的内生性问题。

由于并购重组活动是企业的决策行为，并非是随机发生的，可能导致本研究产生样本选择偏差的问题。为了缓解这一问题，本章使用赫克曼两阶段模型（Heckman two stage model）进行稳健性检验。表 3 - 15 列示了赫克曼第二阶段的回归结果，在控制了样本选择偏差的问题后，官员变更与并购成功和短期并购绩效的关系依然显著为负，官员变更与长期并购绩效的关系显著为正。

（2）反向因果导致的内生性问题。

由于地方官员政治绩效的考核以 GDP 为核心指标，企业作为地方经济的主要贡献者，其并购重组行为会影响官员任期内的政治绩效，进行影响官员的变更。因此，本研究可能存在反向因果的内生性问题。为了保证研究结论的稳健性，本章使用系统 GMM 的方法进行稳健性检验。回归结果如表 3 - 16 所示，官员变更系数的显著性水平发生了一定变化，但主要研究结论依然成立。

表 3 - 15　基于 Heckman 两阶段模型的稳健性检验

变量	(1)	(2)	(3)
	MArate	CAR	BHAR
TurnOver	-0.005*** (-3.486)	-0.008** (-2.364)	0.059** (2.111)
SOE	0.006*** (3.094)	0.005 (1.030)	-0.064* (-1.914)
PC	0.004** (1.982)	0.006 (1.351)	0.028 (0.731)
Dealsize	-0.001 (-1.065)	0.002 (1.303)	0.005 (0.369)

续表

变量	(1)	(2)	(3)
	MArate	CAR	BHAR
Cashpay	0. 007 (1. 248)	-0. 017 (-0. 974)	-0. 038 (-0. 247)
Growth	0. 000 (0. 396)	-0. 002 (-1. 340)	-0. 016* (-1. 648)
ROA	-0. 010 (-0. 614)	-0. 019 (-0. 504)	-0. 651* (-1. 938)
Size	0. 000 (0. 352)	-0. 006*** (-2. 750)	-0. 104*** (-5. 781)
TobinQ	0. 000 (0. 717)	-0. 003** (-2. 076)	-0. 047*** (-4. 414)
Dual	0. 001 (0. 433)	-0. 004 (-1. 015)	-0. 023 (-0. 690)
CEOrepl	0. 003 (1. 181)	0. 006 (0. 928)	-0. 002 (-0. 032)
Depend	-0. 016 (-0. 961)	0. 025 (0. 611)	0. 215 (0. 677)
Boardsize	-0. 001 (-0. 133)	-0. 008 (-0. 814)	0. 078 (0. 986)
Holder	0. 004 (0. 963)	0. 012 (1. 202)	0. 093 (1. 053)
Top10	0. 002 (0. 326)	-0. 001 (-0. 081)	0. 149 (1. 566)
z_index	0. 000 (1. 000)	-0. 000 (-0. 516)	0. 000 (0. 490)
IMR	0. 038 (1. 590)	0. 026 (0. 359)	-0. 189 (-0. 330)
Constant	0. 962*** (41. 091)	0. 124** (2. 479)	2. 232*** (5. 624)

续表

变量	(1)	(2)	(3)
	MArate	CAR	BHAR
year	控制	控制	控制
ind	控制	控制	控制
Observations	2 488	2 488	2 488
R - squared	0. 250	0. 036	0. 091

表 3 - 16　　GMM 估计结果

变量	(1)	(2)	(3)
	MArate	CAR	BHAR
TurnOver	-0. 010 ** (-2. 569)	-0. 014 * (-1. 885)	0. 588 ** (2. 446)
SOE	0. 020 *** (2. 678)	0. 011 (1. 349)	0. 130 (1. 570)
PC	0. 007 (0. 684)	0. 017 (0. 760)	-0. 309 (-1. 417)
Dealsize	0. 002 (1. 283)	0. 003 ** (2. 350)	0. 013 (0. 991)
Cashpay	0. 010 ** (2. 272)	-0. 024 *** (-3. 281)	0. 021 (0. 322)
Growth	0. 002 (1. 331)	-0. 002 * (-1. 773)	-0. 007 (-0. 756)
ROA	0. 107 (1. 375)	-0. 113 ** (-2. 124)	6. 979 ** (2. 219)
Size	-0. 018 *** (-3. 302)	-0. 0023 (-0. 789)	-0. 384 *** (-4. 485)
TobinQ	-0. 005 *** (-3. 867)	0. 001 (0. 266)	-0. 281 ** (-2. 563)
Dual	-0. 016 (-1. 539)	0. 025 (1. 031)	0. 078 (1. 165)

续表

变量	(1)	(2)	(3)
	MArate	CAR	BHAR
CEOrepl	0.004 (0.608)	0.010 (1.327)	0.015 (0.202)
Depend	0.068 (0.937)	-0.128 (-0.571)	-4.186 (-1.320)
Boardsize	0.015 (0.865)	-0.019 (-0.573)	-0.567 (-1.218)
Holder	0.033 (1.099)	0.007 (0.615)	-0.171 (-1.055)
Top10	0.024 (0.632)	-0.001 (-0.087)	0.133 (0.631)
z_index	0.000 (0.046)	-0.000 (-0.380)	-0.005 (-0.825)
Constant	1.240*** (10.180)	0.121 (0.887)	11.062*** (3.711)
Observations	2 522	2 522	2 522
A - Bond test for AR (1)	0.010	0.000	0.016
A - Bond test for AR (2)	0.569	0.251	0.620
Sargan test - p	0.649	0.443	0.933

3.5 结论与建议

3.5.1 研究结论

在我国财政分权制度与政治晋升制度综合影响的背景下，地方官员掌握着重要的经济和行政资源，有充足的动机和能力通过干预企业行为获得政治绩效。现有研究虽然验证了官员变更对企业投资活动、创新活动与经营活动等的影响，但并没有细致探讨官员变更对企业并购重组行为的影响，也没有检验其中的传导机制。基于此，本章选取2008～2017年我国发生的并购事件为研究样本，在进行理论分析的基础上，通过实证分析方法，探讨了市级地方官员变更对上市公司并购成功率和并购绩效的影响。同时，构建了逐步法的中介效应检验模型，从信息披露角度探讨官员变更与并购重组关系中的作用机制。最后，考虑了官员特征、企业特征与地区特征对官员变更与并购重组关系的调节作用。本章主要得到以下研究结论：

第一，官员变更导致企业并购成功率降低。官员变更提高了经济政策不确定性，当经济政策不确定性时增加时，市场难以对企业管理层形成有效监督，管理层能够以不确定性为借口转移并购活动失败的责任，最终导致企业盲目发起并购（Duchin and Schmidt，2013），但并购交易终止或重新谈判的可能性增加（Bhagwat et al.，2016），企业并购成功率降低。

第二，当地方官员发生变更时，企业的短期并购绩效相对较差。官员变更增加了企业面临的风险，导致原有的政企关系发生变化，企业可能丧失原有的并购优惠政策及财政补贴，向外部投资者传递了风险增加的信号，直接影响企业并购的市场反应。

第三，从长期来看，地方官员变更能够发挥“支持之手”的作用，促进长期并购绩效的提升。新上任的官员为促进地区经济的增长进而获得晋升机会，有动机运用资源配置等自由裁量权扶持企业并购活动，如出台或变更并购税收优惠、并购财政补贴、放宽融资资格等干预企业被并购行为的经济政策。这些政策的调整和收益都会体现在企业长期绩效上，促进长期并购绩效的提升。

第四，信息披露是官员变更影响企业并购重组的作用机制。官员变更增加了企业外部经营环境的不确定性，对企业及信息中介的信息披露行为产生影响，企业信息不确定与信息不对称程度提高，进而对并购重组市场效率产生重要影响。

第五，本章分别从新任官员来源、企业所有权性质与地区市场化程度三个角度考虑，深入分析官员变更对企业并购的影响是否会由于官员特征、企业特征与地区特征不同而有所差异。具体而言，研究发现官员变更与并购重组的关系在变更官员为异地来源、非国有企业以及市场化程度较低地区的企业中更为显著。本章的研究结论具有一定的稳健性。

3.5.2 政策建议

基于上述结论，提出如下政策建议。

1. 对政府的启示和建议

第一，完善公共政策的制定和实施程序，加强政策的连续性与一致性。政府要进一步推进市场化改革，减少对经济活动与企业决策的直接干预，降低官员变更导致的政策波动对企业并购重组的不利影响。一方面，要完善与深化地方官员的干部任免制度，改变唯经济增长论的观念，采用多维度指标对官员政绩进行考核，并建立官员长期考察机制，约束官员短视行为，减少经济政策的非正常性波动，为企业提供稳定的营商环境。另一方面，地方政府要加强政策制定和实施过程中的透明度，不断拓宽与企业的信息沟通渠道，使企业能够较为准确地预测未来政策导向，并能及时根据政策变化调整经营决策，从而充分发挥新政策的作用效果，提高资本市场资源配置效率。

第二，并购重组的信息披露是金融监管的重点，官员变更通过影响信息环境的变化进而影响企业并购重组效率。因此，相关监管部门要建立并购重组中信息披露精准监管策略，提高并购重组市场的信息治理效率，优化市场信息环境，识别和处理信息提前泄露与内幕交易问题、提高稽查执法效率，同时增加违法违规成本从而起到市场震慑作用，控制股价操纵等财务风险、保护中小投资者的合法利益。此外，建立严格的并购重组中信息披露精准监管策略，有助于减少上市公司与政府官员的利益输送行为，抑制腐败行为的发生。

第三，官员变更对企业并购重组的负向影响在市场化较低的地区和非国有企业中更为严重。因此，政府要加强市场化和法制化建设，加强地区的市场经济建设，尤其是中西部等市场化水平较低地区的市场经济建设，避免企业因官员个人变更遭受较大的不确定性波动。同时，要进一步完善产权保护制度，提高非国有企业应对官员变更导致的政治不确定性的能力。

2. 对企业的启示和建议

第一，上市公司应规范信息披露机制。目前，我国上市公司，尤其是存在政治关联的上市公司的信息披露机制还不健全（唐松等，2011）。并购重组市场的信息不对称问题对并购交易过程中的目标选择、交易定价、并购整合等都会产生重要影响，影响并购重组效率。因此，上市公司应提高信息披露的及时性和可靠性，积极利用信息中介进行信息管理，规范与优化企业信息治理框架，提高并购估值准确性及市场资源配置效率。

第二，从官员特征的角度来看，当变更的官员来源于异地时，其对企业并购重组的影响更为显著。因此，企业应关注变更官员的来源等异质性特征，并据此预估未来政策导向的变化，合理安排企业经营投资活动，提前采取适当的应对措施，降低官员变更这一政治冲击对企业经营发展带来的负面影响。

第三，官员变更对企业的并购重组活动在短期内产生负面影响，而在长期则产生积极影响，其主要原因是新政策需要一段时间进行推行和贯彻，短期内政府与企业之间的信息沟通渠道尚不顺畅，新政策的成效无法体现出来。因此，企业应及时关注政府相关政策的变化，调整经营与投资战略，降低官员变更在短期内带来的不利影响，充分利用新政策对企业发展的扶持和帮助。

第 4 章

信息披露影响目标方被并购重组的概率及其绩效研究

4.1 引　　言

如何有效提高上市公司信息披露质量、市场流动性和市场配置效率，既是政府管制的难题，也是公司治理的重点。同时，对并购重组信息披露的监管是上市公司并购监管的核心（王化成等，2002）。近年来，我国并购重组市场交易频繁，2018 年并购重组金额高达 5926 亿美元；并购市场也呈现新的特征，同一上市公司被多次收购——国电电力（股票代码：600795）、鄂武商 A（股票代码：000501）及中鼎股份（股票代码：000887）等七家上市公司在 2008 ~ 2017 年被收购多达六次。同一上市公司被连续多次收购，是资本市场发挥资源配置功能，为中小股东创造价值？还是因上市公司管理层与收购方合谋而进行的盈余管理导致的资本市场闹剧？

关于盈余管理与并购重组之间的关联性，现有研究并未取得一致性的结论（陈国辉等，2018）。基于信息披露质量的视角，高质量的信息披露会降低企业的资本成本（Easley and O'hara，2004；张文珂等，2017），提高并购市场的流动性，进一步提高并购重组的交易效率。国内外研究信息披露对并购重组效率的影响，一般以盈余管理类的间接评价指标为主，发现公司在并购重组前后（或控制权转移）会进行盈余管理（向上或向下），其程度均高于未发生并购的样本（DeAngelo，1986；Woody，1997；Erikson and Wang，1999；Louis，2004；Higgins，2012；曾昭灶和李善民，2009；王克敏和刘博，2014；王钰玮等，2016）。

与以往研究相比，本章的主要贡献在于：第一，基于我国的制度背景，通过对不同的信息披露质量和产权安排的区分，研究盈余管理是否会提高上市公司被再次收购的概率，同时对比研究了应计盈余管理和真实盈余管理的影响差异，以期为并购重组信息披露监管政策的制定提供可靠的经验证据；第二，研究结果表明，应计盈余管理提高了企业短期并购绩效但毁损了公司长期价值，意味着企业可能为了被收购而进行盈余管理，因而本章从盈余管理的角度丰富了目标公司特征的研究，同时也说明加强并购重组信息披露监管的迫切需要；第三，本章研究发现了分析师跟踪是目标方盈余管理影响再次被收购概率的作用机制，同时还发现向下真实盈余管理会提高上市公司被再次收购的概率，但未引起市场显著反应，这意味着隐蔽性更强的真实盈余管理有可能造成公司价值损失，应引起监管部门的充分重视。

4.2　理论分析与研究假设

4.2.1　目标公司特征

国外研究发现，并购交易中的目标公司具有财务杠杆低、边际利润低、流动性高及增长缓慢等特征（Simkowiz and Monroe，1971；Stevens，1973；Dietrich and Sorense，1984；Palepu，1986；Ravenscraft，1987；Kim and Arbel，1998；Sorensen，2000；Barne，2000）。我国学者研究发现，目标公司具有以下特征：经营困难（高见和陈歆伟，2000；荀开红和谷伟，2002；马海峰和蔡阳，2006；唐梦华等，2011；张金鑫等，2012）；偿债能力差（荀开红和谷伟，2002；唐梦华等，2011；张金鑫等，2012）；管理效率低下（李善民和陈玉罡，2003；崔学刚和荆新，2006；凌春华等，2005）；企业规模较小（李善民和陈玉罡，2003；张彤和贺丹，2006）；股权较分散（李善民和陈玉罡，2003；崔学刚和荆新，2006；唐梦华等，2011；张金鑫等，2012）；信息风险较高（于李胜和王艳艳，2007；蔡西阳和张文杰；2008；张文珂等，2017）。

4.2.2　盈余管理与并购重组

国内外研究信息披露对并购重组效率的影响，一般以盈余管理类的间接评价指标为主，发现公司在并购重组前后（或控制权转移）会进行盈余管理

（向上或向下），其程度均高于未发生并购的样本（DeAngelo，1986；Woody，1997；Erikson and Wang，1999；Louis，2004；曾昭灶和李善民，2009；Higgins，2012；王克敏和刘博，2014；王钰玮等，2016）。信息披露影响并购重组的效率，对并购重组信息披露的监管是上市公司并购监管的核心（王化成等，2002）。费雷拉和劳克斯（2007）研究发现，控制权市场促进了公司特质性信息的收集和传播。王和拉尔（2017）在构建收购法律指数时，根据阿穆尔等（2007）的观点，将股权信息披露因子的值与收购股权比例相关联，发现较强的投资者保护将提高并购市场效率。应计盈余管理与真实盈余管理之间存在部分替代关系（Zang，2012；Zang，2014；王良成，2014；龚启辉等，2015）；信息披露方式不同（强制与自愿）对两种盈余管理（应计与真实）的抑制作用不同（王霞等，2014；唐伟，2015；陈国辉等，2018）。

对于目前国内外研究结论相互矛盾的现状，本研究认为可能的原因包括：（1）盈余管理的衡量标准不统一；（2）较少关注盈余管理与目标公司特征之间的关系，同时没有区分应计盈余与真实盈余管理两种方式的影响差异；（3）较少分析盈余管理影响目标公司被收购的作用机制。

4.2.3　假设提出

会计信息质量强调企业披露的会计信息与经济现实之间存在偏差，盈余管理会加大会计信息的波动性（曾雪云和陆正飞，2016）。已有研究表明高质量的信息披露会降低企业的资本成本（Easley and O'hara，2004；张文珂等，2017），提高企业在并购重组市场中被收购的概率。收购方倾向于选择价值被低估的，能实现公司价值最大化的目标方（Kim and Arbel，1998；Sorensen，2000）。为了提高并购市场对公司价值的认可、提高管理层报酬、避免监管部门干预等，管理效率较低的公司在法律法规、准则制度允许的范围内，有动机通过操纵企业的盈余，使会计报表数据达到期望的效果（Healy and Wahlen，1999；Verbruggen，2008；Rahman，2013）。上市公司在并购前一年进行盈余管理，可以向外界传递出质量较好的信号，进而提高再次被并购可能性。因此，本章提出竞争性假设 4.1。

H4.1a：上市公司盈余管理程度越高，再次被收购的概率越小。

H4.1b：上市公司盈余管理程度越高，再次被收购的概率越大。

已有研究表明，注重长期战略和利益相关者关系管理的企业，能更好地履行信息披露义务，同时较少进行盈余管理（Freeman and Liedtka，1991；Gelb and Strawser，2001；Shleifer，2004；Kim et al.，2012；邓德军等，2013；吉利等，2014）。但也有部分学者认为基于信号理论等动机，履行信息披露义务的企业，其盈余管理程度更高（Fukui，2000；Jensen，2001；Leuz et al.，2003；Goel and Thakor，2003；唐伟，2015）。陈国辉等（2018）研究发现，强制披露方式下对真实盈余管理抑制作用明显，自愿披露方式下对应计盈余管理和真实盈余管理均有显著抑制作用。因此，本章进一步提出竞争性假设4.2。

H4.2a：信息披露质量高的上市公司，盈余管理程度较低，再次被收购的概率较小。

H4.2b：信息披露质量高的上市公司，盈余管理程度较低，再次被收购的概率较大。

现有研究发现企业履行信息披露义务程度越高，企业绩效越好（Lins et al.，2017）。格雷布纳和艾森哈特（Graebner and Eisenhardt，2004）发现在并购交易中，目标方及其利益相关者的信任有助于沟通解决问题，提高谈判效率。在并购后整合中，这种信任的程度越高，越有助于促成双方员工的合作行为、提高公司内部资源的利用效率（Rousseau et al.，1998），实现并购的协同效应。已有研究发现在收购交易发生后，目标公司的绩效在短期内得到改善，但绩效的提高不能持续，收购的整体绩效趋于下降，收购没有创造价值（李善民和朱滔，2004；林德钦，2011；胡琳扬，2012）。因此，本章提出竞争性假设4.3。

H4.3a：信息披露质量高的上市公司，盈余管理程度较低，被收购后的绩效较好。

H4.3b：信息披露质量高的上市公司，盈余管理程度较低，被收购后的绩效较差。

4.3 研究设计

4.3.1 样本选取与数据来源

本研究采用2008～2017年A股上市公司的并购数据，并购事件的基本信息来源于CSMAR并购重组数据库。参考已有文献（王艳和李善民，2017），本研究按照如下顺序进行筛选：（1）剔除金融行业、中小板、创业板的上市公司，以保证财务数据的可比性；（2）要求上市公司的交易地位为“标的物”，以目标方的视角进行研究；（3）本研究将同一公司同一天发生的交易事件视为一次并购，保留 2008～2017 年被收购两次及以上的样本；（4）保留控制权发生转移的样本；（5）保留并购类型为资产收购和要约收购样本；（6）剔除数据缺失的样本。经筛选，最后得到 583 个并购事件。

公司财务数据、公司产权性质数据、股票收益数据均来自国泰安 CSMAR 数据库。公司所处的行业参照证监会发布的《行业分类指引》（2012）进行确定，并对制造业进行二级行业分类。为剔除极端值的影响，对所有连续变量在 1% 和 99% 水平上进行 Winsorize 处理。

4.3.2 研究模型和变量说明

为检验假设 4.1 和假设 4.2，本研究建立了以下模型，采用 Logit 回归方法来检验应计盈余管理程度对再次被收购概率的影响。

$$Acquired = \alpha_0 + \alpha_1 AQ + \alpha_i Controls + \alpha_j \sum IND + \alpha_k \sum YEAR + \varepsilon \quad (4-1)$$

式（4－1）中的 Acquired 表示是否再次被收购，若样本公司再次被收购（不包含样本期间内第一次被收购），Acquired 取 1，否则取 0。若假设 4.1a 成立，式（4－1）中 AQ 的系数应该显著为负；若假设 4.1b 成立，式（4－1）中 AQ 的系数应该显著为正。

在控制权市场、经理人市场及内部公司治理不完善的条件下，为了留任、加薪等个人私利，短视的控制权转移公司管理者会与买方合谋，通过向下盈余管理协助买方低价受让股权，国有公司民营化前，管理者通过更显著地向下盈余管理换取更多的个人私利（王克敏和刘博，2014）。为了检验企业性质对研究假设 4.1 的影响，本章按以下标准对样本进行区分：（1）根据目标方的产权性质将样本区分为国有企业和民营企业两个子样本；（2）根据样本期内目标方首次被收购时的市场反应是否大于 0 将样本区分为首次被收购时市场反应较好和较差两个子样本。本研究通过分析在信息披露质量较高的分组中盈余管理对再次被收购概率的影响来检验假设 4.2。

为检验假设 4.3，本研究建立了式（4－2），并采用 OLS 回归方法来检验应计盈余管理对并购市场反应的影响。

$$CAR = \alpha_0 + \alpha_1 AQ + \alpha_i Controls + \alpha_j \sum IND + \alpha_k \sum YEAR + \varepsilon \quad (4-2)$$

式（4－2）中的 CAR 表示累计超额收益率，参照已有研究的做法（陈仕华等，2015），根据布朗和沃纳（Brown and Warner，1985）提出的市场模型法来计算累计超额收益率。其中，参数估计期间为并购宣告前 150 个交易日至宣告前30个交易日，参照事件研究法的常用事件窗口（王艳和李善民，2017；李善民等，2019），本研究用并购公告日前后五天窗口计算并购事件的累计超额收益率作为短期市场绩效的衡量指标，表示为CAR［-5，+5］。此外，本研究还分别计算了并购公告日前后两天、前后一天两个事件窗口期的累计超额收益率作为稳健性检验，分别表示为CAR［-2，+2］，CAR［-1，+1］。若假设4.3a成立，则式（4-2）中AQ的系数应显著为负；若假设4.3b成立，则式（4-2）中AQ的系数应显著为正。

为检验假设4.3，本研究还建立了式（4-3），并采用OLS回归方法来检验检验应计盈余管理程度对长期并购绩效的影响。

$$\text{Performance} = \alpha_0 + \alpha_1 AQ + \alpha_i \text{Controls} + \alpha_j \sum IND + \alpha_k \sum YEAR + \varepsilon \tag{4-3}$$

式（4-3）中的Performance表示并购长期绩效，用长期财务绩效衡量。对于总资产收益率变化值，本研究借鉴已有研究的衡量方法（Cai and Sevilir，2012；王艳和阚铄，2014；陈仕华等，2015），选取并购方公司在并购前后1年的平均总资产收益率变化值作为长期财务绩效的衡量指标，定义为ΔROA［-1，+1］，该指标等于并购完成之后一年（t+1年）总资产收益率（ROA）均值减去并购前一年（t-1年）总资产收益率（ROA）均值。此外，本研究还分别计算了并购前后2年的平均总资产收益率变化值作为稳健性检验，分别表示ΔROA［-2，+2］。若假设4.3a成立，则式（4-3）中AQ的系数应显著为负；若假设4.3b成立，则式（4-3）中AQ的系数应显著为正。

上述回归分析中的AQ表示盈余质量，作为本研究衡量应计盈余管理水平的指标，本研究使用德肖和迪切夫（Dechow and Dichev，2002）提出的应计质量测度模型（DD模型）：

$$\frac{TCA_{j,t}}{Assets_{j,t}} = \varphi_{0,j} + \varphi_{1,j}\frac{CFO_{j,t-1}}{Assets_{j,t}} + \varphi_{2,j}\frac{CFO_{j,t}}{Assets_{j,t}} + \varphi_{3,j}\frac{CFO_{j,t+1}}{Assets_{j,t}} + v_{j,t} \tag{4-4}$$

其中，$TCA_{j,t}$为j公司t年当年的总应计，$Assets_{j,t}$为j公司t年和t-1年的平均总资产，$CFO_{j,t}$为j公司t年的现金流。在DD模型中，以营运资金应计能在多大程度上反映已实现的经营活动现金流来计量应计质量，即将营运资金应计作为因变量，上一期、当期和下一期经营活动现金流作为自变量（Dechow and Dichev，2002），对于每一个公司—年份，选取t-9至t年，以十年为一个周期进行回归，营运资金应计变动的不能解释部分（残差的标准差）可用于度量应计质量。AQ越大表明应计质量越差、盈余管理程度越高；AQ越小表明应计质量越好，盈余管理程度越低。

在本章的进一步研究中，还根据罗伊乔杜里（Roychowdhury，2006）的观点，使用了异常生产成本（Aprod）作为真实盈余管理水平的衡量指标，计算公式如式（4－5）所示：

$$\frac{PROD_t}{A_{t-1}} = \alpha_0 + \alpha_1 \frac{1}{A_{t-1}} + \beta_1 \frac{S_t}{A_{t-1}} + \beta_2 \frac{\Delta S_t}{A_{t-1}} + \beta_3 \frac{\Delta S_{t-1}}{A_{t-1}} + \varepsilon_t \qquad (4-5)$$

其中，PROD 为生产成本，按行业年度数据进行截面回归估计正常的生产成本，残差 Aprod 为异常生产成本。Aprod 越大，向上真实盈余管理程度越高。

本章所有回归分析中采用相同的控制变量，如表 4－1 所示。为减缓反向因果等可能存在的内生性问题，公司层面的控制变量均取滞后一期值（廉永辉和张琳，2015；李善民等，2019），并控制了年份与行业固定效应。同时，为避免可能存在的异方差对标准误的影响，回归时进行了 White 异方差调整。

表 4－1　　变量定义

变量名	变量含义	变量说明
Acquired	再次被收购	公司在样本期间内第一次被收购，Acquired 取 0；第二次（及多次）被收购，Acquired 取 1
CAR	并购市场反应	CAR［－1，＋1］为并购首次宣告日前后 1 天的股票累计超额报酬率 CAR［－2，＋2］为并购首次宣告日前后 2 天的股票累计超额报酬率 CAR［－5，＋5］为并购首次宣告日前后 5 天的股票累计超额报酬率
ΔROA	并购长期财务绩效	ΔROA［－1，＋1］，并购完成之后一年（t＋1 年）总资产收益率（ROA）均值减去并购前一年（t－1 年）总资产收益率（ROA）均值
AQ	应计盈余管理	计算方法参见本章式（4－4）
Aprod	真实盈余管理	计算方法参见本章式（4－5）
IDQ	信息披露质量	深交所和上交所披露的信息披露质量评级，数值越高说明信息披露质量越好
LLev	公司杠杆率	目标方被收购前一年公司资产负债率
LGrowth	成长性	目标方被收购前一年的主营业务收入环比增长率
LSize	公司规模	目标方被收购前一年的总资产取自然对数
Nature	产权性质	若目标方为国有企业，则取 1，否则取 0

续表

变量名	变量含义	变量说明
PC	政治关联比例	目标方董事会中政治关联董事的比例
Serialma	并购次序	等于 ln（1+N），N 即同一样本在样本期内第几次被收购
MT	市场化总指数	来自樊纲《中国市场化指数》
Protect	投资者保护分值	参照沈艺峰、许行年和杨熠（2004）对投资者保护制度的条款设定及赋分原则补充的 2003 ~ 2016 年的投资者保护制度评分
Top1	第一大股东持股比例	目标方被收购前一年的第一大股东持股比例
Wedge	两权分离度	目标方被收购前一年的控制权比例 - 所有权比例，衡量控制权与所有权（现金流权）的分离度
CEOrepl	董事长和总经理变更情况	目标方被收购前一年董事长和总经理是否发生变更，变更赋值为 1，不变赋值为 0
CEOduality	董事会规模	目标方被收购前一年的董事人数加 1 后取自然对数
Boardsize	两职合一	目标方被收购前一年的董事长是否兼任总经理，若兼任取 1，否则取 0
Propind	独立董事占比	目标方被收购前一年的独立董事人数占公司董事总人数比例
YEAR	年份虚拟变量	并购交易发生在 2007 ~ 2015 年，设置 8 个虚拟变量
IND	行业虚拟变量	根据证监会《上市公司行业分类指引》（2012 年版），制造业采用二级代码分类，其他按一级代码分类，共 22 个行业，设置 21 个虚拟变量

4.4 实证分析

4.4.1 描述性统计

如表 4 - 2 所示的全样本统计性描述结果可知，再次被收购（Acquired）的均值为 0.624，说明有 62.4% 的并购事件是属于第二次（或多次）被收购的情况。股票异常回报率 CAR［-1，+1］、CAR［-2，+2］和 CAR［-5，

+5］的平均值分别为0.02、0.02和0.019，均大于0，标准差分别为0.062、0.079和0.103。应计盈余管理（AQ）的平均值为0.045，最小值为0.004，最大值为0.507，标准差为0.079，说明样本内不同公司在并购前一年的应计盈余管理水平存在较大的差异，这为本章研究分析应计盈余管理程度对再次被收购概率和并购绩效的影响提供了基础。真实盈余管理（Aprod）的平均值为-0.005，最小值为-0.986，最大值为1.972，标准差为0.234，说明样本内不同公司的真实盈余管理水平存在较大的差异。在未列示的相关系数结果中，主要变量的相关系数均小于0.5，说明并不存在明显的共线性问题。

表4-2　　描述性统计结果

变量	样本量	均值	标准差	p25	p50	p75	最小值	最大值
Acquired	583	0.624	0.485	0.000	1.000	1.000	0.000	1.000
CAR［-1，+1］	583	0.020	0.062	-0.015	0.015	0.053	-0.213	0.281
CAR［-2，+2］	583	0.020	0.079	-0.022	0.016	0.055	-0.241	0.308
CAR［-5，+5］	583	0.019	0.103	-0.033	0.015	0.066	-0.469	0.448
AQ	583	0.045	0.079	0.014	0.024	0.043	0.004	0.507
Aprod	583	-0.005	0.234	-0.082	-0.001	0.059	-0.986	1.972
LLev	583	0.551	0.219	0.400	0.565	0.677	0.050	1.411
LGrowth	583	0.261	0.652	0.017	0.169	0.327	-0.727	4.315
LSize	583	22.300	1.633	21.180	22.090	23.250	18.800	26.120
Nature	583	0.533	0.499	0.000	1.000	1.000	0.000	1.000
PC	583	0.254	0.166	0.125	0.231	0.333	0.000	0.778
IDQ	583	3.029	0.719	3.000	3.000	3.000	1.000	4.000
Serialma	583	1.057	0.337	0.693	1.099	1.386	0.693	2.079
MT	583	7.252	1.926	5.870	7.400	8.580	2.530	11.710
Protect	583	144.800	21.680	126.000	144.000	156.500	116.500	188.500
Top1	583	0.353	0.163	0.226	0.335	0.477	0.008	0.864
Wedge	583	0.059	0.072	0.000	0.020	0.108	0.000	0.308
CEOrepl	583	0.285	0.452	0.000	0.000	1.000	0.000	1.000
CEOduality	583	0.153	0.360	0.000	0.000	0.000	0.000	1.000
Boardsize	583	9.046	1.895	8.000	9.000	9.000	5.000	15.000
Propind	583	0.375	0.061	0.333	0.364	0.400	0.200	0.667

4.4.2　应计盈余管理水平、信息披露质量与被收购概率

表4－3列示了应计盈余管理水平对被收购概率的影响结果，在全样本回归中，研究发现企业在被收购前一年的应计盈余管理水平越高，再次被收购的可能性就越高，这与假设4.1b一致，说明上市公司在并购前一年进行盈余管理，可以向外界传递出质量较好的信号，进而提高再次被并购的可能性。在划分子样本后，研究发现应计盈余管理水平对再次被收购概率的影响在首次被收购时市场反应为正的子样本中更为显著，说明上一次被收购时的市场反应更好，目标方进行应计盈余管理对其再次被收购概率的影响更大，即上一次被收购的市场反应也会影响目标方再次被收购的可能性。此外，本研究发现应计盈余管理水平对被收购概率的影响在民营企业中更显著，而在国有企业中不显著，可能的原因是国有企业在被收购时会受到地方政府部门等机构的层层审批等制约，并不完全是一种市场化的行为，即使国有企业本身有意愿通过向上应计盈余管理来向外界传递有关公司的正面信息，但在影响其再次被收购方面仍然存在局限。表4－4还报告了信息披露质量评级越高的企业，盈余管理与再次被收购概率正相关，这一结果在民营企业和首次被收购时市场反应为正的分组样本中更为显著，这与假设4.2a一致。也即由于信息披露完备，缓解了并购市场的信息不对称，市场看好的企业（首次被收购时市场反应为正）以及公司治理水平更高的企业（民营企业），盈余管理程度越低，被再次收购的概率越小。同时还说明了并购次序、董事会规模与再次被收购概率显著负相关，目标公司成长性与再次被收购概率显著正相关。

表4－3　应计盈余管理水平与被收购概率

变量	(1)	(2)	(3)	(4)	(5)
	全样本	首次被收购时市场反应为正	首次被收购时市场反应为负	国有企业	民营企业
	Acquired	Acquired	Acquired	Acquired	Acquired
AQ	3.619** (2.036)	6.799** (2.251)	3.256 (1.075)	0.662 (0.205)	8.282*** (2.990)
Serialma	−3.952*** (−9.084)	−4.067*** (−6.813)	−4.589*** (−5.284)	−3.963*** (−6.021)	−5.565*** (−6.547)

续表

变量	(1)	(2)	(3)	(4)	(5)
	全样本	首次被收购时市场反应为正	首次被收购时市场反应为负	国有企业	民营企业
	Acquired	Acquired	Acquired	Acquired	Acquired
LLev	-0.117 (-0.196)	-0.110 (-0.144)	-0.843 (-0.775)	-0.709 (-0.659)	0.345 (0.408)
LGrowth	0.428* (1.951)	0.686 (1.498)	0.372 (1.269)	1.253** (2.290)	0.024 (0.089)
LSize	0.270*** (2.581)	0.317** (2.284)	0.409** (1.993)	0.268 (1.608)	0.282* (1.738)
MT	-0.030 (-0.430)	-0.058 (-0.545)	-0.073 (-0.544)	-0.059 (-0.499)	0.082 (0.660)
Protect	0.047 (0.903)	0.089 (1.268)	0.026 (0.227)	0.013 (0.153)	0.136 (1.440)
Top1	-0.416 (-0.481)	-1.355 (-1.001)	0.130 (0.082)	-1.633 (-1.274)	2.104 (1.207)
Wedge	-0.054 (-0.030)	2.394 (0.895)	-4.722 (-1.620)	-0.072 (-0.029)	-2.099 (-0.617)
CEOrepl	-0.273 (-1.106)	-0.599* (-1.784)	0.605 (1.309)	-0.599* (-1.740)	-0.267 (-0.624)
CEOduality	-0.258 (-0.758)	-0.033 (-0.063)	-0.620 (-1.072)	-0.793 (-1.044)	-0.533 (-1.113)
Boardsize	-0.191*** (-2.856)	-0.208** (-2.259)	-0.273** (-2.286)	-0.214* (-1.941)	-0.217* (-1.856)
Propind	0.196 (0.099)	2.729 (0.945)	-4.582 (-1.293)	1.693 (0.586)	0.872 (0.217)
PC	1.054 (1.230)	0.855 (0.759)	1.643 (1.188)	0.964 (0.808)	3.112** (2.194)
Nature	-0.331 (-1.216)	0.163 (0.460)	-1.111** (-2.000)		

续表

变量	(1)	(2)	(3)	(4)	(5)
	全样本	首次被收购时市场反应为正	首次被收购时市场反应为负	国有企业	民营企业
	Acquired	Acquired	Acquired	Acquired	Acquired
Constant	-3.699 (-0.540)	-10.238 (-1.107)	0.841 (0.056)	1.591 (0.145)	-2.469 (-0.197)
YEAR FE	YES	YES	YES	YES	YES
INDUSTRY FE	YES	YES	YES	YES	YES
样本量	583	351	224	310	272
Pseudo R^2	0.292	0.333	0.371	0.357	0.391

注：表中括号内为 Z 统计值，所有回归都使用了 White 异方差调整调整得到的稳健性标准误。

表 4-4　应计盈余管理水平与被收购概率［信息披露质量高组（IDQ>2）］

变量	(1)	(2)	(3)	(4)	(5)
	信息质量高组（IDQ>2）	首次被收购时市场反应为正	首次被收购时市场反应为负	国有企业	民营企业
	Acquired	Acquired	Acquired	Acquired	Acquired
AQ	3.433 (1.493)	12.234*** (3.513)	-9.382 (-1.388)	-3.360 (-1.030)	7.991** (2.374)
Serialma	-3.624*** (-7.866)	-4.160*** (-5.876)	-4.875*** (-4.002)	-3.885*** (-5.673)	-4.846*** (-5.456)
LLev	-0.447 (-0.650)	-1.065 (-1.191)	-0.752 (-0.492)	-0.786 (-0.592)	-0.960 (-0.977)
LGrowth	0.901** (2.398)	2.445*** (2.765)	0.783* (1.799)	1.775** (2.255)	0.239 (0.483)
LSize	0.216* (1.780)	0.224 (1.374)	0.371 (1.384)	0.196 (0.958)	0.100 (0.437)
MT	-0.031 (-0.369)	-0.129 (-0.921)	0.042 (0.246)	0.035 (0.242)	0.025 (0.138)

续表

变量	(1)	(2)	(3)	(4)	(5)
	信息质量高组（IDQ > 2）	首次被收购时市场反应为正	首次被收购时市场反应为负	国有企业	民营企业
	Acquired	Acquired	Acquired	Acquired	Acquired
Protect	0.023 (0.324)	0.075 (0.748)	−0.242 (−1.565)	−0.028 (−0.365)	0.203 (1.476)
Top1	−0.451 (−0.467)	−2.048 (−1.355)	1.771 (0.872)	−2.301 (−1.483)	1.041 (0.484)
Wedge	−0.786 (−0.414)	0.688 (0.258)	−5.522 (−1.367)	−1.733 (−0.682)	−3.503 (−0.928)
CEOrepl	−0.327 (−1.173)	−1.036*** (−2.651)	1.178* (1.672)	−0.969** (−2.218)	−0.247 (−0.439)
CEOduality	−0.214 (−0.513)	0.526 (0.747)	−1.021 (−1.297)	−2.112** (−2.185)	−0.224 (−0.386)
Boardsize	−0.178** (−2.216)	−0.215** (−1.965)	−0.244 (−1.592)	−0.203* (−1.659)	−0.148 (−0.900)
Propind	0.213 (0.094)	4.159 (1.182)	−7.973 (−1.561)	0.284 (0.093)	3.955 (0.693)
PC	0.995 (1.044)	0.434 (0.359)	1.328 (0.818)	1.367 (1.119)	2.643 (1.565)
Nature	−0.364 (−1.130)	0.598 (1.412)	−2.086** (−2.555)		
Constant	0.586 (0.064)	6.349 (0.510)	40.319* (1.946)	9.689 (0.916)	−7.526 (−0.410)
YEAR FE	YES	YES	YES	YES	YES
INDUSTRY FE	YES	YES	YES	YES	YES
样本量	471	283	180	275	195
Pseudo R^2	0.288	0.349	0.420	0.384	0.352

注：表中括号内为 Z 统计值，所有回归都使用了 White 异方差调整调整得到的稳健性标准误。

4.4.3 应计盈余管理水平与短期并购绩效

表 4 -5 列示了短期并购绩效对应计盈余管理水平的回归结果，第（1）列、第（2）列和第（3）列分别报告了三个窗口期的短期市场绩效 CAR [-1, +1]、CAR [-2, +2] 和 CAR [-5, +5] 的回归结果，AQ 的估计系数为分别为 0.79、0.117 和 0.255，在 10%、10% 和 1% 水平上显著，说明目标方在上一年的应计盈余管理水平能够显著提升被收购时的短期并购绩效。但这一结论在信息质量高的样本组中并不总是成立，说明信息披露完备的情况下，被收购前的应计盈余管理并不能为企业带来正的财富效应。

表 4 -5 应计盈余管理水平与短期并购绩效

变量	(1)	(2)	(3)	(4)	(5)	(6)
	全样本			信息披露质量高组（IDQ >2）		
	CAR [-1, +1]	CAR [-2, +2]	CAR [-5, +5]	CAR [-1, +1]	CAR [-2, +2]	CAR [-5, +5]
AQ	0.079* (1.679)	0.117* (1.959)	0.255*** (2.998)	0.043 (0.836)	0.056 (0.884)	0.171** (1.986)
Serialma	-0.008 (-0.940)	-0.006 (-0.568)	-0.007 (-0.497)	-0.004 (-0.494)	-0.003 (-0.252)	-0.008 (-0.542)
LLev	-0.015 (-1.038)	-0.004 (-0.227)	0.008 (0.289)	-0.007 (-0.411)	-0.009 (-0.402)	0.003 (0.083)
LGrowth	-0.005 (-1.543)	-0.010* (-1.848)	-0.010* (-1.663)	-0.002 (-0.391)	-0.000 (-0.022)	-0.004 (-0.456)
LSize	-0.003 (-1.240)	-0.007* (-1.891)	-0.010** (-2.249)	-0.006* (-1.812)	-0.009** (-2.131)	-0.014*** (-2.715)
MT	0.001 (0.611)	0.001 (0.446)	0.003 (0.977)	0.001 (0.588)	0.001 (0.199)	0.003 (0.878)
Protect	-0.002* (-1.828)	-0.002 (-1.499)	-0.002 (-1.436)	-0.002 (-1.197)	-0.001 (-0.688)	-0.000 (-0.180)
Top1	-0.001 (-0.066)	-0.012 (-0.492)	-0.014 (-0.455)	-0.008 (-0.374)	-0.022 (-0.815)	-0.024 (-0.685)

续表

变量	(1)	(2)	(3)	(4)	(5)	(6)
	全样本			信息披露质量高组（IDQ >2）		
	CAR [-1, +1]	CAR [-2, +2]	CAR [-5, +5]	CAR [-1, +1]	CAR [-2, +2]	CAR [-5, +5]
Wedge	0.015 (0.364)	0.051 (1.069)	0.029 (0.448)	0.036 (0.798)	0.062 (1.211)	0.028 (0.404)
CEOrepl	-0.001 (-0.240)	-0.007 (-1.055)	-0.005 (-0.604)	-0.000 (-0.071)	-0.005 (-0.681)	-0.006 (-0.563)
CEOduality	-0.012 (-1.612)	-0.016 (-1.514)	-0.016 (-1.017)	-0.018* (-1.914)	-0.025* (-1.901)	-0.029 (-1.580)
Boardsize	-0.001 (-0.823)	0.000 (0.063)	0.004 (1.368)	-0.001 (-0.520)	0.000 (0.037)	0.005 (1.538)
Propind	-0.043 (-1.000)	0.003 (0.046)	0.029 (0.349)	-0.037 (-0.779)	0.002 (0.040)	0.063 (0.677)
PC	0.003 (0.194)	-0.006 (-0.264)	0.002 (0.079)	0.007 (0.361)	-0.004 (-0.162)	0.006 (0.208)
Nature	-0.001 (-0.129)	0.002 (0.293)	0.008 (0.763)	-0.002 (-0.227)	0.002 (0.214)	0.013 (1.175)
Constant	0.304** (2.123)	0.369* (1.955)	0.408** (1.994)	0.313* (1.727)	0.321 (1.414)	0.265 (1.095)
YEAR FE	YES	YES	YES	YES	YES	YES
INDUSTRY FE	YES	YES	YES	YES	YES	YES
样本量	583	583	583	471	471	471
R^2	0.094	0.110	0.124	0.096	0.093	0.114

注：表中括号内为 t 统计值，所有回归都使用了 White 异方差调整得到的稳健性标准误。

4.4.4　应计盈余管理水平与长期并购绩效

表 4-6 列示了长期财务绩效对应计盈余管理水平的回归结果，第（1）列和第（2）列分别报告了两个窗口期的长期财务绩效 ΔROA [-1, +1] 和

ΔROA［-2，+2］的回归结果，AQ 的估计系数为分别为 -0.249 和 -0.210，分别在 1% 和 10% 水平上显著，说明目标方在上一年的应计盈余管理水平会显著降低被收购后的长期财务绩效，可能的原因是尽管目标方能够通过盈余管理粉饰绩效，但这种行为并不具有可持续性，目标方的真实经营状况会在被收购后逐渐暴露出来，这也说明了在并购活动中，从长期来看，目标方为提高被收购概率和短期并购绩效而进行的盈余管理会损害公司价值。第（3）列和第（4）列则报告了在信息质量较高组中的回归结果，发现 AQ 的估计系数分别为 -0.187 和 -0.314，分别在 1% 和 5% 水平上显著，与假设 4.3a 一致。即信息披露完备的情况下，被收购前盈余管理水平越低，被收购后长期绩效越好。

表 4-6　　应计盈余管理水平与长期并购绩效

VARIABLES	全样本		信息披露质量高组（IDQ>2）	
	(1)	(2)	(3)	(4)
	ΔROA ［-1，+1］	ΔROA ［-2，+2］	ΔROA ［-1，+1］	ΔROA ［-2，+2］
AQ	-0.249*** (-2.880)	-0.210* (-1.824)	-0.187* (-1.664)	-0.314** (-2.474)
Serialma	-0.004 (-0.354)	-0.005 (-0.485)	-0.007 (-0.643)	-0.007 (-0.719)
LLev	0.038 (1.314)	0.054** (2.165)	0.005 (0.159)	0.021 (0.748)
LGrowth	-0.004 (-0.808)	-0.000 (-0.056)	-0.001 (-0.134)	-0.012* (-1.722)
LSize	-0.002 (-0.486)	-0.004 (-1.317)	0.003 (0.619)	0.002 (0.526)
MT	-0.000 (-0.053)	-0.001 (-0.764)	0.001 (0.614)	-0.003 (-1.568)
Protect	-0.000 (-0.069)	0.001 (0.667)	-0.001 (-0.668)	0.000 (0.010)
Top1	0.008 (0.387)	0.006 (0.359)	-0.014 (-0.688)	-0.022 (-1.255)

续表

VARIABLES	全样本		信息披露质量高组（IDQ >2）	
	(1)	(2)	(3)	(4)
	ΔROA [-1, +1]	ΔROA [-2, +2]	ΔROA [-1, +1]	ΔROA [-2, +2]
Wedge	-0.012 (-0.293)	-0.010 (-0.280)	-0.020 (-0.555)	0.004 (0.134)
CEOrepl	-0.013 (-1.541)	0.013 * (1.964)	-0.009 (-0.883)	0.014 * (1.759)
CEOduality	0.006 (0.593)	0.017 (1.564)	0.014 (1.318)	0.027 ** (2.439)
Boardsize	-0.001 (-0.380)	-0.000 (-0.290)	-0.004 ** (-2.192)	-0.004 ** (-2.495)
Propind	0.131 * (1.827)	0.077 * (1.937)	0.018 (0.354)	0.060 (1.347)
PC	0.031 (1.322)	0.014 (0.800)	0.019 (0.786)	0.016 (0.901)
Nature	-0.003 (-0.516)	0.003 (0.580)	-0.010 (-1.306)	-0.003 (-0.516)
Constant	-0.020 (-0.109)	-0.040 (-0.283)	0.039 (0.190)	-0.035 (-0.207)
YEAR FE	YES	YES	YES	YES
INDUSTRY FE	YES	YES	YES	YES
样本量	579	520	467	418
R^2	0.129	0.154	0.133	0.248

注：表中括号内为 t 统计值，所有回归都使用了 White 异方差调整调整得到的稳健性标准误。

4.4.5 进一步研究：真实盈余管理水平与被收购概率

本章进一步探究了真实盈余管理水平与被收购概率的关系。在全样本回归中，研究发现企业在被收购前一年的真实盈余管理水平越低，再次被收购的可能性就越高，说明上市公司在并购前一年进行隐蔽性更强的向下真实盈余管理，进而提高再次被并购的可能性。在划分子样本后，研究发现在首次被收购时市场反应为负的子样本中，真实盈余管理水平对再次被收购概率的影响更为显著。此外，本章的研究还发现真实盈余管理水平对再次被收购概率的影响在民营企业中显著为负，可能的原因是民营企业会通过向下真实盈余管理降低企业价值，使得收购方以低价进行收购，即目标方高管与收购方的合谋。在未列示的表格中，本研究也采用短期并购绩效和长期财务绩效指标对真实盈余管理水平进行回归，但未发现真实盈余管理水平与短期并购绩效之间存在显著关系，这也说明了目标方通过隐蔽性更强的真实盈余管理促使企业被收购的行为并未获得市场的充分认识。在公司信息质量较高的分组中也发现了类似的结果(详见表 4 -7 和表 4 -8)。

表 4 -7　　真实盈余管理水平与被收购概率

变量	(1)	(2)	(3)	(4)	(5)
	全样本	首次被收购时市场反应为正	首次被收购时市场反应为负	国有企业	民营企业
	Acquired	Acquired	Acquired	Acquired	Acquired
Aprod	-1.135** (-2.415)	-0.714 (-1.412)	-2.430** (-2.317)	-1.093 (-1.642)	-2.071*** (-2.809)
Serialma	-3.926*** (-9.205)	-3.860*** (-6.893)	-4.526*** (-5.682)	-3.939*** (-5.966)	-5.393*** (-6.915)
LLev	0.240 (0.449)	0.944 (1.428)	-0.491 (-0.484)	-0.595 (-0.609)	1.123 (1.374)
LGrowth	0.383* (1.835)	0.621 (1.535)	0.260 (0.804)	1.259** (2.380)	0.011 (0.041)
LSize	0.217** (2.202)	0.166 (1.282)	0.407** (2.001)	0.244 (1.501)	0.140 (0.880)
MT	-0.019 (-0.277)	-0.020 (-0.200)	-0.108 (-0.829)	-0.044 (-0.367)	0.106 (0.886)
Protcct	0.052 (0.973)	0.094 (1.275)	0.046 (0.382)	0.034 (0.349)	0.130 (1.534)

续表

变量	(1)	(2)	(3)	(4)	(5)
	全样本	首次被收购时市场反应为正	首次被收购时市场反应为负	国有企业	民营企业
	Acquired	Acquired	Acquired	Acquired	Acquired
Top1	-0.340 (-0.395)	-1.191 (-0.911)	-0.260 (-0.174)	-1.695 (-1.323)	2.216 (1.214)
Wedge	0.141 (0.078)	2.794 (1.031)	-4.141 (-1.312)	-0.077 (-0.032)	-0.905 (-0.263)
CEOrepl	-0.195 (-0.794)	-0.491 (-1.507)	0.631 (1.341)	-0.594* (-1.724)	0.066 (0.154)
CEOduality	-0.338 (-0.998)	-0.159 (-0.316)	-0.697 (-1.245)	-0.848 (-1.174)	-0.831* (-1.835)
Boardsize	-0.227*** (-3.319)	-0.228** (-2.492)	-0.314** (-2.505)	-0.233** (-2.064)	-0.296** (-2.558)
Propind	0.593 (0.296)	3.080 (1.073)	-3.907 (-1.152)	1.642 (0.568)	1.406 (0.388)
PC	0.927 (1.093)	0.699 (0.632)	1.441 (1.012)	0.777 (0.645)	3.169** (2.117)
Nature	-0.365 (-1.346)	0.104 (0.306)	-1.160** (-2.074)		
Constant	-2.887 (-0.408)	-7.877 (-0.819)	-0.262 (-0.017)	-0.198 (-0.016)	2.183 (0.188)
YEAR FE	YES	YES	YES	YES	YES
INDUSTRY FE	YES	YES	YES	YES	YES
样本量	583	351	224	310	272
Pseudo R^2	0.293	0.322	0.381	0.362	0.383

注：表中括号内为Z统计值，所有回归都使用了White异方差调整调整得到的稳健性标准误。

表4-8 真实盈余管理水平与被收购概率［信息披露质量高组（IDQ>2）］

变量	(1)	(2)	(3)	(4)	(5)
	信息披露质量高组（IDQ>2）	首次被收购时市场反应为正	首次被收购时市场反应为负	国有企业	民营企业
	Acquired	Acquired	Acquired	Acquired	Acquired
Aprod	-1.215** (-2.327)	-0.872 (-1.592)	-2.670** (-2.070)	-1.102 (-1.591)	-1.970*** (-2.599)
Serialma	-3.609*** (-8.016)	-3.651*** (-6.178)	-4.985*** (-4.127)	-3.811*** (-5.577)	-4.610*** (-6.247)
LLev	-0.265 (-0.403)	0.243 (0.292)	-0.772 (-0.536)	-0.908 (-0.714)	-0.190 (-0.199)
LGrowth	0.843** (2.337)	1.979** (2.451)	0.752* (1.772)	1.929** (2.479)	0.115 (0.226)
LSize	0.178 (1.514)	0.026 (0.169)	0.437 (1.513)	0.183 (0.910)	-0.068 (-0.283)
MT	-0.004 (-0.048)	-0.032 (-0.237)	-0.015 (-0.090)	0.048 (0.332)	0.123 (0.674)
Protect	0.033 (0.426)	0.087 (0.772)	-0.203 (-1.316)	-0.011 (-0.123)	0.189 (1.323)
Top1	-0.305 (-0.312)	-1.670 (-1.157)	1.400 (0.685)	-2.372 (-1.529)	1.608 (0.703)
Wedge	-0.675 (-0.357)	1.114 (0.428)	-5.276 (-1.294)	-1.487 (-0.586)	-2.413 (-0.645)
CEOrepl	-0.280 (-0.985)	-0.893** (-2.378)	1.102* (1.688)	-0.962** (-2.234)	-0.026 (-0.043)
CEOduality	-0.404 (-0.976)	-0.060 (-0.091)	-0.817 (-1.073)	-2.120** (-2.266)	-0.760 (-1.429)
Boardsize	-0.217*** (-2.625)	-0.245** (-2.141)	-0.232 (-1.482)	-0.212* (-1.677)	-0.222 (-1.351)
Propind	0.706 (0.304)	4.544 (1.346)	-7.653 (-1.555)	-0.007 (-0.002)	4.521 (0.862)

续表

变量	(1)	(2)	(3)	(4)	(5)
	信息披露质量高组（IDQ>2）	首次被收购时市场反应为正	首次被收购时市场反应为负	国有企业	民营企业
	Acquired	Acquired	Acquired	Acquired	Acquired
PC	0.820 (0.868)	0.186 (0.158)	0.689 (0.450)	1.159 (0.935)	2.671 (1.426)
Nature	-0.456 (-1.390)	0.288 (0.718)	-1.960** (-2.409)		
Constant	0.578 (0.058)	8.400 (0.598)	30.918 (1.527)	8.226 (0.676)	-0.919 (-0.048)
YEAR FE	YES	YES	YES	YES	YES
INDUSTRY FE	YES	YES	YES	YES	YES
样本量	471	283	180	275	195
Pseudo R^2	0.293	0.325	0.428	0.388	0.350

注：表中括号内为Z统计值，所有回归都使用了White异方差调整调整得到的稳健性标准误。

4.4.6 分析师跟踪的中介效应

现有研究发现上市公司管理层会进行更多的真实盈余管理活动以迎合证券分析师的预测（张玮倩和方军雄，2017），深度跟踪分析师更倾向于跟踪进行向上应计盈余管理（向下真实盈余管理）的公司，深度跟踪分析师有较强的价值发现功能，并且能降低投资者对公司盈余管理程度的不当反应（吴武清等，2017）。与此同时，分析师跟踪对并购重组效率有显著影响，分析师具有价值发现功能（严若森和叶云龙，2017；马慧，2019）。因此，为了检验分析师跟踪在目标方盈余管理与被收购概率关系中的中介效应，本章借鉴温忠麟等（2014）提出的中介效应检验方法，构建递归模型进行检验，使用分析师（团队）跟踪数量作为分析师跟踪的度量变量，数据来源于CSMAR。由表4-9报告的盈余管理（AQ）与分析师跟踪（Analyst）的系数和显著水平来看，分析师跟踪在目标方盈余管理与被收购概率的关系中起到了中介作用。

表4-9 中介效应检验

变量	(1)	(2)	(3)
	Acquired	Analyst	Acquired
AQ	3.619** (2.036)	1.381** (2.238)	2.480 (1.556)
Analyst			0.562*** (3.897)
Serialma	-3.952*** (-9.084)	0.131 (1.145)	-4.164*** (-9.516)
LLev	-0.117 (-0.196)	-0.390** (-2.093)	0.168 (0.286)
LGrowth	0.428* (1.951)	-0.013 (-0.208)	0.437** (2.250)
LSize	0.270*** (2.581)	0.651*** (20.427)	-0.098 (-0.706)
MT	-0.030 (-0.430)	-0.042* (-1.778)	-0.008 (-0.112)
Protect	0.047 (0.903)	-0.020 (-1.576)	0.064 (1.197)
Top1	-0.416 (-0.481)	-0.439* (-1.688)	-0.239 (-0.273)
Wedge	-0.054 (-0.030)	0.382 (0.676)	-0.024 (-0.013)
CEOrepl	-0.273 (-1.106)	-0.203** (-2.420)	-0.145 (-0.581)
CEOduality	-0.258 (-0.758)	0.012 (0.106)	-0.301 (-0.845)
Boardsize	-0.191*** (-2.856)	-0.010 (-0.439)	-0.198*** (-2.966)
Propind	0.196 (0.099)	-0.797 (-1.387)	0.470 (0.233)

续表

变量	(1)	(2)	(3)
	Acquired	Analyst	Acquired
PC	1.054 (1.230)	-0.206 (-0.770)	1.349 (1.537)
Nature	-0.331 (-1.216)	-0.010 (-0.115)	-0.296 (-1.092)
Constant	-3.699 (-0.540)	-10.253*** (-5.736)	1.836 (0.258)
YEAR FE	YES	YES	YES
INDUSTRY FE	YES	YES	YES
样本量	583	583	583
Pseudo R^2/R^2	0.292	0.605	0.313

注：表中第（1）列和第（3）列括号内为 Z 统计值，第（2）列括号内为 t 统计值，所有回归都使用了 White 异方差调整调整得到的稳健性标准误。

4.4.7　稳健性检验

1. 内生性问题

本章采用市级政府官员变更作为工具变量进行赫克曼两阶段模型检验，以解决因遗漏变量偏差而导致的内生性问题。一方面，研究发现政策不确定性与并购公告数量负相关、与并购市场反应及并购后财务绩效正相关（Duchin and Schmidt，2013；Bonaime et al.，2018）。官员变更是经济政策不确定性来源中具有最直接和最强烈影响的重要因素（杨海生等，2014），并购重组作为企业战略性投资行为，会对企业所在地的经济发展产生重要影响，因此地方政府和官员有动机干预企业的并购行为（余鹏翼等，2020）。另一方面，已有文献研究了官员更替对企业信息披露和盈余管理行为的影响（Piotroski et al.，2014；李井林等，2013；金智，2013）。陈文磊（2018）考察了官员更替这一外部治理因素对企业盈余管理的影响，发现在变更当年，企业的真实盈余管理活动增多，应计盈余管理活动减少，这是出于企业与新任官员建立联系以获得寻租便利的动机，盈余管理通过影响企业绩效，进而影响地方经济指标，良好的绩效表现能够使企业获得新任政府的青睐。基于上述原因，本研究采用市级政府官员变更（Turnover），作为目标方特征（盈余管理、政治关联）的工具变量，使用赫克曼两阶段模型对检验目标方盈余管理与被收购概率的关系进行了修正。表 4 – 10 报告的是经过修正后的目标方盈余管理与被收购概率的关系，在加入逆米尔斯比率（IMR）之后，检验结果与前文相似，说明在考虑因遗漏变量而导致内生性问题后，前文结论中目标方盈余管理与再次被收购概率显著正相关的关系依然成立。

表 4 – 10　　　　赫克曼两阶段回归结果

变量	(1)	(2)
	AQ_Dummy	Acquired
Turnover	0. 109 (0. 813)	
AQ_Dummy		0. 659 ** (2. 484)
IMR		3. 175 ** (2. 344)
Serialma	0. 210 (1. 010)	–3. 581 *** (–7. 975)
LLev	1. 296 *** (4. 030)	2. 352 ** (2. 295)
LGrowth	–0. 019 (–0. 202)	0. 422 * (1. 791)
LSize	–0. 281 *** (–4. 781)	–0. 299 (–1. 113)
MT	0. 061 (1. 531)	0. 093 (1. 028)
Protect	–0. 002 (–0. 067)	0. 032 (0. 607)
Top1	0. 530 (1. 140)	0. 732 (0. 688)
Wedge	0. 601 (0. 679)	1. 494 (0. 808)

续表

变量	(1)	(2)
	AQ_Dummy	Acquired
CEOrepl	0.454*** (3.257)	0.609 (1.303)
CEOduality	-0.241 (-1.269)	-0.751* (-1.857)
Boardsize	-0.071* (-1.803)	-0.365*** (-3.878)
Propind	1.865* (1.738)	3.847 (1.507)
PC	0.531 (1.317)	2.160** (2.145)
Nature	-0.243* (-1.671)	-0.816** (-2.300)
Constant	4.378 (1.224)	4.561 (0.603)
YEAR FE	YES	YES
INDUSTRY FE	YES	YES
样本量	568	568
Pseudo R^2	0.159	0.294

注：表中括号内为 Z 统计值，所有回归都使用了 White 异方差调整调整得到的稳健性标准误。

2. 其他问题

本章采用 EBIT 和 EBITDA 在并购前后一年及并购前后两年的变化来衡量长期绩效水平（如表 4-11 和表 4-12 所示），发现企业被收购前一年的应计盈余管理水平越高，其被收购的长期绩效越差，该结果也说明在更换了长期并购绩效的衡量指标后，本章的研究结论仍然成立，即具有一定稳健性。

表 4 - 11　应计盈余管理水平与长期并购绩效（更换衡量指标：EBIT）

变量	全样本		信息披露质量高组（IDQ > 2）	
	(1)	(2)	(3)	(4)
	ΔEBIT [-1, +1]	ΔEBIT [-2, +2]	ΔEBIT [-1, +1]	ΔEBIT [-2, +2]
AQ	-0.253*** (-2.870)	-0.216* (-1.884)	-0.181 (-1.559)	-0.306** (-2.366)
Serialma	-0.009 (-0.782)	-0.008 (-0.834)	-0.012 (-1.161)	-0.011 (-1.196)
LLev	0.024 (0.973)	0.047** (2.138)	-0.011 (-0.406)	0.013 (0.521)
LGrowth	-0.004 (-0.859)	0.001 (0.253)	-0.001 (-0.163)	-0.009 (-1.503)
LSize	0.000 (0.052)	-0.003 (-0.971)	0.005 (1.105)	0.003 (0.828)
MT	0.000 (0.173)	-0.000 (-0.105)	0.002 (0.848)	-0.002 (-1.042)
Protect	-0.000 (-0.076)	0.000 (0.279)	-0.001 (-0.492)	0.000 (0.096)
Top1	0.005 (0.225)	-0.003 (-0.156)	-0.011 (-0.507)	-0.029 (-1.577)
Wedge	-0.013 (-0.306)	-0.010 (-0.260)	-0.021 (-0.517)	0.003 (0.085)
CEOrepl	-0.016* (-1.893)	0.011* (1.714)	-0.012 (-1.271)	0.011 (1.487)
CEOduality	0.002 (0.227)	0.011 (1.011)	0.012 (1.161)	0.022** (1.995)
Boardsize	-0.000 (-0.062)	-0.000 (-0.101)	-0.003 (-1.513)	-0.003** (-1.982)
Propind	0.110 (1.578)	0.056 (1.404)	-0.001 (-0.026)	0.040 (0.868)

续表

变量	全样本		信息披露质量高组（IDQ>2）	
	(1)	(2)	(3)	(4)
	ΔEBIT [-1，+1]	ΔEBIT [-2，+2]	ΔEBIT [-1，+1]	ΔEBIT [-2，+2]
PC	0.032 (1.432)	0.014 (0.797)	0.021 (0.975)	0.017 (0.960)
Nature	-0.006 (-0.926)	0.001 (0.216)	-0.012 (-1.519)	-0.004 (-0.685)
Constant	-0.049 (-0.272)	-0.008 (-0.056)	-0.027 (-0.132)	-0.057 (-0.338)
YEAR FE	YES	YES	YES	YES
INDUSTRY FE	YES	YES	YES	YES
样本量	579	520	467	418
R^2	0.137	0.139	0.140	0.228

注：表中括号内为t统计值，所有回归都使用了White异方差调整调整得到的稳健性标准误。

表4-12　应计盈余管理水平与长期并购绩效（更换衡量指标：EBITDA）

变量	全样本		信息披露质量高组（IDQ>2）	
	(1)	(2)	(3)	(4)
	ΔEBITDA [-1，+1]	ΔEBITDA [-2，+2]	ΔEBITDA [-1，+1]	ΔEBITDA [-2，+2]
AQ	-0.249*** (-2.893)	-0.352*** (-3.310)	-0.182 (-1.603)	-0.311** (-2.474)
Serialma	-0.009 (-0.842)	-0.008 (-0.903)	-0.012 (-1.210)	-0.011 (-1.157)
LLev	0.013 (0.574)	0.023 (1.147)	-0.024 (-1.034)	-0.004 (-0.181)
LGrowth	-0.002 (-0.366)	-0.008* (-1.951)	0.001 (0.129)	-0.009 (-1.431)

续表

变量	全样本		信息披露质量高组（IDQ>2）	
	(1)	(2)	(3)	(4)
	ΔEBITDA [-1, +1]	ΔEBITDA [-2, +2]	ΔEBITDA [-1, +1]	ΔEBITDA [-2, +2]
LSize	0.002 (0.610)	0.001 (0.319)	0.008* (1.839)	0.006 (1.619)
MT	0.001 (0.354)	-0.001 (-0.748)	0.002 (0.963)	-0.001 (-0.684)
Protect	0.000 (0.077)	0.000 (0.248)	-0.000 (-0.134)	0.001 (1.030)
Top1	-0.006 (-0.295)	-0.014 (-0.776)	-0.021 (-1.005)	-0.036* (-1.786)
Wedge	-0.014 (-0.332)	-0.018 (-0.427)	-0.026 (-0.641)	-0.024 (-0.604)
CEOrepl	-0.017** (-2.117)	0.005 (0.669)	-0.013 (-1.514)	0.006 (0.905)
CEOduality	-0.000 (-0.043)	0.004 (0.416)	0.009 (0.844)	0.013 (1.187)
Boardsize	-0.000 (-0.286)	-0.000 (-0.259)	-0.003* (-1.745)	-0.003 (-1.559)
Propind	0.086 (1.288)	0.095* (1.667)	-0.024 (-0.452)	0.039 (0.735)
PC	0.029 (1.263)	0.007 (0.361)	0.020 (0.964)	0.010 (0.524)
Nature	-0.007 (-1.053)	-0.002 (-0.387)	-0.014* (-1.724)	-0.008 (-1.024)
Constant	-0.093 (-0.542)	-0.068 (-0.488)	-0.124 (-0.649)	-0.265 (-1.471)
YEAR FE	YES	YES	YES	YES
INDUSTRY FE	YES	YES	YES	YES
样本量	579	520	467	418
R^2	0.144	0.205	0.160	0.239

注：表中括号内为t统计值，所有回归都使用了White异方差调整调整得到的稳健性标准误。

4.5 研究结论与政策建议

本章从信息披露的视角，为盈余管理如何影响企业再次被收购概率提供了经验证据。在并购市场中，在信息披露完备的情况下，民营企业、首次被收购时市场反应为正的企业，盈余管理能显著提升再次被收购的概率。进一步研究发现，目标方在收购前一年应计盈余管理程度越高，在被收购时取得的短期市场反应越好，但长期财务绩效越差。同时，研究发现上述影响在信息披露质量较高的分组中较为明显，分析师跟踪是目标方盈余管理影响其再次被收购概率的作用机制，被分析师跟踪的上市公司会选择更为隐蔽的真实盈余管理方式，但并未发现被收购前一年目标方的真实盈余程度与短期并购绩效之间存在显著关系，这说明真实盈余管理的高隐蔽性导致市场未能觉察并做出反应。

本章的研究贡献在于：理论上，本章的研究结论为揭示目标方特征影响被收购概率的作用机制“黑箱”提供了一个独特的分析视角，通过对不同的信息披露质量和产权安排的区分，研究盈余管理是否会提高上市公司被再次收购的概率，同时对比研究了应计盈余管理和真实盈余管理的影响差异，研究结果从盈余管理的角度进一步丰富了目标公司特征的研究以及盈余管理与并购的关系研究；实践上，基于我国的制度背景，研究结果表明隐蔽性更强的真实盈余管理有可能造成市场价值发现功能紊乱，降低并购重组市场交易效率，损害中小投资者利益，为并购重组信息披露监管政策的进一步完善提供了可靠的经验证据。

第 5 章

案例研究

5.1 新媒体信息披露及监督影响并购重组的机制研究——以利欧股份为例*

5.1.1 引言

1. 研究背景

近年来，我国企业并购行为日益活跃。通常来说，并购在短期内能给主并方带来显著的超常收益（朱滔，2006），有利于公司结构转型、升级产业、整合资源、实现双方的优势互补，因此，不少主营业务陷入瓶颈的传统行业上市公司纷纷选择跨界并购，希望谋求业务转型。2015 年前后，政府和监管机构出台政策，鼓励上市公司开展市值管理和并购，提振股票市场。不少上市公司高溢价并购非上市公司，特别是新兴行业、高成长阶段的轻资产公司，积累了数十亿元的商誉。2019 年春节前夕，120 多家上市公司预计 2018 年亏损超过 1 亿元，近 60 家上市公司预亏超过 10 亿元，8 家公司预亏超过 30 亿元。更有甚者，预亏的金额超过了其股票市值。例如，天神娱乐（股票代码：002354）市值 44 亿元，预亏 78 亿元；华映科技（股票代码：000536）市值 50 亿元，预亏 55 亿元；华业资本（股票代码：600240）市值 32 亿元，预亏 50 亿元……

这一现象的直接原因是巨额商誉减值的计提。根据我国企业会计准则规

---

* 作为广州市哲学社科规划 2020 年课题（课题编号：2020GZYB44）的前期研究基础，部分数据用于本人学生曾旻的硕士论文。

定，商誉是收购对价与被并购企业净资产价值之间的差额，如果被并购公司经营业绩不佳，按现行会计稳健原则，商誉资产需要一次性计提坏账。虽然上市公司为了避免高溢价并购的风险，会与被并购方签订三四年的业绩承诺期，不少被并购方虽在业绩承诺期内勉强完成业绩承诺，但业绩承诺到期后就出现业绩崩塌等问题。这些上市公司本身市值规模不大，一次性计提数十亿元的商誉资产坏账，为公司带来了巨大亏损，严重损害股东利益，不利于资本市场的良性发展。

这一现象背后的深层原因在于上市公司为追逐短期利益进行盲目的跨界并购，尤其是追逐风口题材，如影视、游戏等。并购方在并购前未详细规划并购后如何实现与目标方的整合，目标方做出高额业绩承诺，并购方溢价收购，看似向市场传递重大利好消息，上市公司股价得以提振，实则等业绩承诺期一过，并购方又筹划下一次天价跨界收购。这种短期超额收益不过是纸面富贵。没有协同效应支撑的并购，从长期来看并不能给投资者创造价值，反而导致连续并购越发频繁。

商誉资产减值计提爆雷现象引发了人们反思，财政部会计准则委员会在《企业会计准则动态》中提到，大部分咨询委员同意“随着企业合并利益的消耗，将外购商誉的账面价值减记至零”这一商誉的后续会计处理方法。但解决商誉资产减值计提爆雷问题，只从会计准则角度还不够。因为已经发生的并购产生的商誉对企业来说属于沉没成本；巨额商誉的产生源于目标方的高估值，而商誉减值源于被并购的企业经营业绩不佳。因此，降低商誉风险的核心是避免并购高估值和提高并购后的整合成功率，这需要监管层在并购前严加把关。

不论是并购中的投资者保护还是监管层治理，都离不开上市公司的信息披露，而信息披露需要借助媒体才能实现。媒体报道对提高上市公司的信息披露水平做出了不可小觑的贡献：一方面，媒体扮演了信息中介的角色，媒体收集、整理信息，将信息传播给更多的受众，有利于降低信息需求搜索成本，提高市场的信息水平（Peress，2014）。另一方面，媒体关注具有监督作用，能够通过“声誉机制”强化外部监督机构和外部投资者对公司的监督力度。媒体报道能对企业相关利益方的行为进行监督和约束，提高公司治理水平（Liu and McConnell，2013）。媒体对不公平行径、内幕交易、腐败等行为进行曝光和揭露，能影响上市公司的股价，促进监管层的介入，因而成为一种不可忽视的外部治理手段，有利于促进资本的有效配置和资本市场的健康有序发展。

过去 20 年，媒体形态经历了不同阶段的发展。1995 ~ 2005 年，人们主要通过传统媒体（电视、电台、报纸、杂志）获取信息；2005 ~ 2015 年，网络媒体从传统媒体附属品向独立的网站发展、从单打独斗转向联合发展，媒体网站完成多层级发展布局；2016年后，传统媒体急转直下、报纸杂志收入腰斩甚至停刊、个人电脑（PC）和手机软件（APP）的流量和广告收入增速也开始减缓，各类自媒体（个人自媒体、政府机构、企业及其他组织的自媒体）开始兴起，美国新闻学会媒体中心将“自媒体（We Media）”定义为：“互联网技术的不断进步，让普通大众得以接触全球知识体系，在记录、分享个人生活的同时参与新闻传播的途径。”目前微博、微信等是国内比较主流的自媒体。垂直化成为媒体发展的重要方向：垂直化可以是某个领域的内容的深度专业化，也可以是传播手段的专一化，垂直化媒体更容易聚集高忠诚度用户形成社群，例如与投资相关的垂直化较强的自媒体平台则有：雪球、网易财经等。2018年多个引起舆论关注的爆款新闻：长生生物、权健、范冰冰“阴阳合同”等均出自自媒体，这似乎预示着网络时代自媒体的影响力越发重要，逐渐开始担任舆论监督的角色。

在2019年商誉过高业绩爆雷的名单中，利欧股份（股票代码：002131）榜上有名。2018年9月，主营泵业的利欧股份拟以23亿元的天价收购微信自媒体苏州梦嘉传媒有限公司（以下简称“苏州梦嘉”）。本章选择对该案例进行研究，是因为该起跨界并购案在公告之初备受争议、被外界认为属于交易价格明显高估的“天价”收购。利欧股份曾多次发起跨界并购，但并购后不注重业务整合，业绩陆续出现问题；媒体在该过程中通过直接路径和间接路径对并购决策产生影响，短短一个月内，利欧股份宣布终止并购。媒体报道在该并购案中发挥了有效的监督作用，能为监管部门打击盲目跨界并购、高溢价并购等不合理并购提供有力支持，保护投资者利益。

2. 研究意义

作为公司内部治理的补充，媒体的外部治理机制近年来逐渐成为学者们关注的重点。在已有的研究中，学者们发现媒体监督的动机有追求“轰动效应”，媒体报道的负外部性；媒体通过传播信息、声誉机制、行政介入机制和市场压力机制对并购产生影响；媒体报道后公司信息披露质量有所提升，有助于公司放弃那些不被看好的并购计划。尽管媒体监督的重要性受到越来越多的关注，但鲜有文献（且多为实证论文）研究媒体监督如何通过改善公司信息透明度进而对并购产生影响，针对特定案例的深入研究较少。另外，多数文献主要从公司自身的官方公众号出发，研究自媒体对信息披露的影响，但对于外部自媒体报道如何影响信息传播和并购，现有文献依然存在空白。本章以利欧股份为例，分析了媒体如何通过联合其他机制对并购方的信息披露质量产生影响，进而终止这一不合理的并购。本章还进一步分析了自媒体在该并购中的影响力，具有一定的理论意义。

目前，我国仍处于市场经济发展的初级阶段。投资者想要获得企业披露的直接信息只能依靠企业资源披露和政府强制要求披露。媒体报道能为投资者提供一个独立有效的信息来源，缓解信息不对称问题，尤其借助互联网的力量，投资者能更方便快捷地获取相关信息。近年来，盲目跨界并购成为监管层遏制和打击的重点，媒体的监督作用能在司法保护不足的情况下形成重要的信息和监督补充。随着 web2.0 时代的到来，自媒体、互联网术语（UGC）、公民新闻和社会化媒体的概念也应运而生。自媒体监督将成为未来媒体监督的重要方向。因此，本章的研究具有一定的现实意义。

在利欧股份收购案中，由于标的本身是自媒体公司，因此更能获得媒体同行的关注，且媒体从业者了解媒体的运作模式和盈利方式，更有利于监督的进行。另外，利欧股份作为上市公司，其公开信息和新闻资料较易于获得，便于案例的整理，能为并购的研究、完善媒体的外部监督理论提供一定的经验和启示。

5.1.2 文献综述

1. 信息披露质量的内部影响因素

信息披露质量的内部影响因素主要有股权结构、董事会特征和管理层。股权集中度、机构投资者持股比例主要通过影响股权结构影响信息披露质量，已有研究认为股权集中度越高，信息披露质量越差；机构投资者持股比例越高，信息披露质量越好（Wong，2002；刘家松，2014）。董事会规模（Jensen，1993；刘立国，2003）、独立董事比例（Eng and Mark，2003；张洁梅，2013）主要通过影响董事会结构影响信息披露质量，研究认为董事会规模和独立董事比例与信息披露质量正相关。另外，监事会也能提升信息披露质量（Dahya and Jason，2003；张振新等，2011）。管理层持股（Gelb，2000）和管理层薪酬（陈冬和唐建新，2012）也能对信息披露质量产生影响，管理层持股数量与信息披露质量正相关，管理层薪酬与信息披露质量没有必然联系。

2. 信息披露质量的外部影响因素

信息披露的外部影响因素主要有市场因素和行政因素。上市公司所在地区市场化程度（彭钰等，2014）、产品竞争情况（Botosan and Stanford，2005；王雄元和刘焱，2008）、中介组织发育程度（Begona，1997）等构成了信息披露的市场因素。地区市场化程度越高、产品市场竞争越激烈，中介组织发展越完善，信息披露质量越高。法律法规、政府监督等构成上市公司的行政因素。不同的法律体系造就了不同的信息披露行为（Doupnik and Salter，1995），普通法律体系的国家的信息披露得分值与大陆法律体系的国家相比更高（Jaggi and Low，2000），上市公司的信息披露离不开政府监管（方军雄和向晓曦，2009）。

3. 媒体监督与信息披露质量

上市公司和投资者之间存在信息的不对称性，作为信息中介，媒体报道能大大缓解信息不对称问题，使利益相关者及时了解企业发展动态（陈共荣和曾熙文，2013），将上市公司信息披露内容进行再披露（周新军，2002），从而扩大受众广度，提高信息可信度，使处于信息劣势的投资者的知情权得到维护（张烨，2009）。企业获得的媒体关注越多，信息披露质量越高（Haw et al.，2004；徐蓉等，2017），能够获得更多的超额收益（Fang and Peress，2009），其原因在于企业改善的信息更具信息含量，从而提高了企业的信息披露质量，降低了交易的财务风险。媒体曝光率的提高使信息不对称程度有所降低，从而影响上市公司信息环境（Bushee et al.，2010；Engelberg and Parsons，2011）。

此外，以牟取私利为目标的管理者可能迫于公众的压力和维护自身声誉的目的而放弃谋利机会。媒体关注能够显著抑制上市公司盈余操纵行为，提高企业信息披露质量（权小锋和吴世农，2012；邓俊等，2012）。上市公司被媒体报道的次数与业绩预告披露的质量显著正相关，且随着媒体曝光率的增多，企业业绩预告的准确性、精确性和及时性均得到明显提高（杨世鉴，2013）。自媒体的蓬勃发展能够从根本上监督信息的真实性（王玉珠，2013），因为一旦上市公司信息披露不合规，将遭受更大的损失。

信息透明度是衡量信息披露质量的一个重要指标。媒体报道，尤其是负面新闻有助于提高公司信息透明度（李明等，2014），使市场参与者有效预估企业运作可能面临的风险（贺建刚和魏明海，2012），降低了两类委托代理成本，缓解了代理人与被代理人之间的利益冲突（陈红等，2014）。

4. 媒体关注与会计信息质量

媒体通过提前曝光那些更具市场价值企业的会计信息欺诈行为，发挥了独立监管者的作用（Miller，2006），媒体对企业违规行为的曝光能够促使企业采取纠正措施，以挽回声誉（Dyck et al.，2010）。媒体监督能有效促进政府会计信息披露（刘子怡等，2015）。媒体负面报道能揭露和遏制财务重述行为（戴亦一等，2011），抑制盈余管理行为、提高信息披露质量，减少会计误定价现象（权小锋和吴世农，2012）。但也有学者发现媒体负面报道越多，企业会计信息透明度越差（李晓慧，2015）。

5. 媒体监督与并购相关研究

媒体报道有助于公司放弃那些不被看好的并购计划（Liu and McConnell，2013；黄俊等，2013）。对于价值有损型并购，媒体报道数量越多，公司管理层放弃执行并购的概率越大，且这一影响主要通过负面新闻报道产生（黄俊等，2013；陈泽艺等，2017）。当管理层宣告放弃执行价值有损型并购时，公司存在正的累计超额收益，由此进一步验证了新闻媒体对公司并购决策的监督作用。

6. 文献评述

通过对上述相关文献的梳理可以看出，人们对负面信息的敏感度较高，媒体基于其追求"轰动效应"的特性和媒体报道负外部性的趋势，有争先挖掘报道公司负面信息的动机，有利于媒体在追求传播度、关注度和盈利的同时行使外部监督职能。信息披露质量受内外部因素的影响，媒体主要通过传播信息、声誉、行政介入以及市场压力机制的方式提高上市公司的信息披露质量，进而对并购产生影响。大多数学者认为媒体通过信息传播发挥了积极的监督作用。尽管媒体监督的重要性受到越来越多的关注，但仅有很少的文献（且多为实证论文）研究媒体监督如何通过提高公司信息披露质量进而对并购产生影响，针对特定案例的深入研究较少。另外，多数文献主要从公司自身的官方公众号出发，研究自媒体对信息披露的影响，但对于外部自媒体报道如何影响信息传播和并购，现有文献依然存在空白。本章将以利欧股份为例，分析媒体如何通过联合其他机制对并购方的信息披露质量产生影响，进而终止这一不合理的并购，且将进一步分析自媒体在该并购中的影响力。

5.1.3　案例介绍

1. 并购双方简介

利欧股份起家于泵业领域，主要从事泵、园林机械、清洗和植保机械的研发、制造和销售。2014 年以来，利欧股份通过并购重组，先后收购了上海漫酷、上海氩氪、琥珀传播、万圣伟业、微创时代、智趣广告等公司，跨界整合了多家数字营销领域的公司。

苏州梦嘉是一家主营微信自媒体的内容营销公司，以微信公众号、微博等互联网主流平台为主要阵地，拥有自营媒体账号 4 000 多个，同时精耕生活、时尚、母婴、文学、搞笑、歌舞等领域，已积累约 2.8 亿名（不去重）订阅用户，每年为快消、服装、化妆品、3C、食品、家居、保健品、金融、小说、在线娱乐等行业约 2 500 名客户提供基于社交自媒体平台的精准营销服务。

2. 并购概况

2018 年 7 月 13 日，苏州梦嘉与其股东宁波妍熙股权投资合伙企业、宁波熙灿股权投资合伙企业、张地雨签署了《股权收购意向书》，拟收购宁波妍熙、宁波熙灿、张地雨所持标的公司 75% 股权。

2018 年 9 月 11 日，苏州梦嘉与宁波妍熙、宁波熙灿、张地雨签署了《苏州梦嘉传媒有限公司股权转让框架协议》，拟以现金收购宁波妍熙、宁波熙灿、张地雨所持标的公司 75% 股权。其中，宁波妍熙向公司转让其持有的标的公司 35% 的股权，宁波熙灿向公司转让其持有的标的公司 17% 的股权，张地雨向公司转让其持有的标的公司 23% 的股权。标的公司的整体估值预计为其 2018 年承诺净利润（经审计归属于母公司净利润，以扣非前后孰低为准）的 12 倍，最终以评估结果为准，即：整体预估值 31. 20 亿元（2. 60 × 12）；本次交易（收购股权比例为 75%）对应的交易金额为 23. 40 亿元。

转让方做出了如下业绩承诺：苏州梦嘉于 2018、2019、2020 会计年度实现的年度审核税后净利润应分别不少于人民币 2. 6 亿元、3. 6 亿元、4. 5 亿元，三年净利润合计不低于 10. 7 亿元，最终数据将参照《资产评估报告》关于标的公司 2018 ~ 2020 年的预测净利润值确定。

若本次股权转让顺利完成，苏州梦嘉股东结构如图 5 – 1 所示。

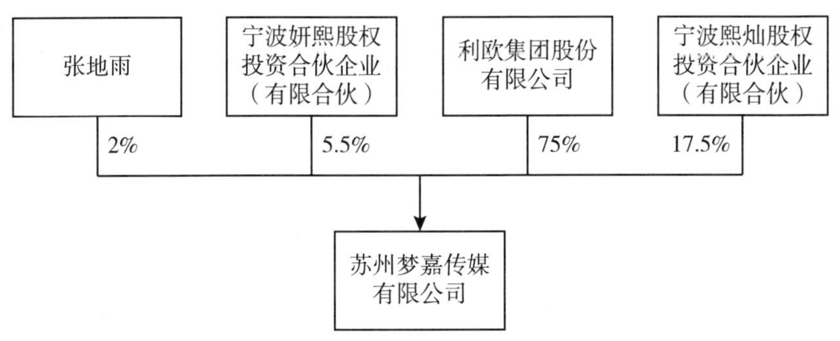

图 5 – 1　转让完成后苏州梦嘉股权结构

资料来源：利欧股份公告。

2018 年 9 月 12 日晚，深交所下发关注函，要求利欧股份披露苏州梦嘉所拥有的公众号、生产方式、编辑数量和客户等情况。9 月 13 日晚，深交所再次下发问询函，要求公司详细披露苏州梦嘉“2. 8 亿名订阅用户”的数据来源、统计口径与方式，是否存在重复计算的情况，活跃订阅用户数量及历年增长趋势；要求利欧股份补充披露苏州梦嘉近三年的主要财务指标情况，并详细说明本次交易的定价依据与合理性。另外，深交所还关注了商誉问题，要求公司补充披露如本次收购完成，上市公司合并报表层面新增确认商誉的情况，并结合标的资产质量说明商誉是否存在计提减值的风险及公司拟采取的应对措施。利欧股份于 9 月 19 日发布了延期回复关注函的公告。9 月 28 日，利欧股份回复了深交所的关注函。9 月 17 日，浙江证监局下发问询函，主要关注苏州梦嘉股东张地雨与上市公司是否存在关联关系、万圣伟业和苏州梦嘉是否存在业务往来或资金往来，以及利欧股份此次收购的资金来源等。9 月 18 日，中证中小投资者服务中心也提出相关质疑。利欧股份对此作出了及时回复。9 月 21 日，利欧股份就"收购微信自媒体营销公司苏州梦嘉 75% 股权"回复浙江证监局称，苏州梦嘉股东张地雨，曾在 2014 年 7 月至 2014 年 11 月期间担任过万圣伟业（利欧股份子公司）的法人代表；万圣伟业与苏州梦嘉的业务往来，是两家公司基于市场化原则主动合作的结果，具有合理性和必要性。

鉴于当时证券市场的巨大波动，协议各方对标的公司估值存在较大差异，经友好协商，协议各方决定终止该收购项目，并于 2018 年 10 月 12 日签署了《苏州梦嘉传媒有限公司股权转让框架协议之解除协议》。

3. 并购动因

（1）传统制造业没落。

利欧股份于 2007 年 4 月登陆深交所中小板，至 2013 年，公司主营业务为工业泵的设计、生产和销售，属专用设备制造业。

2007 ~ 2010 年，利欧股份收入、利润呈现双增长趋势，2010 年净利润达到了 9 600 万元。2011 年起，利欧股份收入继续增长，从 2010 年的 11.95 亿元增长到 2013 年的 18.41 亿元；但净利润持续下滑，从 2010 年的 9 600 万元降至 2013 年的 3 300 万元。

2014 年，利欧股份开始了转型之路，三年收购 6 家公司，利欧股份步入双主业时代——"数字营销业 + 机械制造业"。利欧股份并购历程如图 5 - 2 所示。

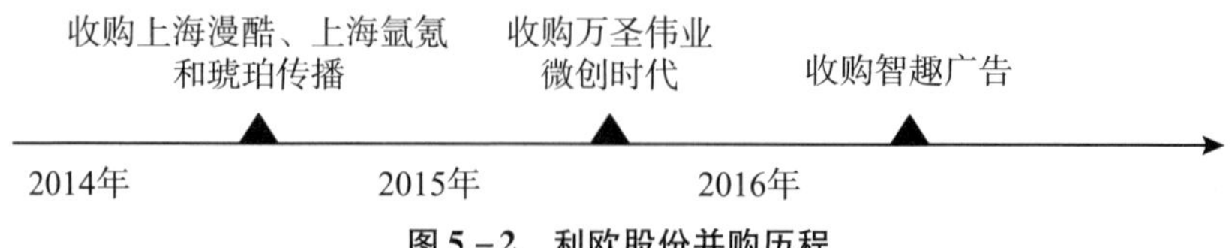

图 5 - 2　利欧股份并购历程

资料来源：利欧股份公告。

（2）转型之路受阻。

一系列连续外延并购为利欧股份带来了显著的业绩增效。由图5－3可见，2014～2017年利欧股份的营业收入从28.74亿元增长到105.73亿元，净利润却从2016年达到巅峰的5.2亿元之后，开始了大幅下跌，2017年营业收入同比增长45.05%，但净利润只有3.06亿元，同比下滑41.15%。

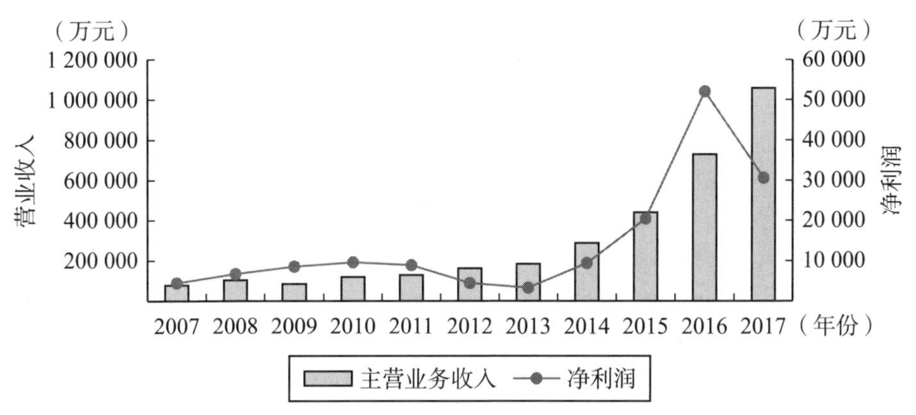

图5－3　利欧股份2007～2017年业绩

资料来源：利欧股份财报。

表5－1　利欧股份营业收入构成

	2016年		2017年		
	金额（元）	占营业收入比重（%）	金额（元）	占营业收入比重（%）	同比增减（%）
营业收入合计	7 288 538 386.03	100	10 572 630 725.94	100	45.06
其中：制造业	1 960 735 023.91	26.90	2 150 561 585.89	20.34	9.68
互联网业	5 290 921 895.87	72.59	8 376 301 772.61	79.23	58.31
其他业务	36 881 466.25	0.51	45 767 367.44	0.43	24.09

资料来源：利欧股份财报。

表5－2　利欧股份营业收入、营业成本、毛利率情况

行业	2017年			比2016年同期增减比例（%）		
	营业收入（元）	营业成本（元）	毛利率（%）	营业收入	营业成本	毛利率
制造业	2 150 561 585.89	1 619 105 583.61	24.70	9.68	20.21	－6.59
互联网业	8 376 301 772.61	7 280 553 456.35	13.08	58.31	66.72	－4.38

资料来源：利欧股份财报。

转型数字营销业务之后的利欧股份，互联网业占营业收入合计的比重越来越高，由表5－1可见，2017年互联网业占营业收入合计的比重达79.23%，制造业仅占20.34%。但制造业和互联网业的毛利率持续下跌。由表5－2可见，在制造业板块中，由于原材料价格上涨等原因，导致了产品毛利率下降，制造业的毛利率从2016年的31.29%下降到2017年的24.70%；数字营销板块智趣广告未完成业绩承诺，且有两家子公司合计出现了4 000万元的坏账计提，导致互联网业的毛利率水平从2016年的17.46%下降到2017年的13.08%。

在此情况下，利欧股份将目光投向了风口上的自媒体，对于投资者对高估值的疑惑，利欧股份董秘张旭波称这些公众号内容接地气、小而美，有利于变现。随着微信公众号、微信小程序等诸多基于微信流量端的应用持续推出，微信在数字营销产业链中的平台作用将更加突出。利欧股份近年来致力于打造全方位精准数字营销服务体系，聚合与微信营销业务相关的产业资源是利欧股份实现数字营销业务转型战略至关重要的一环。

5.1.4 案例分析

1. 利欧股份存在的问题

在2014～2016年，利欧股份完成多个营销行业标的资产的收购。其中部分标的在收购完成后出现会计核算不规范、无法实现业绩承诺等情况，说明利欧股份收购后的整合能力较弱。在支付安排上，利欧股份主要依靠自有资金作为支付对价的资金来源，然而，其近年来经营活动和投资活动的现金流均为负值，应收账款、短期借款占总资产比重高，可见利欧股份选择现金支付23.4亿元将为企业带来巨大负担。

（1）历史并购公司业绩承诺不达标、商誉减值风险高。

2014年，利欧股份收购了上海漫酷、上海氩氪和琥珀传播，三家公司主营数字营销服务和数字媒介代理服务。由表5－3可见，三家公司在2014～2016年的业绩承诺期内，都勉强实现了业绩承诺。但承诺期一过，上海氩氪2018年上半年利润只有2017年上半年的43.67%，琥珀传播2018年上半年利润只有2017年上半年的41.3%。

表 5 - 3　**利欧股份并购公司业绩承诺情况**　单位：万元

年份	上海漫酷		上海氩氪		琥珀传播	
	承诺数	实际数	承诺数	实际数	承诺数	实际数
2014 年	4 700. 00	4 975. 07	1 801. 96	1 874. 75	1 501. 47	1 568. 14
2015 年	6 000. 00	6 373. 14	2 378. 75	2 628. 24	1 950. 13	2 137. 23
2016 年	7 300. 00	7 324. 01	3 004. 98	3 065. 11	2 550. 02	2 536. 79
小计	18 000. 00	18 672. 22	7 185. 69	7 568. 10	6 001. 62	6 242. 16
2017 年		6 639. 61		3 245. 10		1 275. 96
2018 年上半年		3 038. 74		809. 98		169. 80

资料来源：利欧股份财报。

2015 年，利欧股份收购了万圣伟业、微创时代，两家公司分别主营流量整合业务、精准营销业务。由表 5 - 4 可见，万圣伟业虽然完成了三年累计的承诺业绩，但 2018 年上半年净利润同比负增长 13. 86%。微创时代没能完成当初的三年业绩承诺，2018 年上半年实现的净利润同比 2017 年上半年又下降 15. 68%。

2016 年利欧股份收购了游戏行业数字营销服务的智趣广告，两年业绩承诺期都不达标。

表 5 - 4　**利欧股份并购公司业绩承诺情况**　单位：万元

年份	万圣伟业		微创时代	
	承诺数	实际数	承诺数	实际数
2014 年	—	—	—	—
2015 年	14 800. 00	17 926. 38	6 000. 00	6 958. 57
2016 年	18 561. 00	22 478. 97	7 200. 00	7 248. 80
小计	23 125. 00	20 894. 03	9 360. 00	6 613. 55
2017 年	56 486. 00	61 299. 38	22 560. 00	20 847. 92
2018 年上半年		12 958. 21		3 390. 04

资料来源：利欧股份财报。

由表 5 - 5 可知，利欧股份收购上述 6 家公司，一共形成了 37. 08 亿元的商誉。从业绩承诺和净利润变动情况来看，存在很高的商誉减值风险。

表 5 –5 利欧股份并购公司净利润变动情况

公司名称	2018 年上半年（万元）	2017 年上半年（万元）	增长比例（%）
智趣广告	492. 11	1 900. 30	–74. 10
琥珀传播	169. 80	411. 30	–58. 72
上海氩氪	809. 98	1 854. 80	–56. 33
上海漫酷	3 038. 74	3 842. 60	–20. 92
微创时代	3 390. 94	4 021. 50	–15. 68
万圣伟业	12 958. 21	15 043. 00	–13. 86

资料来源：利欧股份财报。

（2）应收账款和融资占总资产比重高。

由图 5 –4 可见，2014 ~2018 年三季度利欧股份应收账款持续上升，2018 年三季度应收账款占总资产的 33%。由表 5 –6 可见，利欧股份经营活动和投资活动产生的现金流均为负值，利欧股份总资产主要靠筹资活动支撑。虽然现金收购不需要证监会审批，只需要股东大会通过等程序，有利于规避监管的审核，加快并购进程。但利欧股份在公司货币资金本就不宽裕的情形下，拟用现金 23. 4 亿元进行收购。高额借款带来高额利息，加重自身负担。

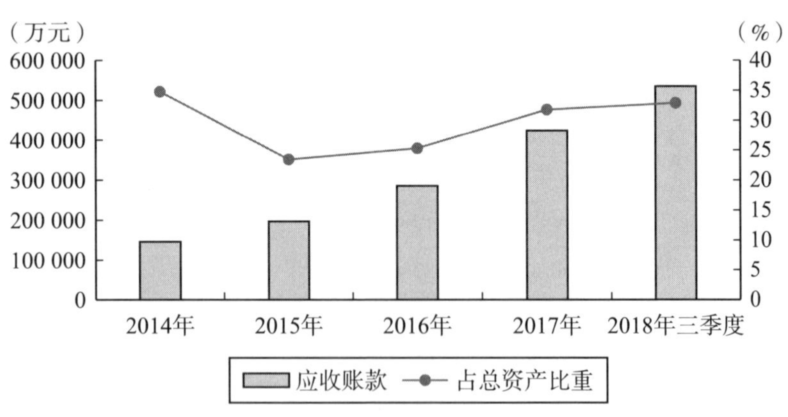

图 5 –4 利欧股份应收账款情况

资料来源：利欧股份财报。

表 5－6　**利欧股份现金流情况**　单位：万元

年份	经营活动产生的现金流量净额	投资活动产生的现金流量净额	筹资活动产生的现金流量净额
2014	－10 998	－26 190	4 823
2015	32 951	－137 996	161 635
2016	7 580	－169 849	154 685
2017	－34 032	－44 496	108 518
2018 年三季度	－51 875	－63 662	195 795
合计	－56 374	－442 193	625 456

资料来源：利欧股份财报。

2. 苏州梦嘉存在的问题

（1）估值问题。

根据利欧股份收购公告披露的信息，苏州梦嘉的整体估值预计为其 2018 年承诺净利润的 12 倍，即整体预估值 31. 2 亿元（2. 6 × 12），本次交易（收购股权比例为 75%）对应的交易金额为 23. 4 亿元。

自媒体平台有着与传统行业不同的商业模式，用户价值是决定其价值的核心因素。以太网发明者梅特卡夫认为网络价值 V 取决于网络节点（用户数量 N）以及用户价值变现能力 K，他提出了如下的估值模型：

$$V = K \times N^2 \tag{5-1}$$

表 5－7　**公众号粉丝均价**

公众号粉丝量（万人）	单个粉丝均价（元）
20 ~ 25	2. 36
25 ~ 30	2. 56
30 ~ 50	1. 90
50 以上	2. 01

资料来源：万易云。

根据微信公众号转让平台“万易云”上的挂牌转让数据统计分析，公众号单个粉丝均价大概为 2 元（如表 5－7 所示），将苏州梦嘉不去重的 2. 8 亿用户数量和变现能力 2 元代入梅特卡夫模型，得到的估值为 11. 2 亿元，利欧股份拟收购的75%股份约值8.4亿元。然而，苏州梦嘉披露的约2.8亿订阅用户为截至2018年8月31日其运营的全部4 825个公众号对应的订阅用户数之和，该统计方式存在重复计算的情况，根据利欧股份回复函披露的数据，苏州梦嘉运营公众号的活跃用户数量仅为1 433万人，将此用户数代入梅特卡夫模型计算，利欧股份拟收购的75%股份仅值4 299万元，远低于前述23.4亿元的估值。

在对深交所的回复函中，利欧股份宣称本次主要采用收益法对苏州梦嘉的股东全部权益价值进行预估，预估值采用加权平均资本成本（WACC）进行折现，根据目前市场投资报酬率水平和苏州梦嘉经营发展状况及其面临的经营风险、市场风险、财务风险等情况，折现率取16.5%。苏州梦嘉业绩预计中主要参数如表5-8所示。

表5-8　苏州梦嘉业绩预计主要参数

指标	2018年	2019年	2020年	2021年	2022年	永续期
净利润（万元）	26 000.00	36 000.00	45 000.00	50 000.00	53 000.00	53 000.00
净利润增长率（%）	307.65	38.46	25.00	11.11	6.00	0
折现率（%）	16.50	16.50	16.50	16.50	16.50	16.50
预估值（万元）	316 600.00					

资料来源：利欧股份对深交所回复函。

苏州梦嘉的微信公众号可分为男号、女号、小说号和歌舞号四大类，各类微信公众号收入=订阅用户数量×平均单名订阅用户收益。2018~2020年苏州梦嘉做出的业绩承诺分别为2.6亿元、3.6亿元、4.5亿元，预估值为31.66亿元。苏州梦嘉于基准日2018年6月30日未经审计的账面净资产（合并口径）预估值较其净资产账面值（合并口径）增值30.262149亿元，增值率为2 164.90%。

但这种估值方式存在风险：

首先，目前已有的方法需要对企业未来的经营成果进行预测，但影响企业现金流的因素众多且复杂，预测的主观性较强，增加了预测结果的不确定性。

其次，承诺到期后可能存在业绩下滑风险。2018~2020年苏州梦嘉做出的业绩承诺分别为2.6亿元、3.6亿元、4.5亿元，利欧股份要求苏州梦嘉每年保持35%~40%的增长，按照12倍估值。克劳锐（TopKlout）《2018自媒体行业白皮书》指出，虽然广告变现仍是主流自媒体商业路径首选，但越来越多的自媒体已开始尝试通过内容变现、IP 变现、电商模式、衍生服务收费和其他形式实现盈利。苏州梦嘉主要依靠移动互联网推广收入实现盈利，（2017 年度占比 77.58%，2018 年 1～8 月占比 64.04%），变现路径较为单一，持续盈利能力存疑。假设苏州梦嘉能实现前三年的业绩承诺，但随着微信大环境的变化，阅读及涨粉瓶颈的到来，微信公众号可能只能贡献三年利润；承诺到期后，还可能面临核心团队离职的风险，使利欧股份承受标的公司业绩大幅下滑带来的商誉损失。

另外，2018 年 11 月 10 日中央电视台播出的《焦点访谈》节目提到，刚诞生仅几年的自媒体，由于缺乏行业规范和政府约束，造成了众多乱象。例如为了提高阅读量，打造“头部”大号，众多自媒体纷纷花钱购买阅读量。自媒体行业缺乏统一的信息披露规范，这对上市公司信息披露质量是个挑战。

（2）内容质量问题。

2018 年 8 月 21 日，在名城苏州网对梦嘉传媒的一篇采访稿《订阅用户 3 亿人次，探访苏州最牛“微信号运营工厂”》中，梦嘉传媒被称为“微信号运营工厂”。该文称，梦嘉传媒以小组为单位，一个编辑小组能负责 100 个左右的公众号。通过独立研发的排版工具以及团队作战的方式，整个团队每天总计运营上千个公众号，发送 3 万多篇图文内容。截止到 2018 年 8 月 31 日，苏州梦嘉员工数量 736 人，其中，编辑人员数量 489 人。苏州梦嘉运营公众号数量 4 825 个，2018 年 8 月平均每日发文数量 24 220 篇，平均每个编辑人员运营公众号 10 个，推送文章 49 篇次。量产的模式，难以保证内容的质量。苏州梦嘉头部大号“伴读书房”，内容主要为心灵鸡汤，该号一天大概仅有一条原创推文，其余四五条均为摘编内容。

苏州梦嘉所运营微信公众号文章的内容生成方式分为五类：编辑创作类、腾讯视频转载类、付费阅读平台作品节选类、广告主提供的广告文案及其他。根据苏州梦嘉提供的数据，苏州梦嘉截至 2018 年 8 月 31 日正在运营的公众号中，可通过微信公众平台后台管理系统查询到的累计发文数量为 606 048 篇，上述公众号可通过微信公众平台后台管理系统查询到的发文记录中添加了“原创”标识的文章累计数量为 36 117 篇，原创文章占比仅为 5.959%，该数据已进行去重处理。看准网提供的苏州梦嘉员工点评中，有离职员工提到“这边所谓的编辑就是不停复制粘贴别人的文章，抄别人还要注意不留痕迹”，“内容大部分比较 low，吸引三线城市年轻人的血汗钱，卖些三无产品”。

（3）存在的运营风险。

收购自媒体，意味着将其公众号内容的风险一并承担，包括封号。根据苏州梦嘉提供的信息，苏州梦嘉运营的公众号中，2018 年被永久封号的微信公众号有 36 个，苏州梦嘉公众号“触摸福州”（后更名为“宝宝摄影工作室”）的点击量较为惨淡，并无原创文章，内容多为网络摘编且某些推文的标题和焦点图涉及色情低俗、诱导分享关注等，存在很大的被封号风险。

针对苏州梦嘉运营的微信公众号存在的封号风险及其他违法违规情况，律师对苏州梦嘉相关负责人进行了访谈，并随机调阅了苏州梦嘉运营的公众号发布的各类文章，查阅了《广告法》《互联网广告管理暂行办法》等相关规定以及微信公众平台发文及管理的相关制度文件，经过以上核查，律师认为：苏州梦嘉运营的微信公众号内部控制落实不到位、内部审查未能有效实施，因此存在因发布的文章内容不适当而导致微信公众号被封号、甚或构成经营主体的违法、违规行为的风险。

3. 媒体监督如何影响并购

（1）媒体报道梳理。

百度媒体指数收录了各大互联网媒体报道的新闻中，与关键词相关的、被百度新闻收录的数量。百度资讯指数是网民阅读、评论、转发、点赞、不喜欢等行为的加权求和，搜索指数是该关键词在百度网页的搜索中搜索频次的加权。资讯指数和搜索指数能综合反映媒体所受的关注度。图 5 – 5 展示了事件期利欧股份百度媒体指数和关注度的变化。媒体对利欧股份的报道从 2018 年 9 月 11 日开始攀升，在 2018 年 9 月 12 日形成了高峰（154），随后媒体报道减少。公众对利欧股份的关注度在 9 月 13 日深交所第一次问询后形成高峰（371.52），另外在 9 月 18 日投服中心提出质疑和 9 月 24 日的相关报道都引发了公众关注。

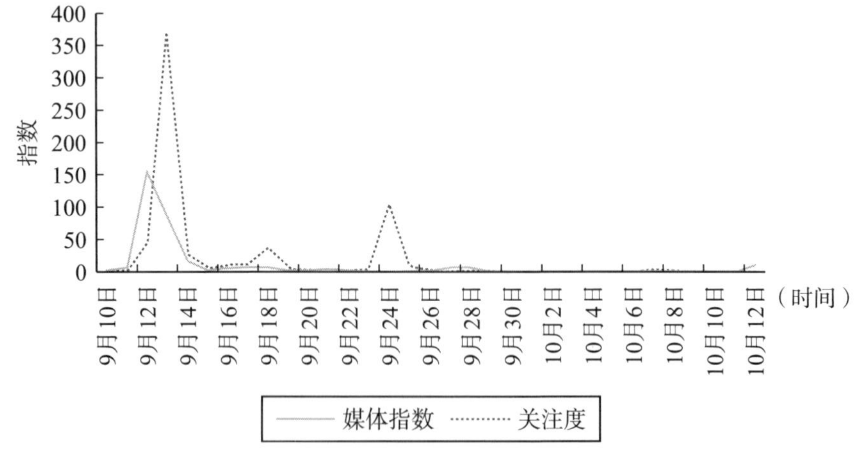

图 5 – 5　2018 年 9 ~ 10 月利欧股份百度媒体指数

经过笔者初步整理，在表 5－9、表 5－10 中列举了利欧股份发出并购公告以来媒体的相关报道。

表 5－9　　利欧股份并购案指定媒体报道情况

<table>
<tr><th>日期</th><th>媒体</th><th>报道名称</th><th>报道倾向</th><th>报道类型</th></tr>
<tr><td colspan="5">收购公告</td></tr>
<tr><td>9 月 11 日</td><td>中国证券网</td><td>利欧股份拟 23.4 亿元收购苏州梦嘉 75% 股权</td><td>正面</td><td rowspan="2">信息传递</td></tr>
<tr><td>9 月 12 日</td><td>中国证券报</td><td>利欧股份拟收购梦嘉传媒 75% 股权　交易金额为 23.40 亿元</td><td>中性</td></tr>
<tr><td colspan="5">深交所一次问询</td></tr>
<tr><td>9 月 13 日</td><td>上海证券报</td><td>利欧股份 23 亿元收购微信公众号　数字营销的坑还少吗？</td><td>负面</td><td>信息梳理</td></tr>
<tr><td colspan="5">深交所二次问询</td></tr>
<tr><td>9 月 13 日</td><td>中国证券报</td><td>并购标的号称拥有 2.8 亿粉丝　深交所要求利欧股份披露数据来源</td><td>中性</td><td rowspan="2">信息传递</td></tr>
<tr><td>9 月 14 日</td><td>中国证券报</td><td>深交所连发两份关注函　利欧股份开盘下挫 3.55%</td><td>负面</td></tr>
<tr><td>9 月 15 日</td><td>上海证券报</td><td>利欧股份买贵了吗？亲测苏州梦嘉 23 个自媒体号：10 个已停用</td><td>负面</td><td>记者验证</td></tr>
<tr><td colspan="5">浙江证监局问询</td></tr>
<tr><td colspan="5">投服中心质疑</td></tr>
<tr><td>9 月 18 日</td><td>中国证券报</td><td>投服中心质疑利欧股份跨界并购</td><td>负面</td><td rowspan="3">信息传递</td></tr>
<tr><td rowspan="3">9 月 27 日</td><td>证券时报网</td><td>利欧股份回复深交所：苏州梦嘉 2.8 亿用户存在重复计算的情况　商誉减值风险相对较小</td><td>中性</td></tr>
<tr><td>上海证券报</td><td>利欧股份　承认苏州梦嘉用户量有水分</td><td>中性</td></tr>
<tr><td>证券市场红周刊</td><td>利欧股份回复深交所关注函，内生外拓迈入数字生态新篇章</td><td>正面</td><td>信息梳理</td></tr>
<tr><td colspan="5">终止收购</td></tr>
</table>

资料来源：根据公开报道整理。

表 5 – 10　　利欧股份并购案非指定媒体报道情况

<table>
<tr><td colspan="5">利欧股份与苏州梦嘉传媒有限公司股东签署《股权收购意向书》</td></tr>
<tr><td>7 月 17 日</td><td>国际金融报</td><td>《又有上市公司要买公众号了！但这家自媒体或涉及版权问题》</td><td>负面</td><td>提出质疑</td></tr>
<tr><td colspan="5">收购公告</td></tr>
<tr><td rowspan="2">9 月 11 日</td><td>第一财经</td><td>利欧股份：拟逾 23 亿元收购微信自媒体内容营销公司苏州梦嘉 75% 股权</td><td rowspan="7">中性</td><td>信息传递</td></tr>
<tr><td>e 公司官微</td><td>又见天价收购微信自媒体！利欧股份 23.4 亿元收购梦嘉传媒 75% 股权</td><td>信息梳理</td></tr>
<tr><td rowspan="5">9 月 12 日</td><td>蓝鲸传媒</td><td>利欧股份拟 23 亿元收购苏州“最牛”自媒体：有的号阅读仅几百，有的已停更</td><td>记者验证</td></tr>
<tr><td>股城网</td><td>利欧股份披露收购事项　拟购苏州梦嘉 75% 股权</td><td rowspan="4">信息传递</td></tr>
<tr><td>e 公司官微</td><td>打董秘，涨！天价收购自媒体，涨停！A 股市场游资开辟新战场</td></tr>
<tr><td>界面新闻</td><td>成立三年的自媒体估值 31 亿　利欧股份打算收购</td></tr>
<tr><td>新浪财经</td><td>利欧股份拟 23 亿元收购自媒体公司：部分账号停更</td></tr>
<tr><td colspan="5">深交所一次问询</td></tr>
<tr><td rowspan="5">9 月 12 日</td><td>华尔街见闻</td><td>天价购自媒体之“患难兄弟”：瀚叶股份未有定论，利欧股份遭问询</td><td rowspan="3">负面</td><td>信息梳理</td></tr>
<tr><td>新京报</td><td>85 后公务员下海一夜暴富　上市公司花 23 亿元买下他的公众号</td><td rowspan="2">提出质疑</td></tr>
<tr><td>重庆商报</td><td>有钱任性！利欧股份要花 23 亿元买个连“大号”都没的自媒体公司</td></tr>
<tr><td>券商中国</td><td>是啥限制了我的想象力？打董秘，大涨！23 亿元天价收购微信号，涨停！深交所问询：凭 4 000 个号创利 2.6 亿元？</td><td rowspan="2">中性</td><td rowspan="2">信息传递</td></tr>
<tr><td>e 公司官微</td><td>原创文章占比多少？业绩承诺是否合理……深交所六问利欧股份天价微信自媒体收购方案</td></tr>
</table>

续表

<table>
<tr><td rowspan="6">9月13日</td><td>东方财富网</td><td>花23亿元买的公众号居然有两个打不开！利欧股份收交易所关注函</td><td rowspan="6">负面</td><td>记者验证</td></tr>
<tr><td>阿尔法工厂</td><td>四年并购花费逾40亿的利欧股份，这次要花23亿元买4 000个公众号</td><td rowspan="2">提出质疑</td></tr>
<tr><td>新浪财经</td><td>90后股东曾是利欧股份孙公司法人23亿元或存利益输送</td></tr>
<tr><td>新京报</td><td>上市公司23.4亿元买到手的，到底是怎样的“自媒体”？</td><td>信息传递</td></tr>
<tr><td>21世纪经济报道</td><td>成立不到3年估值超30亿元！公众号造富神话？这个天价收购引深交所关注</td><td rowspan="2">信息梳理</td></tr>
<tr><td>览富财经</td><td>利欧股份豪掷23.4亿元买微信公众号　高风险高收益？</td></tr>
<tr><td colspan="5">深交所二次问询</td></tr>
<tr><td rowspan="3">9月13日</td><td>e公司</td><td>深交所连续第二日向利欧股份下发关注函</td><td>中性</td><td>信息传递</td></tr>
<tr><td>时间财经</td><td>利欧股份5年融资50亿元仅分红2亿元　却蹊跷23亿元收购自媒体遭问询？</td><td rowspan="3">负面</td><td rowspan="3">信息梳理</td></tr>
<tr><td>斑马消费</td><td>利欧股份背39亿元商誉天价收购微信公号，每天须最少净赚71万元</td></tr>
<tr><td>9月16日</td><td>野马财经</td><td>又现23亿元天价收购“微信号”，利欧股份的好生意能否成功？</td></tr>
<tr><td colspan="5">浙江证监局问询</td></tr>
<tr><td colspan="5">投服中心质疑</td></tr>
<tr><td>9月18日</td><td>时代周报</td><td>1个粉丝近12元利欧股份23亿元天价收购图什么？</td><td rowspan="2">负面</td><td rowspan="2">信息梳理</td></tr>
<tr><td>9月20日</td><td>叩叩财讯</td><td>利欧股份买微信号：王思聪好友操盘　涉数亿利益输送</td></tr>
</table>

续表

回复浙江证监局				
9月21日	凤凰网	收购梦嘉，对利欧股份意味着什么？	正面	企业专访
	e公司	利欧股份：与张地雨不存在关联关系　正陆续变现物业筹资	中性	信息传递
9月23日	21世纪经济报道	A股最佳创业表兄弟：哥哥3年前卖公司套现2亿元，弟弟今年有望拿7亿元	负面	
9月25日	第一财经日报	实地探访估值31亿元的苏州梦嘉　并购迷局背后利欧股份隐忧渐显		记者验证
回复深交所				
9月29日	国际金融报	利欧股份欲23亿元收购的微信号　原创比例仅6%！	中性	信息传递

资料来源：根据公开报道整理。

（2）媒体报道如何影响信息披露质量。

媒体可以通过直接路径和间接路径实现监督。从直接路径来看，媒体拥有较强搜索和分析能力的专业团队，能搜集公司的相关信息，并对这些信息进行加工、整理，通过信息传播机制，将这些信息资源向公众披露，从而提高公司透明度，降低投资者自行搜索信息的成本。由表5－9和表5－10可见，在本次收购案中，媒体报道类型可分为信息传递、信息梳理、记者验证、记者质疑和企业专访。其中，信息传递和信息梳理占比最多，合计75.6%。利欧股份发布收购公告后至深交所第一次问询前，指定信息披露媒体最先发布相关报道，随后非指定媒体跟进报道，该阶段的报道类型以中性的信息传递为主，有利于投资者初步了解该并购。深交所下发第一次问询函至利欧股份回复前，该阶段的报道以中性的信息传递和负面的信息梳理及提出质疑为主，中性的信息传递简要概述了深交所、浙江证监局及投服中心提出的问题。由表5－11可见，非指定媒体围绕监管层提出的质疑展开负面信息梳理，帮助投资者进一步了解了监管层质疑的原因和该并购存在的问题，在此过程中，负面舆论继续发酵。

表5－11　相关媒体对深交所问询内容的跟进报道

监管层质疑	媒体报道
2.8亿名订阅用户	成立不到3年估值超30亿元！公众号造富神话？这个天价收购引深交所关注
	实地探访估值31亿元的苏州梦嘉　并购迷局背后利欧股份隐忧渐显
非原创文章获取方式、是否侵权	《又有上市公司要买公众号了！但这家自媒体或涉及版权问题》
	利欧股份买贵了吗？亲测苏州梦嘉23个自媒体号：10个已停用
苏州梦嘉业绩承诺的可实现性和合理性	85后公务员下海一夜暴富　上市公司花23亿元买下他的公众号
	有钱任性！利欧股份要花23亿元买个连“大号”都没的自媒体公司
编辑人员与业务规模的匹配性	利欧股份拟23亿元收购苏州“最牛”自媒体：有的号阅读仅几百，有的已停更
是否存在违法违规记录、是否存在封号风险等其他风险	花23亿元买的公众号居然有两个打不开！利欧股份收交易所关注函
现金收购资金来源、利欧股份收购后的整合能力	四年并购花费逾40亿元的利欧股份，这次要花23亿元买4 000个公众号
张地雨是否担任万圣伟业的法定代表人	90后股东曾是利欧股份孙公司法人23亿元或存利益输送
文章内容生成方式、原创文章占比	上市公司23.4亿元买到手的，到底是怎样的“自媒体”？
商誉	利欧股份背39亿元商誉天价收购微信公众号，每天须最少净赚71万元
业绩预计中主要参数的选取依据及合理性	投服中心质疑利欧股份跨界并购
现金收购资金来源	A股最佳创业表兄弟：哥哥3年前卖公司套现2亿元，弟弟今年有望拿7亿元

资料来源：根据公开报道整理。

在回复浙江证监局监管函的当天，利欧数字 CEO 郑晓东先生通过采访，主动披露了利欧股份收购苏州梦嘉的动机和未来发展战略，以期得到投资者的支持和理解。然而利欧股份对深交所的详细回复未能得到市场的认可，随后负面信息依然不断。

媒体监督的直接路径只能起到信息传播的作用，但媒体报道能够提高信息披露质量，对利益相关者的决策产生影响，受损的利益相关者为了维护自身利益而采取行动，即媒体能通过间接路径，联合其他机制对并购结果产生实质的影响。

4. 媒体监督机制

媒体本身是传播信息的中介，不能直接对公司决策产生影响。但媒体可以向利益相关者传递信息，通过影响利益相关者的行为间接影响公司决策。在利欧股份并购案中，媒体报道引起了行政部门、投资者等利益相关方的关注。证监会发布问询函要求公司提高信息披露质量；媒体对公司管理者内幕关系产生怀疑，公司发文澄清；媒体报道使投资者对该并购的态度从乐观转向悲观，引发利欧股份股价变动。

（1）行政介入机制。

媒体不能直接影响公司治理，但能引导舆论的力量，间接地对行政介入机制产生影响。监管部门利用其专业性和行政强制力直接介入其中，实质地影响公司信息披露状况。

2018 年 7 月 13 日利欧股份与苏州梦嘉传媒有限公司股东签署《股权收购意向书》后，国际金融报就曾质疑苏州梦嘉原创比例低，或涉及版权问题。深交所在第一次问询函中请利欧股份补充苏州梦嘉所运营微信公众号文章的内容生成方式、原创文章占比、非原创文章的获取方式、说明非原创文章的发布是否存在侵犯他人知识产权的情形，并请律师发表专项意见。8 月 21 日名城苏州《订阅用户 3 亿人次　探访苏州最牛“微信号运营工厂”》介绍了利欧股份的运营方式，深交所要求利欧股份补充说明苏州梦嘉的编辑人员人数，并结合微信公众号数量及每日推送文章数量，说明标的资产编辑人员与业务规模的匹配性。9 月 12 日，新京报《85 后公务员下海一夜暴富　上市公司花 23 亿买下他的公众号》质疑苏州梦嘉业绩承诺的可实现性，揭露利欧股份董事长曾涉内幕交易、因虚增收入遭警示。深交所要求利欧股份说明苏州梦嘉业绩承诺的可实现性与合理性。9 月 12 日新浪财经发布了《90 后股东曾是利欧股份孙公司法人　23 亿或存利益输送》一文，提出“90 后”张地雨曾是利欧股份孙公司法人，万圣伟业前股东与利欧股份实控人关系密切、“90 后”股东张地雨与万圣伟业前股东关系也密切。浙江证监局 9 月 17 日对此下发了问询函，主要关注苏州梦嘉股东张地雨与上市公司是否存在关联关系、万圣伟业和苏州梦嘉是否存在业务往来或资金往来，以及利欧股份此次收购的资金来源等。9 月 12 日，阿尔法工厂对现金收购资金来源、利欧股份收购后的整合能力提出了质疑，浙江证监局在问询函中要求利欧股份详细说明并购资金来源，深交所要求利欧股份说明公司是否具备控制、管理、运营本次交易标的资产所必要的人员、技术和业务储备，以及为确保苏州梦嘉合规运营拟采取的针对性措施。媒体主动提出质疑，为监管部门的问询提供了参考方向。

长期以来，募集资金的投向脱离主业发展是上市公司再融资的主要问题，编项目、炒概念、玩跨界，更有甚者，募集资金变相投向房地产、理财产品等，导致有限的社会资金“脱实向虚”。如果一家上市公司连主营业务都做不好，跨界做与主业完全不沾边的虚拟产业，通常都是打着并购重组的旗号进行概念炒作，不断吹大泡沫，最终损害的还是投资者利益。2018 年 10 月 18 日，证监会向国内券商下发《再融资审核财务知识问答》和《再融资审核非财务知识问答》，细化了再融资审核要点，明确通过配股、发行优先股或董事会确定发行对象的非公开发行股票方式募集资金的，可以将募集资金全部用于补充流动资金和偿还银行借款，但不得以补充流动资金和偿还银行借款为名，变相将募集资金用于其他用途。业内人士指出，本次文件的发布主要针对部分上市公司的再融资业务资金投向标的不清晰、信息披露不准确等市场乱象，引导资金流向，防止“脱实向虚”。

行政介入除了以其专业性对公司是否存在违规行为做出判断，使违规公司受到相应处罚，更重要的是宣传执法效果，防患于未然。监管机制的最理想状态是在其不发挥实质作用的同时，市场能够平稳运行。利用媒体的介入，增强监管部门的执法效果，让市场中的参与者了解违规的风险，从而使他们通过市场规则和违规风险来预测自己的行为后果，规范自身行为，节约监督资源。

（2）声誉机制。

声誉机制是指职业经理人在做出违规决策前，考虑自身声誉和未来发展前景，主动放弃违规决策；或者在违规操作被曝光后，因担心自身因经营不善被撤职，选择终止违规行为，努力改善公司治理，提高业绩，挽救个人声誉的一种机制。

在利欧股份一案中，新京报《85 后公务员下海一夜暴富　上市公司花 23 亿买下他的公众号》指出利欧股份董事长曾涉内幕交易；新浪财经《90 后股东曾是利欧股份孙公司法人　23 亿或存利益输送》质疑 23 亿元现金交易或存利益输送；21 世纪经济报道《A 股最佳创业表兄弟：哥哥 3 年前卖公司套现 2 亿，弟弟今年有望拿 7 亿》等报道对张地雨、徐先明、王相荣等管理者的声誉造成了一定的负面影响，但由于我国经理人市场发展还不完善，声誉机制在该案例中发挥的作用有限。实际上，最终迫使利欧股份放弃该收购的直接压力来自资本市场。

（3）市场压力机制。

市场压力机制认为，媒体报道会影响投资者行为，进而影响公司股票的市场表现，这种压力促使经理人进行盈余管理（于忠泊等，2010）。根据法马等（1969）提出的有效市场理论，股票价格的走势具有显著的独立性，这种独立性与市场的有效性相一致，也就是说上市公司信息披露最终对股市产生影响离不开投资者对信息的关注。投资者在进行具体的投资操作之前往往都需要关注投资标的的相关信息，媒体在信息发掘和传播过程中起着重要的作用。媒体报道与资本市场的关系，可以通过超额回报、超额成交量和股票流动性等指标（换手率、成交金额和波动率）衡量。

股票收益是衡量市场反应的重要维度。本章使用个股日超额回报从收益的角度衡量市场对媒体报道的反应：首先用 CAPM 模型估计出个股的正常收益率，然后用个股当日回报率减去估计出的正常收益率得到个股的日超额回报。

股票成交量是度量市场反应的又一重要维度，本章参考班伯等（Bamber et al.，2011）的做法，使用个股日超额交易量作为衡量市场反应的另一种方式。根据兰斯曼和梅露（Landsman and Maydew，2001）的建议，将超额交易量定义为个股当天的交易量减去过去 180 天交易量的均值后乘以 100。

本章选取了三个变量综合反映股票的流动性水平，分别是换手率、成交金额和波动量。其中，换手率和成交金额是反映市场宽度的变量。换手率 = 事件期股票成交量/流通在外的股票数量，它能够综合反映市场的宽度、时效性和交易弹性，个股换手率增加表示股票成交数量上升、成本下降以及成交时间缩短。成交额指事件期股票成交金额，成交金额越大说明该股票的市场宽度越好，股票成交时间更短，更容易成交。波动量 = 换手率 ×（事件期最高价 – 事件期最低价）/事件期最低价。波动量指标反映在市场有较大成交量时股票价格的波动幅度，其值越小说明市场在实现较大成交量的同时股价的波动不明显，市场深度好。

从图 5 – 6 可见，媒体报道数量与利欧股份超额收益、超额成交量和股票流动性指标的变化呈现一致的趋势。其中，投资者对媒体报道的关注能较为敏感地体现在个股日超额回报中，媒体报道对交易额和流动性的影响则有一定的滞后性，说明媒体报道能起到事前监督预警的作用。利欧股份发布并购公告的次日（9 月 12 日），媒体报道数量最多，利欧股份日个股超额收益最高(0.02113)，此时媒体报道多为正面和中性的信息传播，表明市场对该并购较为认可。当日利欧股份涨停报 2.01 元，全天成交 1.36 亿元。9 月 12 日晚间，深交所下发第一次问询函，随后媒体开始报道负面信息。

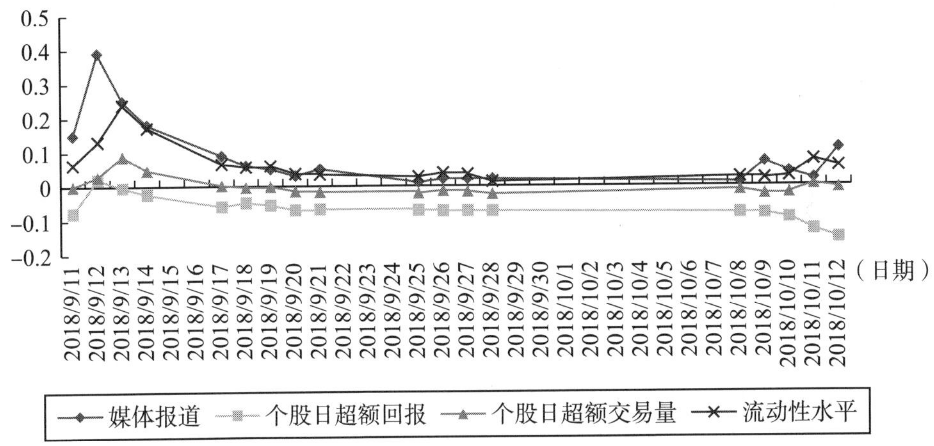

图 5－6　利欧股份媒体报道与市场反应

资料来源：根据公开数据整理。

9 月 13 日深交所下发二次问询函后，利欧股份超额收益下降 118.5%，但当日利欧股份交易额、交易量、波动率和换手率都达到最高值。随着媒体负面信息的进一步报道，利欧股份的超额收益、超额交易量和股票流动性指标下降。9 月 17 日浙江证监局下发问询函，利欧股份公告称获得政府补助，引起媒体关注，当日利欧股份个股收益额上升 151%。9 月 18 日利欧股份发布延期回复关注函的公告，超额收益下降 17.9%，交易额和流动性指标反应滞后两天。9 月 21 日公告回复浙江证监局问询函，媒体报道数和日个股超额收益微弱提升，交易额和流动性指标无显著变化。9 月 27 日利欧股份回复深交所关注函，媒体报道数和日个股超额收益微弱提升，交易额和流动性指标滞后反应两天。利欧股份一直负面新闻不断，在行政介入的压力下希望通过提高信息披露质量得到投资者的认可，但其回复并未能向监管方和投资者做出合理解释。实际上，除了 9 月 12 日，利欧股份的日个股超额收益一直为负，表明市场对这一并购并不认可。媒体关注进一步放大了市场的反应。截至 10 月 12 日，利欧股份日个股流通市值、日个股总市值及日收盘价，与 9 月 11 日相比均下跌了 14%。鉴于市场带来的股价下跌压力，10 月 12 日，利欧股份公告称：鉴于近期证券市场的巨大波动，协议各方对标的公司估值存在较大差异，经友好协商，协议各方决定终止该收购项目。

张薇和王芳（2018）发现，个股当月社交媒体关注度与当月的股票收益显著正相关；受社交媒体高关注的股票的超额收益在短期内会被反转效应所弥补。本章采用事件研究法进一步量化媒体监督对上市公司并购结果的影响，考察媒体监督前后利欧股份的累积超额收益率与同行业对比公司的平均累积超额收益率存在的差异。如果明显差异存在，则说明媒体对利欧股份的监督能对其经济后果产生一定的影响。

本章利用利欧股份在事件期的累积超额收益率（CAR）度量利欧股份对媒体报道的市场反应，以及其他 60 家同行业（证监会 2012 版行业分类—信息传输、软件和信息技术服务业—互联网和相关服务）公司的累积平均超额收益率（CAAR）度量行业平均市场反应，并通过观察事件期内二者之间的差异了解市场压力机制如何发挥作用。以深交所首次问询、媒体出现负面报道的 9 月 12 日为事件日，并以事件日“前 10 个交易日”到“后 20 个交易日”（-10，20）为事件期，以事件日“前 200 个交易日”到“前 11 个交易日”（-200，-11）为估计期。利欧股份与同行业其他企业的日收益率相关数据来自国泰安（CSMAR）数据库，本部分分析采用 Stata 软件进行处理。

图 5-7 显示了在媒体报道事件期，利欧股份 CAR 与同行业 CAAR 的对比。在（-10，-1）窗口期内，利欧股份 CAR 低于行业平均水平，9 月 11 日利欧股份发布收购公告后开始上升，在事件日首次超过行业 CAAR 并达到峰值（2.2%）。随着负面报道的出现，利欧股份 CAR 再次下跌，在（2，20）窗口期内，利欧股份 CAR 再次低于行业 CAAR 并呈现持续下降趋势。由此可见，媒体首次负面报道后市场累计超额报酬由 2.2% 急剧下降到 20 天后的 -13.78%，市场跌幅将近 16%。由此我们可以判断，媒体监督在一定程度上缓解了投资者与管理层之间的信息不对称问题，让市场得以识别不合理的并购，并重新正确定价。在市场压力机制的作用下，利欧股份最终选择放弃这一并购。

5. 自媒体在并购中的影响力

为进一步探究自媒体在并购中发挥的影响力，本章对微信、微博和雪球等自媒体平台进行了研究。在数据收集过程中发现，利欧股份的微信公众号并未披露与并购相关的内容，利欧股份没有官方微博，仅有一个专题，主要转发公司公告及相关媒体报道。

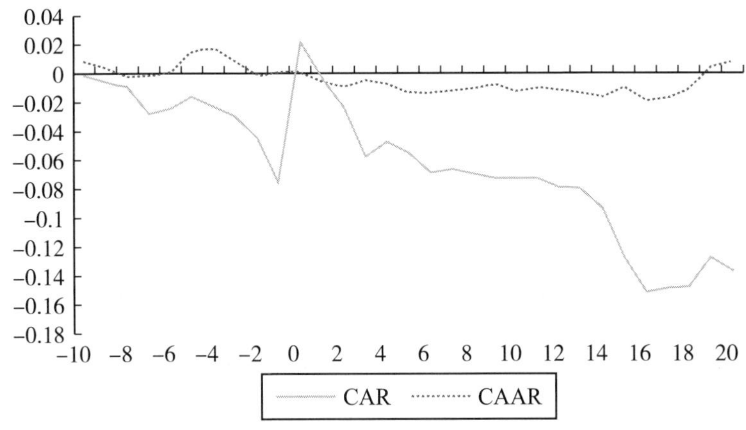

图 5-7　利欧股份 CAR 与同行业 CAAR 对比

资料来源：国泰安 CSMAR 数据库。

雪球是一个投资者的社交网络，为投资者提供跨市场、跨品种的数据查询、新闻订阅和互动交流服务，目前已覆盖 A 股、港股、美股市场。雪球的信息类型主要包括公司公告、转载新闻、转载微信等认证自媒体的文章、雪球要闻直播、雪球网红博主撰文以及普通用户讨论。与微博功能类似，雪球上的用户可以对每种消息进行自由转发、评论和点赞。由于微信、微博的信息和雪球有所重复，因此本章主要对雪球这一平台展开分析。

图 5-8 展示了雪球对利欧股份媒体报道统计情况，9 月 10 日至 10 月 28 日与利欧股份并购相关的新闻有 81 条，占比最多（44%），认证自媒体和网红博主合计约占 40%，公司自愿披露的公告占比 12%，雪球精选要闻直播最少，仅占 5%。从日期统计来看，从利欧股份 9 月 10 日发布收购公告起，雪球媒体对利欧股份的报道数量不断攀升，在 9 月 12 日达到峰值（39 篇），与百度媒体指数一致。

本章借鉴刘海飞等（2017）的方法，分别从传播度和可信度两个维度对雪球的信息质量指标进行量化，记为 SIQ（snowball information quality），代表信息的影响力。

传播度反映雪球用户对于相关信息关注的可能性，传播度越高，相关信息越有可能被用户接收，对信息使用者的影响越大；传播度越低，相关信息越不容易引起信息使用者的关注，影响越小。传播度用相关消息总数比率和粉丝数比率两个二级指标量化。传播度 = 相关消息总数比率 × φ1 + 粉丝数比率 × φ2。其中，相关消息总数比率 = 当日某类消息总数/当日所有类型消息总数；粉丝总数比率 = 当日某类消息粉丝总数/当日所有类型帖子粉丝总数。φ1 和 φ2 表示权重系数。

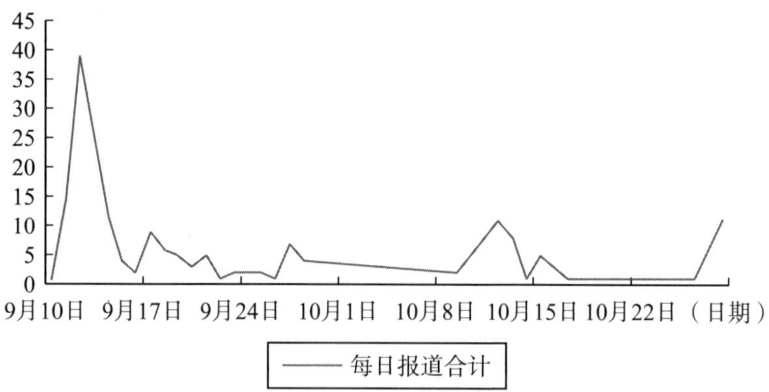

图 5 -8 雪球对利欧股份媒体报道统计

资料来源：雪球平台。

可信度反映雪球用户对于相关帖子的认可程度，可信度越高说明信息使用者对信息的真实性有较高的认同感，信息质量越高；可信度越低说明信息的可信度较低，信息质量越差。可信度 = 相关消息转发数比率 × ϕ3 + 相关消息评论数比率 × ϕ4 + 相关消息点赞数比率 × ϕ5。其中，相关消息转发数比率 = 当日某类帖子转发数/当日所有类型消息转发总数；相关消息评论数比率 = 当日某类消息评论数/当日所有类型消息评论总数；相关消息点赞数比率 = 当日某类消息点赞数/当日所有类型帖子点赞总数。ϕ3，ϕ4，ϕ5 表示权重系数。

由于上述指标共同影响雪球平台的信息影响力（SIQ），所以设各个指标的权重为 ϕi，其中 i = 1，…，5，同时令 ϕ1 = ϕ2 = 1/4，ϕ3 = ϕ4 = ϕ5 = 1/6，这样关注度、信赖度的权重都为 1/2。

在五种消息类型中，公告属于公司的自愿披露，新闻属于传统财经媒体的报道，转载微信认证自媒体文章、雪球网红博主撰文和雪球精选直播属于自媒体。通过计算以上几种类型消息的关注度和信赖度，可以分别得出新闻、自媒体和公告的信息影响力。由图 5 -9 可见，在 9 月 10 日至 10 月 28 日的 20 个工作日中，自媒体合计影响力最高，为 8. 42，新闻合计影响力 6. 62，公告合计影响力 4. 96。由此可见，自媒体利用其传播速度和范围的优势，在对该并购的报道过程中发挥了重要作用。

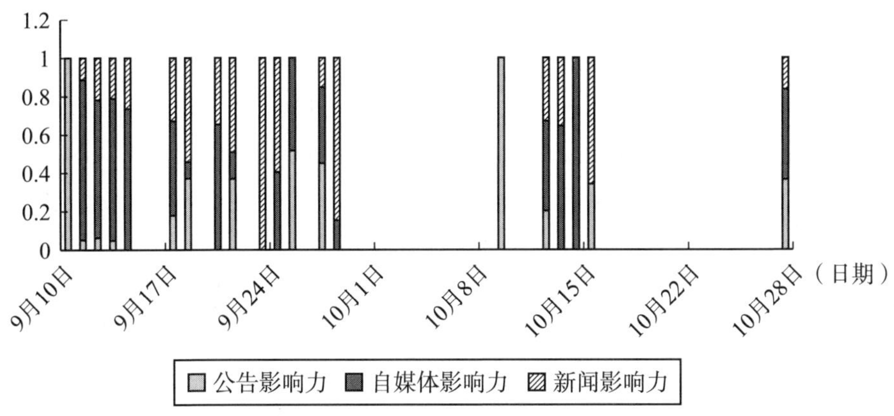

图5-9 信息影响力（SIQ）对比①

资料来源：根据雪球平台数据整理。

5.1.5 结论与启示

1. 案例总结

2014年跨界并购潮起，以市值管理为核心、基于“股价逻辑”的跨界并购大行其道。实施跨界并购的主体通常是传统行业上市公司，前期跨界并购涉足的行业多为游戏、影视等新兴行业，二者天然缺乏协同效应，整合难度较大，并购后业绩承诺不达标、商誉减值等“后遗症”正逐渐显现，给投资者带来巨大风险。2018年10月18日，证监会向国内券商下发《再融资审核财务知识问答》和《再融资审核非财务知识问答》，传达了国家治理跨界并购乱象的决心，上市公司募集资金应服务于实体经济、符合国家产业政策、主要投向主营业务。传统行业上市公司在选择跨界并购标的时应注重并购标的与传统主业的融合，真正的产业并购逻辑是开始于整合，而不是结束于交易。

本章的研究对象利欧股份是十分典型的传统制造业跨界收购新兴行业的案例，由于市场变化与行业周期特点，利欧股份原主营业务收入下降，希望通过跨界并购在短期内提升股价、长期内实现转型。然而，在前期的跨界并购中，利欧股份并没有与被收购方形成良好的协同效应。被收购方为完成高额业绩承诺，采用了应收账款等盈余管理行为，给收购方投资者带来了巨额的坏账风险和商誉减值风险。利欧股份的资金结构存在很大风险，融资占总资产比例高，

① 信息影响力（SIQ）分别从传播度和可信度两个维度对雪球的信息质量指标进行量化，计算模型详见前文。通过计算，本书得出新闻自媒体和公告的信息影响力。

在这种情况下发起天价并购，一旦资金链断裂，将对中小股东利益造成极大损失。利欧股份本次天价并购选择的标的方是自媒体，存在业绩承诺过高、内容质量堪忧的问题，且其盈利持续性不明，存在运营风险。

从首次宣告并购到终止并购的短短二十个工作日中，媒体发挥了十分重要的监督作用。从直接路径来看，专业的财经媒体拥有较强的搜索和分析能力，能够搜集上市公司的相关信息，并对这些信息进行加工、整理，通过信息传播机制，将这些信息资源向公众披露，可以提高企业的透明度，降低投资者自行搜索信息的成本，从而缓解唐斯（Downs，1957）提出的“理性忽视悖论”（rational ignorance paradox）；自媒体利用其传播速度和范围的优势，引发公众转发讨论，对上市公司造成舆论压力，一定程度上缓解了上市公司与投资者之间的信息不对称问题，影响投资者的投资行为。从间接路径来看，媒体能够通过引起监管部门的介入而改变管理者的行为（李培功和沈艺峰，2010），通过监管部门的问询，迫使上市公司回复问询函，提高信息披露质量，解答公众的疑虑。投资者对媒体提供的信息产生不同的理解，从而形成不同的预期，基于不同预期的投资者为资本市场带来新的交易和股价变化。这种市场压力机制使管理者不得不采取适当的应对策略，以降低自身的风险，最后主动终止这一不合理的跨界并购。

随着信息化浪潮的不断推进和互联网的不断普及，媒体力量的崛起已成为重要的社会现象，媒体监督被认为是新兴资本市场上有效替代司法保护不足的一项重要制度安排（Dyck，Volchkova and Zingales，2008）。充分发挥媒体的监督作用，将有利于我国并购市场的健康发展。

2. 启示——如何更好地发挥媒体的监督作用

随着微博、微信等新媒体的出现，信息传播变得更为便捷，媒体的影响力和渗透力也更为深远。我国资本市场的健康发展需要媒体、监管部门、投资者和上市公司的共同努力。

（1）“把关人”应提高新媒体信息可信度。

在利欧股份一案中，新媒体利用其传播优势发挥了重要作用，传统媒体的新媒体化将成为未来媒体实现监督的重要方向。媒体工作者应坚持新闻报道的真实性，主动调查求证、快速准确地向公众报道真实信息。但我们也应当认识到，媒体报道的信息可能不能完全客观真实。多元的信息来源、商业利益的驱使、传播过程中带有个人情感色彩的评论等，都有可能导致信息传播失真。广泛传播的虚假信息可能导致投资者做出错误判断，使市场价格无法真实反映真实价值，损害投资者和上市公司的利益，无法发挥媒体监督的真正功能。

不谨慎的报道既会给公司带来不利影响，也会降低媒体自身的声誉。“把关人”应当通过法律规范媒体从业者的行为，保证信息的真实性。国家互联网信息办公室和公安部2018年11月15日发布《具有舆论属性或社会动员能力的互联网信息服务安全评估规定》，旨在督促指导具有舆论属性或社会动员能力的信息服务提供者履行法律规定的安全管理义务，维护网上信息安全、秩序稳定，防范谣言和虚假信息等违法信息传播带来的危害；明确媒体在报道新闻时的义务和责任，严惩媒体捏造信息、侵权、敲诈勒索、洗稿、数据造假等行为。

（2）监管部门应高度重视新闻舆论工作。

行政介入机制是资本市场规范、有序运行的重要保障，在资本市场制度建设中具有突出地位。虽然媒体作为一种间接监督的力量无法直接干预公司经营决策，但互联网媒体工作者众多、覆盖社会范围广，能够快速高效地更新实时信息，这无形中帮助了监管部门发现并解决问题，有助于提高证监会的工作效率。媒体作为公众与监管部门之间沟通的中介，既可以代表投资者向监管部门提出其热切关注的问题，也可以帮助证监会向公众解读新政策、新规章，此举有利于证监会与投资者达成共识，通畅上市公司与投资者之间的沟通渠道。

监管部门应高度重视新闻舆论工作，既要关注媒体的舆论导向和其操纵信息的可能性，也要关注媒体的广泛报道和资本市场的异常反应。如果媒体质疑的情况不实，监管部门应协助公司通过回复问询及时澄清，以提振资本市场的信心；如果媒体质疑的情况属实，监管部门则应尽快对公司的违规行为做出处罚。此外，监管部门也应当利用媒体增强其执法效果，让市场中的参与者了解到违规的风险，从而使他们通过市场规则和违规风险来预测自己的行为后果，规范自身行为，节约监督资源。

（3）上市公司应主动提高信息披露质量。

上市公司应坚持合法经营、诚实守信的原则，积极公开合规披露信息。面对监管部门的质疑，应积极配合、做出合理详尽的答复；面对媒体的负面报道，也应主动向公众解释清楚并购的动因、资金安排等，以获得投资者的理解。总体来看，价值毁损型的跨界并购虽在短期内能为上市公司带来超额收益、缓解资金压力，但证券定价过高会滋生实体经济的不当投资，从而产生严重的社会成本。不利于资本市场的长期有序发展。上市公司主动提高信息披露质量，有助于投资者及时全面完整地掌握市场信息，更清晰更准确地认识和理解市场，防止信息传播的扭曲，从而有助于保障证券定价合理、高效配置市场资源。

5.2　大股东及管理层信息披露违规行为及监管策略——以乐视网为例*

5.2.1　引言

1. 研究背景

会计文本信息是企业信息披露的重要组成部分，能够很好地反映企业的营运状况，具有很高的研究价值。与纯粹的财务数据不同，会计文本信息囊括众多非结构化信息，如语音语调和文本可读性等特征，一方面可以体现公司业务特征，另一方面也可以反映管理者心理特质或者行为动机；风险、竞争战略、前瞻性等信息则能够更全面地反映公司概况。可见，相比结构化财务数据，会计文本有着更为丰富的内涵。由于会计文本的叙述性和可鉴性较差，在早期，会计文本信息通常难以理解和量化，如果采用人工搜集评分的研究方法，其主观性强和操作性难的缺点显而易见，而现在凭借文本分析方法可以很好地规避这些缺点。会计文本信息的量化研究是对财务信息文本研究的补充，对于进一步进行内在机制和经济后果的研究有着重要意义。大数据时代，丰富多样的会计文本信息为我们提供了可靠且具有代表性的数据来源。

在会计文本信息中，语调是最基本的特征。俗话有道“听话听音儿，锣鼓听声儿”，与英语文化相比，汉语文化具有含蓄、委婉的特征，人与人之间的沟通讲究留有余地，同时强调“意会”，人们常常需要捕捉隐藏在字里行间的话外之音。进一步说，中国人一方面习惯通过“弦外之音”表达自己的观点，另一方面喜欢揣测他人的“话中之话”。因此，在这样的大环境下，交流或者书面的语调所传达的情绪变得尤为重要。这使得上市公司管理层和大股东利用“话外之音”操纵语调从而影响市场成为可能。另外，国内资本市场还不成熟，上市公司管理层以及大股东的监督机制尚未完善，对于上市公司信息披露的语调监督监管方面还处在零起点阶段，国内还没有相关法律法规方面的实践经验可以借鉴。因此，管理人员有很高的可操作性，并且对于他们自身而言有意愿有动机去进行语调操纵。管理层或主要股东的策略性语调管理已成为一种

---

* 作为广州市哲学社科规划2020年课题（课题编号：2020GZYB44）的阶段性成果，部分数据用于本人学生钟宇丹的毕业论文。

管理公司盈余的新方法。而站在上市公司大股东的角度，减持即是提升自身利益最常用的方式之一。在这之中，减持时机的选择显得尤为重要。公司管理层或大股东利用积极语调披露正面信息使得公司股价上涨，当股价上涨到高位时便抛售获得私利。相关监管机制的缺失使这一套利方式变得可行，也在现实市场中被一些企业高管和大股东践行。

现如今，各国学者们已经对上市公司公开信息披露中的管理层、大股东语调进行了一系列的研究，但是对于管理层、大股东通过各种渠道公开披露的财报、文件、讲话、采访的文本语调以及披露之后的与公司未来发展相关的业绩走势、股票价格、证券公司的分析师预测绩效、大股东利益转移输送之间的关系等方面的研究国内少有涉及，且多以实证研究为主，案例分析的文献更是少之又少。因此，本研究希望能结合公司信息披露中的管理层语调与大股东减持，运用大数据分析手段来进行案例分析。本研究通过进一步剖析会计文本信息语调的影响原理和影响机制，帮助投资者及市场监管者洞察高管语调操纵的目的与实施方式。希望为拓宽我国会计文本分析相关研究提供参考，并进一步提出相关建议，以期为投资者以及市场监管者提供一定的借鉴。

（1）大股东减持相关政策规定。

2014 年 7 月 22 日，为了规范和约束大股东减持股份的行为，上海证券交易所发布了关于大股东减持预披露事项的意见征求稿。随着 2015 年证券市场环境发生巨大变化，为了稳定资本市场，2015 年 7 月 8 日，证监会针对公司大股东、董监事、高管等人发布了《中国证券监督管理委员会公告》。之后，为了进一步加强规范，2016 年 1 月 7 日，证监会制订的《上市公司大股东董监高减持股份的若干规定》指出，大股东减持需要考虑现实情况，在有充足理由时可以减持，但不可持续性减持，且减持数量以及整体规模要保持在一定范围内（高燕等，2017）。在这之后，上海证券交易所也制定了与之配套的规定。各大公司均积极响应相关规定，及时调整了公司的经营活动，大股东减持行为得到了有效控制（顾煜等，2013）。

（2）大股东减持相关法律规定。

2013 年版的《证券法》规定相对控股股东手中的股票除了用作固定资金以外，不允许使用这些股票来进行股票发行。同时还规定持股比例超过 5% 的股东增持或减持自身所持有的 5% 的股份，需进行公告，且公告后 2 日内不得买卖该公司股票。

2019 年最新修订的《证券法》则更为严格，规定大股东所持股份增加或减少 5% 需进行公告，3 日内不得卖出该公司股票。此外，第六十三条新增大股东持有的有表决权股份比例达到 5% 后，每增加或减少 1% 应当于次日进行公开披露。再者，新《证券法》将收购人完成收购之日起 12 个月内不得转让修改为 18 个月内不得转让。新修订的《证券法》进一步完善了大股东减持方面的法律制度，震慑作用更强，加强了对违规增减持行为的监管约束力度。

2. 研究意义

本章选取乐视网为案例研究对象，主要基于以下三个原因。第一，乐视网是我国首家主营视频服务业务的专业网站，持有国家级高新技术企业证书，是互联网视频行业具有代表性的企业。第二，在近几年的大股东减持案例中，乐视网属于少有的减持套现金额达到 140 亿元的案例，其中 2015 年减持 57 亿元，而 2015 年创业板中大股东减持套现金额排名第一的是万邦达，其减持金额达到 62 亿元，乐视网与万邦达仅相差 5 亿元人民币。乐视网在大股东减持行为方面金额巨大，社会影响力大。第三，乐视网公开披露的减持目的比较特殊，随后的对于减持所得金额的处理方式也比较特别。因此，对乐视网大股东减持的案例研究能够为其他上市公司、投资者以及监管者提供一定的借鉴。

另外，我国股权高度集中的上市公司数量非常多，“一股独大”的治理结构与其他国家分散的股权结构有着显著的区别。“一股独大”的治理结构也是造成隧道效应的重要原因之一。管理者首先是控股股东利益的代表，但其次作为一个独立的股东，他也会追求自身利益。而我国资本市场上限售股到期解禁之后的减持行为非常特别，虽然 2017 年实施的减持新规在一定程度上有效缓解了“过桥式”“清仓式”减持等损害中小投资者合法权益的减持乱象，但过于严格的减持规定也会造成对大股东激励不足的问题，不利于上市公司的发展。如何把握减持规定的“度”，需要结合我国公司治理现状，分析大股东减持行为背后的驱动因素。乐视网“一股独大”的治理结构与我国资本市场股权高度集中的治理现状相切合，通过乐视网的案例分析大股东减持行为背后的驱动因素，对完善我国监管机制具有很强的实用性。

5.2.2 文献综述

1. 基本概念

（1）语调操纵。

与可读性、重复性、管理者特征、文本相似性类似，语调同属于公司信息披露中的文本信息的一种。语调属于非结构化、非标准化的财务信息，与受到市场广泛关注的结构化、标准化财务信息相比，这类文本信息在公司信息披露中占据的篇幅更大。中华文化的多样性在文本语言的表达上已经表现得淋漓尽致，而我国社会又普遍被认为是一个高语境传播的社会，因此，相比标准化财务信息，文本语言信息的表达方式更具有多样性和复杂性，表达出的内涵也更丰富多彩。在文本信息中，最基本且重要的特征就是文本语调。文本语调一般分为正面语调（即积极语调）、中性语调和负面语调（即消极语调）。谢德仁和林乐等（2015）认为，语调是企业信息披露者要向信息接收者传递的对公司未来经营状况乐观或者悲观的情感倾向，可以通过使用积极的用词、重复性描述或者更多地阐述关于公司未来发展前景的积极预期等方式来实现语调的积极情感。

正面的语调往往能引导企业外部人更加看好公司未来发展前景，吸引更多的投资额度；负面语调则会打击外部投资者对于企业发展的信心，导致其对企业的投资金额减少。语调操纵是指上市公司利用信息不对称优势，使用信息披露文本中的正面、积极文字文本和负面、消极文字文本来调整整体的语调情绪水平，从而影响资本市场。由于我国汉语文化和资本市场的特征，投资者对于语调的情绪具有较大的敏感性，因此语调操纵的现象更为普遍。

（2）大股东减持。

目前，对于大股东这个概念的界定并不统一，一般而言，大股东是相对于其他股东股票持有率最高的股东。随着股改的实施和完成，即使某一股东的表决权和持股数均低于半数，但只要其能对公司决策等行为拥有控制权，也被称为相对控股股东（陈维和吴世农，2013）。因此，本章的“大股东”是指能够在实际中对公司日常决策等行为进行控制的大股东。在乐视网这个案例中，具有相对控股权的是贾跃亭，无论是减持前还是减持后，贾跃亭均具有相对控制权，因此本章将贾跃亭作为乐视网大股东研究分析其大规模减持行为。乐视网在其衰退的过程中出现了一系列反常性的行为，加之贾跃亭这一典型的大股东减持行为，其内部的行为机制值得进一步讨论和分析。

股改完成后，许多非流通股由于解禁重新获得了上市流通的机会。此时，原非流通股股东就可以通过减持的方式套现获利。能够在实际中对公司日常决策等行为进行控制的大股东将部分非流通股票变成流通股票，通过协议转让、大宗交易和集中竞价等方式转让并获得利益的行为称为大股东减持（陈伟和林川等，2016）。

2. 语调操纵与大股东减持理论基础

（1）隧道效应理论。

隧道效应理论于 2000 年被提出，其主要内容是：当控股股东具有明显优势，是名副其实的企业实际控制人时，将可能会为了一己私利利用各种漏洞和手段侵占公司权益（Johnson et al.，2000）。

隧道效应能够很好地解释控股股东对中小股东权益侵害的现象。尽管我国已经出台相关法律法规对大股东的隧道行为进行明确的规定，但大股东们仍会想尽办法利用法律漏洞，在资本市场中“合法”掠夺中小股东的利益。因此，在这种情况下，由于大股东手握公司绝对的决策权，中小股东的利益并没有得到有效保障。

（2）信息不对称理论。

在市场经营交易活动中，由于每个人的资源分配不同，获取信息的渠道以及数量也不同，导致市场参与者对同一个信息存有各不相同的理解，因此将各自承担与之对应的风险和收益。事实上，就资本市场中的资源分配来说，这是一场基于价格展开的博弈，相较于拥有大量信息的公司大股东，外部中小投资者的自身权益更容易在博弈的过程中被侵占。

在公司实际经营中，大股东手握实权，往往比中小股东拥有更多的渠道获取公司经营状况、实际业绩和股东权益等信息，这也造成了大股东与中小股东之间的信息不对称问题，为上市公司大股东实施利益侵占提供了条件。在这种情况下，大股东可能会利用信息优势对相关信息进行隐瞒、伪造或者延迟披露等操作，通过降低所披露信息的真实性给投资者传递错误信号，待公司股价受到影响后再择机减持获利。信息的不对称导致了博弈双方的严重不对等，进而导致中小投资者的权益容易在博弈的过程中被侵占。

（3）信号传递理论。

在信息不对称的条件下，在信息上具有优势的一方可以通过向在信息上存在劣势的一方传递好消息或者坏消息作为信号来解决问题。例如公司管理层或大股东为了得到积极的市场反应，选择性地披露一些积极的信号来获得外部投资者的青睐；除了利好信号之外，公司也会有不利的内部信号被释放出来，外部投资者需要在接收到这些信号之后对其进行解读，以判断公司真实的经营现状从而进行决策。由于公司高层对信息传递过程具有一定的可操纵性，使得他们在博弈中处于领先地位。

一般来说，基于大股东减持行为传递的信号往往是不利信号。中小股东可能会认为大股东之所以选择减持是因为公司的股价在当前阶段一直被高估，很多大股东对于公司的股价以及未来的发展并不是很看好；相反，大股东大规模增持行为则传递出利好信号，表明大股东认为公司股价被低估，大股东增持行为使得外部投资者对企业的信任度增加。基于这一过程，大股东通过自身在信息传递层面的优势，能够自主地操纵信息传递情绪，为自己大规模减持套利提供便利。

（4）控制权收益理论。

控制权收益理论认为，一方面，控股股东可以获得所有股东正常应得的共同享有的收益，另一方面，由于控股大股东拥有股份比例多，能够真正参与到上市公司生产经营决策中去，因此可以干涉、干预公司日常经营活动以及信息获取，从而取得控制权私利（Grossman and Hart，1988）。由于公司大股东所处位置的特殊性，其在参与公司日常经营时，往往付出更多，然而获得的分红与普通股东相同，这就使得有些大股东存在通过侵占中小股东利益来获取更多收益的动机和想法。一旦发生利益冲突，大股东便有操控控制权收益，实施利益侵占的可能性。同时，由于大股东在公司决策层面具有绝对优势，具备实施利益侵占的可行性，因此甚至可能会为了一己私利严重地侵占公司整体和广大利益相关者的应得权益。

3. 文献述评

所谓“听话听音儿，锣鼓听声儿”，中国人表达信息高度依赖语境。相比西方社会，我国社会被认为是一种高语境的交流社会，因为中国人在表达情感和交流信息时经常使用隐性和委婉的表达方式（Hall，1976）。人与人之间的交流强调“意会”，人们常常需要捕捉“话外之音”。那么投资者是否能够琢磨出上市公司管理层的“话外之音”呢？基于此，许多学者开始致力于研究分析语句中包含的文本信息，将其与会计研究相结合。近年来随着计算机信息技术的发展，已有学者能够运用人工智能对海量会计文本进行阅读、解读、识别、分类以及构建变量。

总结现有文献，有11个会计文本特征已被学者们成功用数字量化。其中，语调（语气）、可重复性、可读性、管理者特征和文本相似性与文本内容无关，但是竞争战略、未来前景、风险、创新、虚假性和研究与开发（R&D）信息是文本内容的一部分。近年来，得益于计算机语言和机器学习技术的发展，对文本语言的分析处理技术已有显著提高，目前已有文献使用文本信息分析技术来量化非财务信息。

（1）语调文本信息分析方法。

语调是会计文本最基本的特征。构成语调的因素很复杂，不同的停顿点、重音落在前或者后以及音调升降等都会影响听者对于语句所表达意思的判断。但会计文本信息中的语调这一界定与日常交流使用的“语调（语气）”这一词汇存在一定程度上的差异，其涉及范围更广，还包含词汇使用频率等其他因素。基于视觉冲击的文本信息语调与基于听力系统的语气之间存在着显著的差异性和不同的内在机制。

①语调的划分标准。

根据表达含义的不同，语调可以分为客观的或悲观的，积极的或消极的，正面的或负面的，大多数句子既不积极也不消极，因此中性语调可以被认为是第三种语调（Li，2010a）。根据拉夫兰和麦克唐纳（Loughran and McDonald，2011）对公司年报的研究，词汇可以具体区分为六类：不确定性、弱态、消极性、积极性、合规性和强态，并据此分类组建了适用于经济领域信息披露的词汇库。纳拉辛汉等（Narasimhan et al.，2013）使用 TF—IDF 加权方法量化了文本的正面和负面语调，为语调语气研究提供了量化工具。

与国外研究相比，我国关于语调的分析利用进度相对较慢，在经管领域的应用也是如此。一些学者对招股说明书中的语调和情绪进行了分析。齐鲁（2014）借鉴了昂和普瑞斯（Ang and Price，2009）的关键词分类标准，并结合汉语的实际特点，对中文词语进行归纳整理，将招股说明书中的词语划分为正面和负面两大类，并进一步分为正面与负面、乐观与悲观、高估与低估。张琪（2015）对我国上市公司近 500 份招股说明书的风险指标进行了调查，将语调分类为积极、消极、强态、弱态语调四类。

②语调的度量方法。

度量语调文本常用的方法有三种：第一种是字典法，也是使用最多的方法；第二种是长短记忆神经网络技术（LSTM），它可以在综合考虑单词之间的因果关系下，减少语义错误判断的比率，防止陷入错误的回落陷阱；第三种测量方法是朴素贝叶斯算法（Li，2010b）。

当前大部分的学者在分析语调文本信息时主要使用以下两种方法：第一种方法是将语调文本用作调查的主要变量，在这种调查方法中，语调文本不仅可以直接用作被解释变量，以调查语调文本信息的直接影响因素，如外部制度条件等，也可以用作解释变量，以调查语调文本披露的结果，如语调文本影响投资者情绪等；第二种调查方法是将其作为上下文中的情境变量。

（2）文本信息语调的影响因素。

根据已有研究以及笔者的总结，文本信息语调的影响因素主要可以分为外部和内部两部分，外部大多为环境因素。

①外部环境因素。

企业外部的制度环境对企业的存亡起着非常重要的作用，无论是有形的证监会规定、相关法律条款，还是市场的无形需求，都会影响企业会计文本信息的披露。政治、经济、政策和行业竞争等外部影响因素受到了广大研究者的关注。

李娴（2013）基于不同年报使用者的视角进行研究，调查了创业板近 200 家上市公司的年报，指出同行竞争企业会对管理层讨论与分析中具有前瞻性的会计文本信息披露质量造成较为显著的负面影响。木斯鲁等（Muslu et al.，2014）已经发现，如果未来的投资者收益信息不能在其公司的股价上得到充分、完全的反映，公司将会在其年度报告时与管理层讨论和分析文本中向投资者披露更多具有前瞻性的信息，从而提高这些信息中的股价预示信息含量。所以，企业外部的制度环境、氛围以及市场环境都会影响会计文本信息的披露过程，及公司高层对于会计文本信息的披露方式和语调语气的决策及选择。

②公司内部因素。

公司特征。会计文本的表现形式在一定程度上由公司特征决定（肖浩等，2016）。管理层讨论与分析信息披露质量受上市公司的体量、成长潜力、与国际契合程度以及所属行业等的影响（Meek et al.，1995；Kao et al.，1999）。郑艳秋和曹静娴（2012）发现公司财务杠杆、股权结构与管理层讨论、分析的信息披露质量负相关。

管理者特征。刘昱熙（2007）研究发现董事长与总经理是否兼任影响上市公司信息披露。戴维斯等（Davis et al.，2015a）发现，经理人过往的职业经验以及借助机构进行慈善活动的经历对公司经理人语调的采用有显著影响。积极或消极的经理人特征也会对经理人在电话交流讨论的过程中使用的语调造成显著的影响。

管理者动机。当公司的信息环境恶劣时，管理层会基于利润进行研究，以调整披露更多正面的前瞻性信息，包括一些细节、语调以及可读性，并向投资者提供有价值的信息，从而提高股票价格信息的效率（Nelson and Pritchard，2007）。这说明由于诸如工资水平、合同和市场状况等因素，管理人员有意愿通过会计文本信息的披露过程影响资本市场。同时，管理者也可能存在操纵信息披露过程进行减持套利的动机。

（3）文本信息语调的影响效应。

现有的许多研究表明，会计文本信息对股票市场具有重大影响，这在股票交易过程中的反常波动、换手率、股票溢价之谜等现象上得到体现。文本语调信息所蕴含的信息量非常丰富，因此这类信息一公布，市场往往会对其作出强烈反应。戴维斯（Davis，2012）指出，公司管理者会使用带积极或消极情绪的发言或文本，有意地向外界透露公司的未来表现，而相关的季度盈余公告中的语调情绪越积极，股票市场在短时间内做出的回应就越明显。异常积极的语调可能会导致股票价格对盈余公告的即刻反应过于乐观（Huang et al.，2014）。但公司随后的收益反而会下降，因此，异常积极的语调实际上包含了关于公司未来基本面的负面信息。当操纵投资者的动机很高时，公司倾向于从事语调管理。研究证明投资者确实会受语调管理误导。一些学者指出年度财务报告和季度盈余电话会议中的文本语调信息量非常丰富，同时容易引起相对应的股票市场价格的剧烈波动（Feldman et al.，2010；Price et al.，2012）。除了股价反常波动，语调的情绪还会导致相关股票的交易规模及换手率在短期内发生明显波动（Loughran and McDonald，2011；Price et al.，2012）。

相较于国外对文本分析的研究，国内的相关研究尚处于起步阶段。林乐（2016）研究证明，投资者对管理人员业绩说明会上的文本信息的净积极语调有着显著的正向反应，对于消极语调则相反。已有研究指出较低的首次公开募股（IPO）抑价现象可以通过招股说明书的文本信息进行解释（Hanley and Hoberg，2010；Jegadeesh and Wu，2013）。其一，招股说明书中的文本虽然并非结构化信息，但其包含着比结构化信息更为丰富的增量信息，因此可以使股票定价更为精准，同时还可以降低 IPO 抑价。其二，控制 IPO 风险可以通过积极地公开体现风险的相关信息来实现，因此语调越活跃，IPO 抑价现象会随着语调的积极程度上升而减少。陈胜蓝（2010）借助多元回归模型和单变量分析方法，对 2001～2007 年发行的 A 股数据进行了讨论分析，发现会计文本信息的披露减少了信息不对称的程度，从而有效抑制了 IPO 抑价现象。莫鸿儆和陈彬（2013）基于创业板公司样本基础创建了研究与开发披露得分表，发现其信息的披露与较低的 IPO 价格负相关。

即使大量实证结果指出，蕴含大规模信息的财务会计信息能够引发股票市场的强烈反应。然而，仍有不同的研究结果指出大量公开披露的财务会计信息具有很差的可信性和公告性，并对企业公布信息的充分性和可信性提出了挑战和忧虑。有的学者认为，年度和季度报告蕴含的信息增量并不多，只有在首次公布季度报告中的收益信息时，或者只在年度财务报告公布时才能获得较大的反应（Li and Ramesh，2009）。

①对投资者的影响效应。

会计文本信息对投资者的影响机制首先是通过影响投资者对这部分信息的理解能力实现的。例如，过于积极或者消极的文本语调可能会使投资者产生认识和理解的偏差，随后进一步影响投资者的行为。戴维斯等（2015b）发现，投资者对文本信息的认知和理解能力可能会受到电话会议中具有经理人特征的语调的影响。谢德仁和林乐（2016b）的研究结果表明，无论是投资者还是资本市场，其对文本信息语调的反应基本相同，对管理人员业绩说明会上的文本信息的净积极语调有着显著的正向反应。

②对分析师的影响效应。

与大多数投资者相比，分析师对于信息的解读能力、分析能力更强也更专业，能够从多维度多角度进行分析解读，但是，即使信息披露的内容不变，文本信息语调的变化也会对分析师的分析和决策产生一定影响。林乐和谢德仁（2017）发现由于分析师的个人乐观偏见，积极语调对于评级工作和推荐股票有着显著的积极影响，而消极语调则没有这一影响，其原因是分析师存在个人乐观偏误。此外，已有研究发现文本信息披露也会影响分析师预测的结果，分析师评级的乐观程度会随着年度财务报告语调的积极程度上升而上升（Chen et al.，2014）。这说明分析师对文本信息的关注度并不低。张宗新和吴钊颖（2021）以2013~2017年上市公司的百度新闻报道作为研究对象，研究发现分析师存在媒体情绪传染效应，新闻媒体报道情绪越乐观，分析师的盈利预测偏差程度越高，且进一步分析发现，媒体情绪可以通过投资者情绪来影响分析师预测的乐观倾向，而分析师和媒体的乐观情绪均会加剧股价波动及后续风险。布什等（Bushee et al.，2007）研究发现，媒体的相关报道会提高上市公司的信息披露的质量，并进一步指出媒体具有收集和总结证券分析师的投资建议的优势。可见，作为上市公司对外进行信息披露的桥梁，媒体报道与分析师的分析预测相互影响，相辅相成，共同对股票市场以及投资者造成影响。

③操控性披露的影响效应。

一些高管为了提高“信息供给”，有意识地选择披露更具现实性和利用性的信息，以提高文本披露的质量并降低信息不对称程度（肖浩等，2016），从而避免外部投资者对公司的真实价值产生误解。然而，研究人员往往更关注反面，即高管为了达到信息模糊的目的进行操纵性信息披露的行为。操控发布模棱两可甚至虚假的信息以替代真实的信息披露这类对投资者不利的行为得到了更多的关注。

已有研究表明，针对语调的策略性管理已经成为一种对公司盈余进行管理的创新性方法（Larcker and Zakolyukina，2012；Huang et al.，2013）。上市公司高管会综合利用文本语调的积极和消极情感属性进行盈余管理。以上研究指出，管理层语调的积极程度与正向应计项目预期收益管理呈正相关关系；反之与正向真实活动的预期收益管理呈负相关关系。周波等（2019）对国内A股非金融公司2007~2014年年报的文本进行分析发现，语调真实程度越低，语调越积极乐观，年报公布后的股价崩盘风险越大，而较高的语调真实程度可以显著抑制语调与崩盘风险之间的正相关关系，这说明异常积极的语调可能只是语调策略性管理的结果，并不代表管理层对公司前景的看好。另外，相关研究还表明，上市公司出现的年度财务报告积极语调程度越高，则公司管理层、大股东在那之后所出手的股票数量越多，入手股票数量越少。以此证实了公司管理层在撰写年报内容的过程中存在刻意引导、心口不一的表现。除会计财务报表之外，年报语调在某种程度上是可以被刻意引导和针对性管理的会计文本信息（曾庆生等，2018）。

公司管理人员一方面通过减少会计文本的信息输出量，另一方面通过提高文本的理解难度来进行策略性的语调管理，从而掩盖公司存在的不良状况或不利信息，刻意引导外部投资者对公司的经营状况和价值产生误判。

④以媒体为媒介。

新闻媒体不仅是信息的传播者，同时也在经济和市场运行中起着重要的监督作用，是连接上市公司与投资者之间非常重要的桥梁之一，因此媒体的新闻报道对于整个股票市场、投资者个人和上市公司的作用机制也是值得关注的重要问题。对于媒体与股票市场之间的关系，在国外最早的研究文献中，学者泰洛克（Tetlock，2007）在华尔街日报的每日专题报道中提取出语调文本，并成功地将这些语调文本信息转化为衡量媒体情绪的指标，从而发现媒体的负面情绪对于股票市场下行具有预示作用。从单一公司的层面来看，泰洛克等（2008）研究发现，公司新闻媒体报道的语调对于公司的未来成长能力、盈利能力具有预测作用，文本语调越负面，未来的收入就越低。新闻媒体报道的负面语调的预测能力在公司价值方面更强。但是，奇怪的是，其在公司股价水平上的反应不够明显和充分，这可能是因为投资者消化信息需要一段时间，在短时间内无法迅速量化媒体报道中与公司价值相关的软信息并将其纳入股价变化中消化掉。

另外，媒体发布积极赞同性的新闻报道能够降低公司经营风险（Kothair et al.，2009）。投资者关系管理公司会抓住机会创建对代理人公司有利的积极性报道，并使用这些报道来控制引导公司股价暂时上涨，而针对公司的消极性报道则会压低公司股价（Kim and Meschke，2011；Solomon，2012）。才国伟等（2015，2018）发现媒体炒作行为对于股权再次融资的作用直接体现在股价上，新闻报道的积极情绪使得股价在融资期内上涨，融资期结束后回落。企业通过借助新闻媒体炒作等手段与新闻媒体进行了合谋行为（才国伟等，2015）。假如媒体发布的一些新闻报道真实性有限，存在错误的信息，具有误导性，会使得投资者在认识层面误解企业的实际经营情况，由此造成对投资者利益的损害。

通过以上梳理可以发现，企业管理层、大股东对信息披露中的文本信息语调进行管理或者操纵主要通过以下两条路径实现：第一条是投资者在接收到文本语调所传达的信息后改变了自我的投资意愿、行为，从而影响公司股价的上下波动；第二条是分析师在接收到文本语调所传达的信息后改变了原有的评级或业绩预测结果，从而影响投资者决策，进而间接对公司股票价格造成影响，这其中可能还包括媒体的参与。在这个过程中，管理层或者大股东就可以操控语调文本信息，利用信息不对称择时减持，以达到利益输送的目的。

（4）基于大股东减持行为的相关研究。

为了保护资本市场中的投资者，相关人员进行内部性交易这一问题受到广大学者的关注。施莱弗等（Shleifer et al.，1997）认为，大股东常常会利用他们操纵股价和舆论的权力，将公司利润或者资产转移到自己的口袋中，这种行为被称为“隧道挖掘”，产生的影响为“隧道效应”，使中小股东的基本权益未能得到应有的保障。那么，为什么会产生隧道效应呢？其中很重要的原因是控股股东与管理层形成“两职合一”（Johnson et al.，2000）。在我国资本市场，大股东所拥有的相对的信息优势以及操控择时能力均为其减持套现提供了前提。而由于语调文本具有信息含量，管理层或者控股股东是否会操纵语调以牟取私利呢？对于“利空”消息，大股东往往选择事先披露；而对于“利好”消息则往往选择延迟一段时间再披露，以便能够获得额外的收益。通过对被减持公司的研究，也证实了大股东“隧道挖掘”行为的真实性，尤其是控股股东实施“隧道挖掘”行为的倾向性更高（吴育辉和吴世农，2010）。朱茶芬等（2011）认为无论是公司股票价格虚高还是公司实际经营情况不佳都会促使大股东减持手中的股票，只不过后者的影响力度更小。那么，大股东减持行为与企业经营实际情况之间又是否存在关系呢？刘亚莉和赵阳（2011）研究发现，存在不合理的资本结构设置、财富管理水平较为低下等负面消息的公司，或者经营规模较小的公司更倾向于发生大股东减持行为。由此可以推断出大股东其实已经提前认识到公司实际运营情况并不佳，减持只是为了谋求额外的私利，因此他们具备了在减持前后通过操纵信息披露过程进行套利的动机。

由于具有信息优势，在实际中对公司日常决策等行为进行控制的大股东在股票市场上的短线交易可以获得超额的利润，因此具有强烈的动机进行减持（陈维，2013）。罗党论等（2019）发现公司的股价暴跌风险与公司大股东的减持规模成正比，减持规模越大，股价暴跌风险越高，而公司的盈利能力越强，也越容易缓解股价暴跌风险。因此，大股东可以通过借助语调创造出更大的信息不对称的情形，具体表现在借助文本的信息语调的操控和媒体报道的协同作用，对外释放出对公司形象有好处的消息，把握股票价格走向，为择时减持创造条件（曾亚敏和张俊生，2009）。当这一系列“隧道挖掘”操作顺利完成后，此前曾掩盖的企业负面信息可能会突然大量爆发，股价也随之大跌（Jin and Myers，2006；Hutton et al.，2009）。

（5）小结。

目前的学者们已经确认了公司信息披露的文本语调在资本市场上具有正向的含义。不仅管理层、大股东的决策会受到影响，分析师的决策也会受到文本语调的影响。文本的语调越是积极正面，企业的股票价格越高、未来的发展能力越强、分析师预测的业绩也越高；企业的年度财务报告语调越是积极正面，在财报公布后的一定期间内管理层、大股东减持股票规模越大。因此，管理层以及控股股东可以通过操纵语调并减持股票来达到自利的目的。再者，作为监督者身份的新闻媒体也被证实其报道的语调会影响公司股价，且新闻媒体与企业之间存在某种程度的合谋行为。这使得大股东在利用语调操纵影响分析师预测结果的同时，还可通过媒体报道的语调影响投资者，从而操控股价。不仅在大股东减持前可以利用积极语调提升股价，而且在减持后也可以利用积极语调，影响分析师预测以及媒体新闻报道，从而减轻大股东大规模减持带来的不利影响。可见，在实际中对公司日常决策等行为进行控制的大股东具有操纵会计文本信息语调的动机和行动力。

除去实证研究论文以外，目前对上市公司所公开发布的文本信息语调进行案例分析说明的研究十分稀少。因此，本研究希望能结合公司信息披露中的管理层语调与大股东减持，运用大数据分析手段来进行案例分析。通过对乐视网公司的大股东大规模减持事件进行案例分析，希望为拓宽我国会计文本分析相关研究提供参考价值。并进一步针对相关现象提出建设性的建议，以期为投资者以及监管者提供一定的借鉴，从而更好地营造公平、健康的资本市场环境。

5.2.3 案例介绍

1. 乐视网简介

（1）乐视网基本情况。

2003 年，贾跃亭在北京创建了北京西伯尔通信科技有限公司，这是乐视网公司的前身。当时的 3G 业务在中国市场具备非常好的发展前景，属于时下的投资热门，为了争先夺得发展优势，在线流媒体部门率先成立，其面向的目标群体主要是手机端用户，为其提供在线流视频等媒体类型业务。遗憾的是，3G 牌照由于各种原因无法快速过审，贾跃亭只能通过转型另谋发展，将其公司旗下业务从原来的移动端转移至 PC 端，这便是乐视网的雏形。

乐视网的全称为乐视网信息技术股份有限公司，成立于 2004 年底，注册资本为人民币 39.89 亿元，贾跃亭持股比例不低于 90%。2010 年 8 月 12 日，乐视网在创业板成功 IPO 上市。上市后乐视网实施多元化发展战略，发展智能化电视终端相关业务，打造出平台、内容、终端、APP 相互密切联系起来的新型垂直整合业务环境。

另外，乐视网旗下子公司众多，垂直产业链整合业务涉及众多领域，其下属子公司如表 5－12 所示。

表 5－12　乐视网子公司情况介绍（2015 年 1 月）

编号	子公司名称	持股比例（%）	业务性质
1	北京乐视流媒体广告有限公司	100	广告发布
2	乐视网（天津）信息技术有限公司	100	信息技术
3	乐视网（上海）信息技术有限公司	100	信息技术
4	乐视网信息技术（香港）有限公司	100	信息技术
5	乐视致新电子科技（天津）有限公司	59	产品生产、销售
6	乐视网文化发展（北京）有限公司	51	文艺交流、发布广告
7	乐视网媒体文化（天津）有限公司	100	信息技术
8	东阳市花儿影视文化有限公司	100	影视文化
9	乐视云计算有限公司	60	数据处理、软件开发
10	乐视体育文化产业发展（北京）有限公司	60	体育文化交流
11	乐视电子商务（北京）有限公司	51	电子商务
12	乐视财富（北京）信息技术有限公司	100	互联网金融

资料来源：根据乐视网 2014 年度财务报告整理。

乐视网的多元化策略收效明显，从公司规模的角度来看增长迅速，在激烈的行业竞争中得以生存。另外，乐视实施生态圈战略，配置以多元化网络，提高了自身抗风险能力，为公司在激烈的行业、市场竞争环境中稳步前进保驾护航（黄建欢和尹筑嘉，2009）。多元化战略实施后，2015 年乐视网的市值就比上市之初翻了几倍。

（2）乐视网股权结构。

2015 年 5 月，乐视网正式对外发布第一轮大股东减持的相关消息公告，根据对乐视网 2015 年第一季度的财务报告进行总结分析整理，2015 年 4 月乐视网前十大股东的实际持股情况统计如表 5 - 13 所示。

表 5 - 13　　乐视网前十大股东持股信息情况（2015 年 4 月）

编号	股东名称	持股比例（%）	持股数量（万股）
1	贾跃亭	44.21	37 186
2	刘弘	3.31	2 783
3	曹勇	2.41	2 024
4	贾跃民	2.37	1 998
5	章建平	1.52	1 275
6	北京鑫富恒通科技有限公司	0.84	706
7	北京工商银行—嘉实策略增长混合型证券投资基金	0.77	646
8	吴鸣霄	0.73	611
9	乐视控股（北京）有限公司	0.65	543
10	招商银行股份有限公司—富国低碳环保股票型证券投资基金	0.61	515

资料来源：根据乐视网 2015 年第一季度财务报告整理。

减持后贾跃亭对乐视网的部分控制权也被稀释。四次减持的股权比例分别为：0.95%，0.96%，5.39%，8.61%，在除权之后，其四次减持的股权比例一共为 15.9%，共 30 595.03 万股，但四次减持后贾跃亭仍然是控股股东。由此可见无论减持前后贾跃亭对乐视网的日常决策等行为均能够实施控制，具有相对控股权，符合大股东的定义，因此本章将对贾跃亭的四次减持行为进行研究。

另外，贾跃亭的持股比例与第二大公司股东的差距非常大，即使在四次减持的行为全部完成后，2017 年 4 月，贾跃亭的持股比例为 25.67%，第二大公司股东持股 8.56%，如表 5 - 14 所示，贾跃亭仍然是第一大的公司股东。作为第一大股东，其行为所受到的约束力度自然相对较弱。其他中小股东所持有的股权比例相对较小，很少有机会接触、参加到公司的日常管理活动中，处于被动的地位，无法与大股东形成制衡。这导致了贾跃亭在乐视“一股独大”的“霸主地位”，为贾跃亭择机减持从而损害中小股东利益奠定了基础。

表 5－14　　乐视网前十大股东持股信息情况（2017 年 4 月）

编号	股东名称	持股比例（%）	持股数量（万股）
1	贾跃亭	25.67	51 213
2	天津嘉睿汇鑫企业管理有限公司	8.56	17 071
3	刘弘	3.07	6 123
4	贾跃民	2.20	4 395
5	曹勇	1.62	3 226
6	中央汇金资产管理有限责任公司	1.40	2 799
7	章建平	1.25	2 488
8	兴业银行股份有限公司—中邮战略新兴产业混合型证券投资基金	0.77	1 535
9	中国农业银行股份有限公司—中邮信息产业灵活配置混合型证券投资基金	0.75	1 490
10	乐视控股（北京）有限公司	0.60	1 194

资料来源：根据乐视网 2017 年第一季度财务报告整理。

"一股独大"在现如今资本市场上并不冷僻，这样的股权结构对企业的意义具有两面性。一方面，"一股独大"的宗旨就是对上市公司股东利益的维护，正是这样的股权结构使得公司大股东和企业的利益趋同，大股东会为了自己也会为了公司尽可能钻营企业的经营发展，极大地降低所有者与管理者之间的传统代理成本水平。另一方面，"一股独大"的股权结构也给大股东掏空公司股份的行为提供了直接的有利条件。当股权结构失去了权力平衡时，就会催生企业的大股东掏空行为的动机。"一股独大"在企业股权结构层面上提供了大股东掏空上市公司最主要的源头活水，其中最重要的手段之一就是大股东作为公司代表，会依照自我意图来制定和决定企业发展战略，利用控制权的方式操纵上市公司董事会，为严重侵害中小投资者的合法利益铺路。

如乐视网所呈现出的"一股独大"现象并不少见。究其历史性的原因，可能与许多上市公司进行国企改制后再上市有关，因此大多数国有企业也带有"一股独大"的特色。实际上"一股独大"本身不是坏事，反而在某种程度上和多个大股东同时存在的股权结构相比具有优势。但对于大股东掏空事件必须保持高度警惕。

2. 创业板大股东减持现状

只有当公司上市满 36 个月之后，创业板公司股东与实际控制人才能减持，创业板自上市以来既有如此规定。2010 年 11 月第一批限期已满的公司股东与实际控制人得到解禁。创业板综合指数最初呈现快速上涨的趋势，2011 年、2012 年有所下降，但 2013 年开始不断地攀升，2013 年 8 月创造了历史新高并持续上涨。2014 年、2015 年股市动荡不安，创业板所面临的市场冲击、起伏也较大，其仅在 2015 年 1 ~5 月这短短的 5 个月时间内就累计上涨了 2.5 倍，创下历史新高，但随后股市遭遇重创，创业板也随之狂跌。

据调查研究，2015 年大股东减持次数、股数、金额、公司数和创业板指数的变化趋势大体相同。当股价下降到低点时大股东增持；反之，大股东倾向于在股价上升到高位时减持，从而获得更多的利润。2015 年创业板指数整体表现较佳，因此，当年乐视网大股东面临的减持环境良好。

3. 乐视网大股东减持历程

（1）宣告减持。

2015 年 5 月 25 日，乐视网发布减持计划公告，公告称贾跃亭先生将在 2015 年 5 月 29 日至 2015 年 11 月 28 日，预计减持不超过其个人持有股份的 148 049 451 股，即少于公司股份总数的 8%。减持一方面是为了缓解公司的资金压力，另一方面是吸引战略投资者的进入。同时，贾跃亭表示，减持的金额全部免息向公司借出，借款期限五年起，在规定的期限内可以自由地提取和使用。

（2）大宗交易减持。

2015 年 6 月 3 日，乐视网正式对外发布第一轮减持公告，大股东贾跃亭自 2015 年 6 月 1 ~3 日通过大宗交易的方式减少自己所持公司股份，三天累计减持约 3 484.03 万股，占据了乐视全部股本的 1.91%，累计套现约 25 亿元。贾跃亭的减持情况如表 5 - 15 所示。

表 5 - 15 乐视网大股东贾跃亭第一轮减持情况

日期	方式	平均价格（元）	减持股数（万股）	套现金额（万元）	减持比例（%）
2015 年 6 月 1 日	大宗交易	68.50	1 751.00	119 943.50	0.9462
2015 年 6 月 3 日	大宗交易	73.33	1 733.03	130 016.29	0.9581
合计			3 484.03	249 959.79	1.9043

资料来源：根据乐视网第一轮减持公告整理。

第一轮减持后，剩余所持股份数量如表5-16所示。贾跃亭持有的剩余乐视公司的股权仍占总股本的42.3%，仍然稳坐公司控股股东的位置。

表5-16 第一轮减持前后持股情况对比

股份类型		所持股份总数	无限售条件股份	有限售条件股份
减持前持股情况	股数（万）	81 818	20 452	61 356
	占总股本比例（%）	44.20	11.00	33.20
减持后持股情况	股数（万）	78 284	16 928	61 356
	占总股本比例（%）	42.30	9.20	33.20

资料来源：根据乐视网第一轮减持公告整理。

（3）承诺无息借款。

2015年6月23日，乐视网正式对外宣告大股东贾跃亭将与乐视公司签订第一笔免息借款合同，借款金额25亿元起，借款期限十年起。此次“输血”主要是为了弥补公司经营资金流量的不足，更好地满足公司的日常运营需要。2015年7月23日，乐视网宣告大股东贾跃亭将签署追加承诺，表示借款资金到期归还后将全部用来购买乐视网股票，若增持所需要金额不高于减持所得金额，中间的差价将无偿归还公司。

（4）协议转让减持。

2015年10月30日，乐视网正式对外发布了协议转让减持计划的提示性公告，为了积极引进投资战略伙伴鑫根基金，贾跃亭通过协议转让其个人持有的乐视网股份的5.39%给鑫根基金，转让股份数量为1亿股。2015年11月底，进一步告知信息使用者股权变动的概况，宣告准备减持的1亿流通股已经全部完成过户登记等手续。贾跃亭第二轮减持情况如表5-17所示。

表5-17 乐视网大股东贾跃亭第二轮减持情况

日期	方式	平均价格	减持股数	套现金额	减持比例
2015年10月31日	协议转让	32元	10 000万股	320 000万元	5.39%

资料来源：根据乐视网第二轮减持公告整理。

第二轮减持行为完成后，乐视网大股东贾跃亭手中所剩公司股份数额情况如表5-18所示。

表 5－18 第二轮减持前后持股情况对比

股份类型		持有股份总数	无限售条件股份	有限售条件股份
减持前持股情况	股数（万）	78 284	16 928	61 356
	占总股本比例（%）	42.30	9.20	33.20
减持后持股情况	股数（万）	68 284	6 928	61 356
	占总股本比例（%）	36.80	3.60	33.20

资料来源：根据乐视网第二轮减持公告整理。

通过两轮减持，贾跃亭所持有的乐视网股份数量减少为 682 844 429 股，占乐视网总股数的 36.79%。前两轮减持共套利获现约 57 亿元，与 2015 年第三季度乐视网公布的总资产 150 亿元相对比，减持金额巨大，造成了巨大的社会影响。

2017 年 1 月 16 日，贾跃亭与嘉睿汇鑫签署转让协议，将乐视网 17 071 万股的股票以 35.39 元/股的价格转让给嘉睿汇鑫。表 5－19 为贾跃亭减持情况汇总。

表 5－19 乐视网大股东贾跃亭减持情况汇总

日期	方式	平均价格（元）	减持股数（万股）	套现金额（万元）	减持比例（%）
2015 年 6 月 1 日	大宗交易	68.50	1 751.00	119 943.50	0.95
2015 年 6 月 3 日	大宗交易	73.33	1 733.03	130 016.29	0.96
2015 年 10 月 31 日	协议转让	32.00	10 000.00	320 000.00	5.39
2017 年 1 月 16 日	协议转让	35.39	17 071.00	604 146.61	8.61
合计			30 595.03	1 174 106.40	15.91

资料来源：根据乐视网减持公告整理。

由于 2017 年 1 月 14 日发布最后一轮减持公告，即大股东与嘉睿汇鑫协议转让权益变动的提示性公告之前，乐视网已经经历了一个多月的停牌，发布公告当天也处于停牌的状态，没有足够的股价样本数据进行对比分析，因此，本研究主要针对 2015 年 6 月以大宗交易方式和 2015 年 10 月以协议转让的方式并附加承诺的大股东减持行为进行研究。

5.2.4　案例分析

本部分将首先分析乐视网实际运营情况，其次将对乐视网 2015 年公司重大事项、相关信息披露语调以及股价变化趋势进行整理分析，将得出的结果与乐视网实际运营情况进行对比，包含年度数据、季度数据以及某个具体时点数据的对比分析，以此寻找能够验证观点的数据证据来挖掘梳理各种看似毫无关联的事件背后之间的相互关系。本部分将主要研究公司大股东在遵守相关法律法规的情形下，通过何种手段操纵股价择机抛售股票，同时在减持后控制风险。对于大股东减持过程中语调操纵与大股东减持之间的作用机制也将做出阐述。

1. 乐视网实际运营情况分析

（1）公司经营业绩不佳。

2014 年互联网行业得到了飞速发展，互联网产品和服务不断迭代更新，竞争程度越来越高。面对这种情况，乐视网进行了产业的转型升级，在原有的互联网视频业务的基础上，升级了更多的电商业务以及线下实体业务，同时收入也在逐渐增多。但其财务状况并非表面显示的那样乐观。如图 5 - 10 所示，

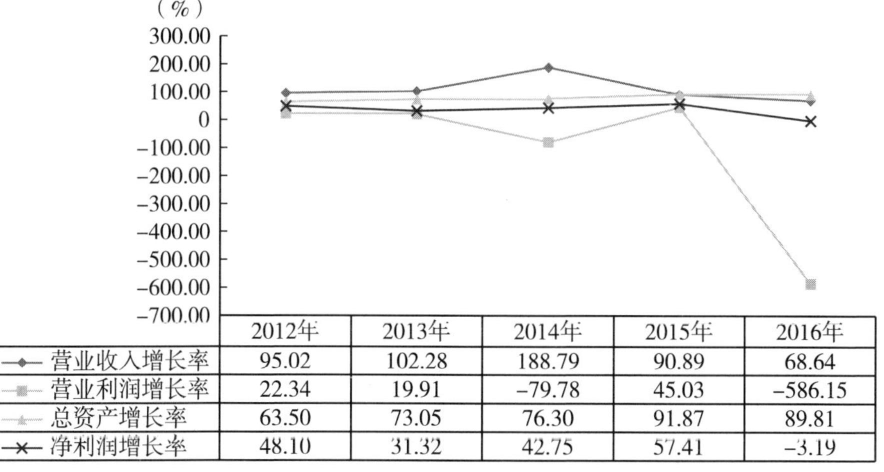

	2012年	2013年	2014年	2015年	2016年
营业收入增长率	95.02	102.28	188.79	90.89	68.64
营业利润增长率	22.34	19.91	-79.78	45.03	-586.15
总资产增长率	63.50	73.05	76.30	91.87	89.81
净利润增长率	48.10	31.32	42.75	57.41	-3.19

图 5 - 10　乐视网 2012 ~ 2016 年营业收入和营业利润增长率等变化趋势

资料来源：根据乐视网年报整理。

通过观察乐视网2012～2017年成长能力指标可以清楚地发现，代表乐视网营业收入增长率的折线在2012～2016年位于营业利润增长率所在折线的上方，且2014年乐视网营业收入681 894万元，2013年营业收入只有236 125万元，增长了约2倍，但其营业利润却从2013年的23 671万元下降到2014年的4 787万元，营业利润增幅也下降约100个百分点。2015年乐视网的营业收入为130亿元，是2014年的2倍左右，增幅下降约98个百分点。2015年营业利润同比下降金额远小于2014年的同比下降金额，营业利润已经回不到2013年的巅峰状态，说明公司经营业绩自2014年开始下跌，直到第二年也没有好转。

另外，乐视网净利润的增长率所在折线也在营业利润的增长率所在折线的上方，结合表5－20中的利润总额情况可以看出，2012年、2013年乐视网的利润总额是六年中最高的，到2014年、2015年开始出现大幅度下降，而下降趋势并没有得到及时有效的遏止，此后的2016年、2017年营业利润由正转负，乐视网也产生了巨大的亏损。但是在这样的不利环境下，2014～2016年归母净利润却并未出现负数，反而呈现迅猛的上升速度，与当年营业利润总额差距极大，这是为什么呢？通过查找乐视网年报我们发现，乐视网在2014年、2015年、2016年通过子公司的大额亏损分别确认了1.96亿元、5.07亿元、7.63亿元的递延所得税资产，递延所得税的确认一年更比一年多，这其中包含了数量庞大的可抵扣亏损，但却几乎不确认递延所得税负债，最终结果便是在合并报表层面出现了负的所得税费用。

表5－20　乐视网2012～2017年收入、利润和递延所得税指标　单位：百万元

指标	2012年	2013年	2014年	2015年	2016年	2017年
营业收入	1 167.31	2 361.25	6 818.94	13 016.73	21 950.95	7 025.22
营业利润	197.42	236.71	47.87	69.42	－337.80	－15 759.60
归母净利润	—	—	365.00	602.00	582.00	—
确认递延所得税资产	—	—	196.00	507.00	763.00	—

资料来源：根据乐视网年报整理。

（2）偿债能力下降。

企业的偿债能力是企业可持续健康发展的前提。本研究选取乐视网2012～2015年的偿债能力相关指标进行分析，结果如表5－21所示。乐视的流动比率、速动比率、现金比率在2012～2015年均只出现少许的波动，整体处于上升的趋势，四年间分别上升了55%、37%和118%，但与行业均值相比仍然具

有明显差距。且总资产负债率明显高于行业平均水准，呈现出上升趋势。这表明乐视网不仅短期偿债能力相对薄弱，长期偿债能力也不尽如人意，存在过度依赖融资的问题。已获得利息倍数的逐年减少也说明乐视网支付利息的压力逐年增加，整体存在较大的偿债风险。

表5-21 乐视网2012~2015年偿债能力指标与行业均值对比 单位：%

指标	2012年	2013年	2014年	2015年
流动比率	0.80	0.83	0.81	1.22
流动比率（行业均值）	2.56	2.15	1.94	2.07
速动比率	0.78	0.77	0.65	1.07
速动比率（行业均值）	2.15	1.83	1.72	1.74
现金比率	0.17	0.24	0.11	0.37
已获得利息倍数	4.90	3.15	1.49	1.26
资产负债率	56.11	58.58	62.23	77.53
资产负债率（行业均值）	32.22	35.18	37.55	35.02

资料来源：根据WIND数据库整理。

表5-22将乐视网的资产负债率与同行业规模前十的公司进行对比，可以发现乐视网的资产负债率在2014~2016年都非常高，通过与同行业的公司进行对比可以进一步看出这个数据的异常。乐视网三年间资产负债率均大于60%，最高甚至达到77%，与同行业公司存在非常大的差距。由此可以看出乐视财务风险问题已经十分严重，融资成本的增加更是雪上加霜。贾跃亭作为公司内部人，在提前得知公司经营不善的情况下，为了避免高财务风险可能带来的未来损失，具有通过减持套现保障其既得利益的动机。

表5-22 乐视网与同行业规模前十公司资产负债率对比 单位：%

公司名称	2014年	2015年	2016年
乐视网	62.23	77.63	67.48
凯撒文化	19.76	18.46	18.49
上海钢联	33.96	31.80	17.62
完美世界	51.87	62.10	47.13
掌趣科技	9.21	20.06	17.79

续表

公司名称	2014 年	2015 年	2016 年
掌控互动	60.82	63.48	33.06
巨人网络	7.48	5.92	13.30
浙数文化	46.21	84.25	81.17
宝通科技	21.91	21.97	24.55
顺网科技	16.36	12.14	13.74

资料来源：根据 WIND 数据库整理。

（3）公司资金出现严重短缺。

由表 5－23 可知，从 2012～2015 年，乐视网的销售利润率、销售毛利率、净资产收益率、资产净利率呈现下降趋势。通过与 2014 年、2015 年的行业均值进行对比也可以看出，这几个指标均与行业均值存在非常大的差距。2015 年乐视网表面上呈现出快速发展扩张，公司规模增大的现状，实际上却出现经营状况、盈利状况堪忧的问题。快速扩张亟须资金支持，而盈利能力的下降致使资金缺乏，久而久之资金缺口越来越难填补，乐视网资金压力巨大。

表 5－23　乐视网 2012～2015 年盈利能力指标与行业均值对比　单位：%

指标	2012 年	2013 年	2014 年	2015 年
销售净利率	16.27	9.84	1.89	1.67
销售净利率（行业均值）	—	—	29.95	28.55
资产净利率	8.13	5.87	1.86	1.68
资产净利率（行业均值）	—	—	17.37	16.56
净资产收益率	15.60	15.94	11.50	14.59
净资产收益率（行业均值）	—	—	16.17	14.90
销售毛利率	41.38	29.33	14.53	14.63
销售毛利率（行业均值）	—	—	99.90	99.96

资料来源：根据同花顺和乐视网财务报告整理。

乐视网在积极扩张的同时，其财务风险、投资风险、管理风险和资金回收风险都已成为无法忽视的客观存在。当公司经营不善的时候，为了保障自己的既得利益，贾跃亭存在减持的动机。因此，乐视网的高风险也成为贾跃亭掏空上市公司的影响因素之一。

2. 语调操纵与大股东减持关联性分析

我们首先对乐视网年度和季度财务报告中的文本信息语调水平进行计算分析，将得出的结果与乐视网实际经营现状进行对比，通过对比判断乐视网财务报告文本信息语调水平的高低以及变化趋势与企业实际经营现状是否相符，若不相符则探讨其背后的原因，用数据证据证明乐视网大股东是否对财务报告的文本语调进行操纵，从而说明财务报告的语调操纵与大股东减持的关联性。

以往文献发现异常积极的语调会导致市场对盈余公告过度乐观的即刻股价反应，但公司随后的收益下降，因此异常积极的语调其实包含了关于公司未来基本面的负面信息。公司倾向于进行语调管理，特别是当操纵投资者的动机很强时，而投资者也被证实确会受语调管理误导。当公司市场表现不佳、所受监督力度不强时，公司管理层、大股东管理、操纵企业年报语调的可能性更大。财务报告作为我国各类上市公司资产信息披露中的一个重要组成部分，一方面对外展示了公司经营现状以及未来发展的可能性，另一方面也向外部投资者传达了公司管理层对公司当前以及未来的定位。由于对财务数据进行操控难度大、风险高，因此大股东可能为了自身利益转而操纵财务报表的文本语调，来满足自身股票交易的需求。例如，大股东通过提高文本的理解难度来进行策略性的语调管理，从而掩盖公司存在的不良状况或不利信息，刻意引导外部投资者对公司的经营状况和价值产生误判。

在本部分中我们将主要利用文构财经文本数据平台（www. wingodata. cn）对乐视网在2013～2015年对外公开披露的年报、季报的文本数据进行分析。该数据平台是国内第一家以上市公司公开披露文本为研究基础的人工智能化财经数据平台，以上市公司财务报表、内部控制评价报告、社会责任报告等公开披露的非财务、非结构化文本数据为基础，采取人机交互的自然语言处理、机器学习、AI方法以及HPC高性能计算平台对财经文本进行深度加工，构建出一系列财经文本指标，将文本信息高质量结构化。该数据库语调指标的计算以拉夫兰和麦克唐纳（2011）提供的金融情绪英文词表为基础，通过翻译、构建种子词集、扩充、人工筛选、分类统计等步骤计算得出。我们通过该数据平台对乐视网的年度财务报告、季度财务报告的语调进行归集计算，由此得出乐视网在2013～2015年财务报告的语调水平，为之后判断乐视网财报语调是否影响股价变动提供数据性基础。

该数据库语调指标构建的具体操作方法如下：依据词语表达情绪的不同，将乐视网年度财务报表正文中的词语进行了筛选和分类，划分为中性词语、积极正面词语和消极负面词语，以积极词语在文中出现的频率占总词语数的比值来准确体现财报的情绪水平。文构财经文本数据平台运用以下三种不同的方式分别对乐视网年报语调的数据进行了分析和计算。若通过运算后结果大于0，表明正面词语出现频数比负面词语高，正面情绪在该年报中是主基调；若运算结果小于0，则负面情绪为主基调。该数据库的具体计算方式如表5-24所示。

表5-24 文构平台数据计算方式说明

变量	tone_index1	tone_index2	tone_index3
变量说明	语调指数1	语调指数2	语调指数3
计算方式	(正面词语出现的频数-负面词语出现的频数)/(正面词语出现的频数+负面词语出现的频数)	(正面词语出现的频数-负面词语出现的频数)/报告文本的总词数	(正面词语出现的频数-负面词语出现的频数)/(正面词语出现的频数+负面词语出现的频数+1)

资料来源：文构财经文本数据库字段说明。

通过前面对于乐视网实际经营情况的分析可以看出，乐视网2014年和2015年经营业绩下降，偿债能力变弱且资金出现严重短缺，实际经营情况并不乐观，面临的挑战十分艰巨。然而通过对文构财经文本数据平台的数据进行整理和分析发现，如表5-25所示，乐视网2014年和2015年的年报、季报的语调水平大多数评分较高，由于计算公式不同，通过三种方式计算出的语调指标大小各不相同，但变化趋势具有一致性，且数值均显著大于0，是趋于正面积极的语调评分水平。这表明乐视网当时的真实经营状况并不如财报中的语调水平显示的那样乐观。

表5-25 2013~2015年乐视网年度财务报告文本语调水平

日期	语调指数1	语调指数2	语调指数3
2013年12月31日	0.368	0.027	0.368
2014年12月31日	0.299	0.021	0.299
2015年12月31日	0.365	0.029	0.364

资料来源：文构财经文本数据库（www.wingodata.cn）。

乐视网2014年的年报语调积极程度虽然有所下降，但对比2013年和2015

年的评分数据，可以发现下降程度并不大，仍显著为正且接近 0.3。从前面对乐视网实际经营情况的分析中我们知道，2014 年和 2015 年乐视网主要通过递延所得税的处理，使得其在营业利润大跌之时仍能保持净利润稳步增长。在这种情况下，考虑到净利润可参考性较低，本研究选取乐视网每年营业利润增幅与语调指标进行对比，如图 5 - 11 所示。从图中可以看出，2014 年的营业利润增幅与 2013 年营业利润增幅相比下降约 100 个百分点，而 2014 年年报语调指数与 2013 年相比下降幅度只有 18.87%，且 2014 年年报语调指数显著为正，这种不相符的数据变化趋势为乐视网大股东操纵年报语调提供了直接的证据。

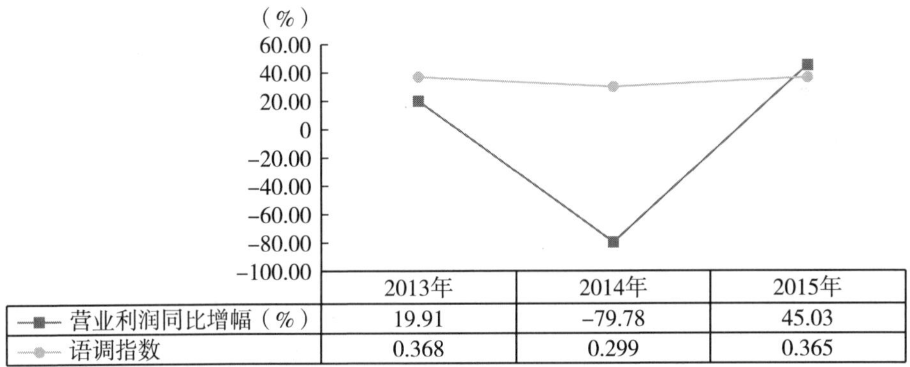

	2013年	2014年	2015年
营业利润同比增幅（%）	19.91	-79.78	45.03
语调指数	0.368	0.299	0.365

图 5 - 11 乐视网 2013 ~ 2015 年营业利润同比增幅与年报语调指数对比

资料来源：文构财经文本数据库（www. wingodata. cn）。

图 5 - 12 由整理乐视网 2015 年四个季度财报的语调评分数据所得。由于文构财经文本数据库采取了三种不同的语调指标计算方法，但是计算得出的语调指数 1 与语调指数 3 差距非常小，在图中呈现出相互重叠的状态，语调指数 2 的涨落趋势也与语调指数 1、语调指数 3 相同。进一步分析发现，在 6 月份第一轮减持与 10 月份第二轮减持之间，2015 年 10 月 26 日乐视网发布了 2015 年前三季度财报，前三季度财报的语调指数为 0.459，与 2015 年半年报的语调指数相比增长了约 75%，是 2015 年语调指数最高的财务报表。在前三季度财报发布后 5 天，乐视网大股东随即进行了第二轮大规模减持。在第一轮减持与第二轮减持之间发布语调异常积极的财务报表不仅可以稳定第一轮减持所带来的股价震荡，还可以为即将到来的第二轮减持造势并奠定股价基础，这进一步为公司大股东对年报语调进行操纵提供了直接证据。

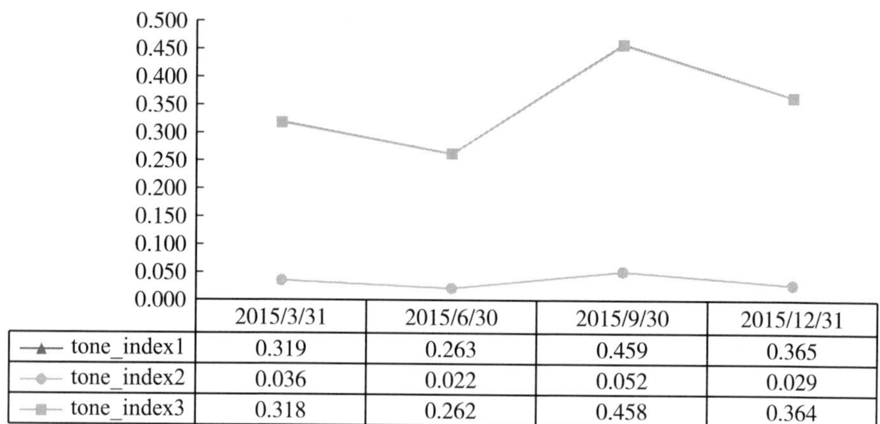

	2015/3/31	2015/6/30	2015/9/30	2015/12/31
tone_index1	0.319	0.263	0.459	0.365
tone_index2	0.036	0.022	0.052	0.029
tone_index3	0.318	0.262	0.458	0.364

图 5-12　乐视网 2015 年季度财务报告语调分析

资料来源：文构财经文本数据库（www. wingodata. cn）。

2015 年，一方面，乐视网自身盈利能力下跌，偿债能力变弱，实际经营情况并不乐观；另一方面，随着爱奇艺、腾讯视频等网络视频企业正逐渐发展成强大的竞争对手，乐视网面临的外部挑战十分艰巨。在如此艰难的情形下，四个季度财务报告的文本语调指数却始终居高不下，一方面语调评分指数与乐视网实际发展现状之间存在不相符的情况；另一方面语调异常积极的财务报告所发布的时间点具备特殊性。这两方面共同印证了贾跃亭操纵公司年度财务报告、季度财务报告的文本语调的事实，在财报语调对公司股价推波助澜的过程中，贾跃亭得以择机高位减持，套现约 117 亿元。

公司大股东借助信息披露中的异常语调误导外部投资者，导致公司所面临的各种负面问题无法真实地展现出来，企业内外部之间的信息不对称程度加深，外部投资者无法正确全面地了解公司现状，盲目地看好公司发展前景。由此可见，财务报告语调作为反映企业实际经营情况的工具，可以被公司大股东所操控，为大股东的自利行为创造条件。因此，非结构化的数据分析应得到足够的关注度，通过对非结构化的数据分析使外部投资者全方位了解公司真实情况，从而做出正确的投资选择。

3. 大股东借助外部机制降低减持风险

假设公司大股东的最终目的是通过语调操纵来影响公司股票价格，那么除了通过年报、季报的文本语调直接影响投资者的投资行为这样的内部机制以外，大股东还可以借助外部机制来影响股价走势。同时，年报、季报的发布次数有限，每年的发布时间也几乎一致，限制了公司进行语调操纵的空间，很难在大股东减持之后再趁势进行相应的信息披露来稳定后续的股价。因此，在减持后的高风险阶段，大股东有动机借助外部机制来降低后续减持风险。

有研究发现，公司的股价暴跌风险与公司大股东的减持规模成正比，减持规模越大，股价暴跌风险越高，而公司的盈利能力越强，也越容易缓解股价暴跌风险。在前述对乐视网的实际经营情况的分析中我们发现，2015 年乐视网的各项盈利指标均逐渐下降，盈利能力减弱，此时贾跃亭大规模抛售所持股票加大了股价崩盘风险。行为学的有关理论指出，投资者的投资情绪、意愿较高时，其与大股东的投资行为保持一致的可能性更高且具有模仿性。另外，由于投资者在做出投资决定时通常有自己的投资底线，以避免产生过多的损失，而大股东减持行为容易被投资者解读为坏消息，对于这类负面消息格外敏感的投资者为了守住底线也将会做出即时反应。综上所述，当投资者情绪较高而大股东又采取减持行为时，最初追随大股东进行投资的投资者将在此时与大股东的行为保持一致性与模仿性，追随大股东出售所持股份，导致公司股价在短时间内急剧下降。

如图 5－13 所示，乐视网大股东在 2015 年 6 月 1 日、3 日以及 10 月 30 日进行股票减持后，乐视网的日股票交易数量及交易总金额均有非常明显的上升。可见投资者对大股东减持行为的反应较为强烈，即使贾跃亭承诺将其减持所得全部资金免息借给公司，部分大股东仍将其解读为负面信息，从而跟随大股东抛售手中股票。

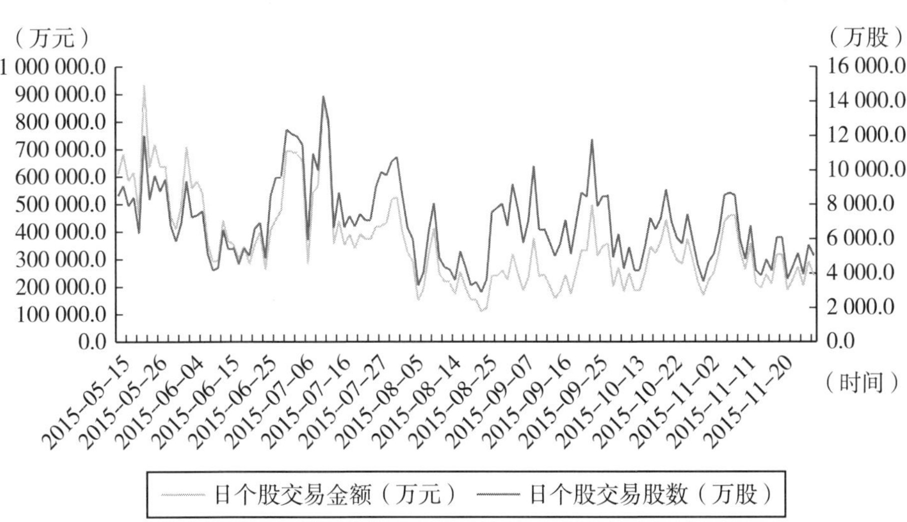

图 5－13　乐视网 2015 年 5～11 月日个股交易股数及交易金额

资料来源：RESSET 金融研究数据库。

本研究结合贾跃亭2015年大规模减持发生的时点与乐视网股价变化趋势图进行综合分析。乐视网大股东减持的时点以及股价分别是2015年6月1日71.2元、6月3日78.98元和10月30日47.85元。从图5－14可以发现，大股东减持当天乐视网的股价虽然不是最高点，但均处于历史高位，其在5月31日的涨幅达到了14.45%。在8月和9月的股票低谷期，乐视网大股东并未进行减持。2015年6月3日，乐视网宣告已经完成了大股东第一轮减持，公司股价一路从79元的收盘价猛跌至最低30.7元，随后又再次缓慢回升。贾跃亭的第二轮减持时机选择在2015年10月30日，此时公司股价已经维持了一段时间的稳步上涨，达到47.9元，此后股价波动平稳不少。第三轮减持时，乐视网股价趋于平稳，在35元左右小幅度波动。但在2017年1月16日减持后股价开始逐渐下跌，一度触发熔断机制，2018年股价甚至跌出了2.08元的最低纪录。结合这三轮的四次减持行为可以明显地看出贾跃亭所选择的减持时点均是股价相对较高的历史高点，每次的减持比例都不小，套现金额巨大。

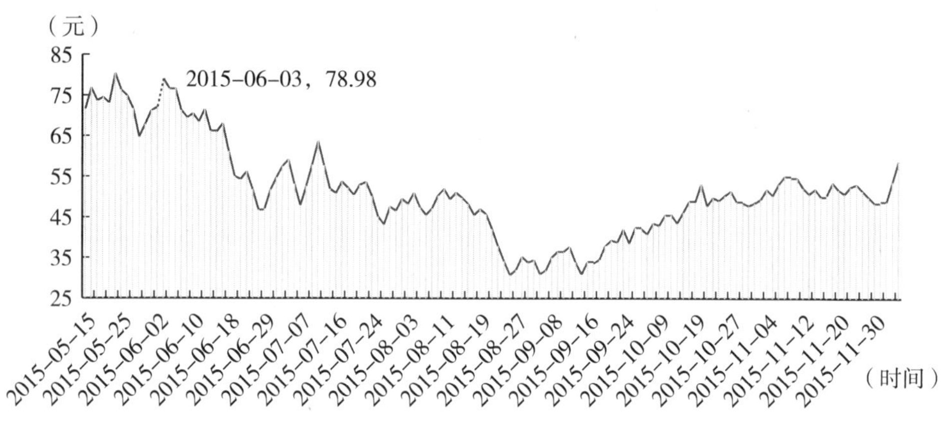

图5－14　乐视网2015年5～11月股价收盘价

资料来源：根据CSMAR数据库乐视网收盘价整理。

由于乐视网盈利能力降低，且肩负高额债务的情况，企业经营非常吃力。此时公司股价的动荡使其面临的债务风险更大。若其无法负担后续的高额债务，将有可能走到穷途末路的境地。因此，企业通常会采取一些手段降低减持风险，减轻不利影响。

（1）新闻媒体报道语调降低减持风险。

已有研究证明股市会受到新闻媒体报道的内容以及数量的影响，内容积极的媒体报道会抬升公司股价，内容消极的媒体报道则会压低公司股价。在重要的公司活动中，为了获得更多的收益，公司有强烈的动机对媒体报道进行操纵。而上市公司的股票收益率和未来业绩会受到相关新闻媒体报道的积极情绪程度以及积极报道的频数的正向影响，即积极报道频率越高或数量越多，其股票收益率越高，未来业绩越好。以往文献还证明了投资者关系管理公司会抓住机会创建对代理人公司有利的积极性报道，并使用这些报道来控制引导公司股价暂时上涨。

在已有的实证分析结果的基础上，本部分首先通过报刊新闻量化舆情数据平台将媒体新闻报道与被报道公司进行精准的匹配，其次结合自然语言处理技术和机器学习对数据进行量化处理。该数据库包括 1998 年以来约 300 家主流报纸媒体发行的所有 A 股和 B 股上市公司的相关新闻报道，运用特定计算方式将公司新闻媒体报道的情感倾向水平量化。报刊新闻量化舆情数据平台首先对新闻报道数据进行归集整理，并对每篇新闻报道的语调水平进行计算，将新闻报道中的词语按照情绪类别进行分类，再进一步对词语出现的频数、句子数量等进行统计，据此判断该报道趋于积极或消极、正面或负面。表 5 – 26 是该数据平台的数据字段说明表。

表 5 – 26　　数据字段说明表

序号	变量	字段标题	字段说明
1	News_Id	新闻编号	新闻的唯一编号
2	All_Sents	句子总数	正文中的全部句子数
3	Neg_Sents	负面句子数	正文中的负面情感句子数
4	Neu_Sents	中性句子数	正文中的中性情感句子数
5	Pos_Sents	正面句子数	正文中的正面情感句子数
6	Title_Senti_Score	标题情感评分	新闻标题情感评分
7	Content_Senti_Score	正文情感评分	新闻正文情感倾向性汇总得分
8	Content_Senti_Score_Ref	调整后的正文情感评分	经调整后的正文情感评分
9	Overall_Senti_Score	整体情感评分	新闻整体情感倾向性汇总得分
10	Overall_Senti_Score_Adjust	调整后的整体情感评分	新闻整体情感倾向性汇总得分（经预测概率加权调整后）

资料来源：报刊新闻量化舆情数据平台字段说明。

首先，根据表 5 – 27 中报刊新闻量化舆情数据平台对 2015 年乐视网所有新闻媒体报道数量的描述性统计数据可以看出，2015 年关于乐视网的所有媒体报道中，原创正面新闻的数量比负面新闻多了 30% 左右。

表 5－27　2015 年乐视网相关新闻报道的描述性统计

原创正面新闻数	原创负面新闻数	原创中性新闻数
457	347	283

资料来源：报刊新闻量化舆情数据平台。

其次，新闻报道中所有句子的分析结果如表 5－28 所示，乐视网 2015 年媒体报道的正面句子数几乎是负面句子数的 2 倍，情感评分为正，且非常高。这与乐视网 2015 年盈利能力下降、还债负担极重等实际经营情况并不符。

表 5－28　乐视网相关新闻报道情感评分数据

项目	2012 年	2013 年	2014 年	2015 年	2016 年	2017 年
负面句子数	15 392	35 955	27 657	40 982	39 813	44 474
中性句子数	10 069	21 005	18 894	26 239	27 504	19 372
正面句子数	26 595	66 526	57 416	79 397	84 590	46 310
新闻标题情感倾向性	587	1 256	1 075	1 478	1 598	－270
正文情感评分	641. 584	1 401. 193	1 207. 080	1 497. 933	1 719. 322	－73. 715
调整后的正文情感评分	290. 555	818. 569	667. 453	758. 325	902. 929	－858. 361
整体情感评分	568. 553	1 269. 437	1 096. 919	1 402. 369	1 586. 010	－166. 176
调整后的整体情感评分	625. 209	1 357. 635	1 167. 456	1 491. 953	1 682. 925	－132. 601

资料来源：报刊新闻量化舆情数据平台。

本研究结合大股东减持时点进行进一步分析，如图 5－15 所示，在第一轮减持时点，即 2015 年 6 月 1 日和 6 月 3 日两天，减持当天的新闻整体情感评分均显著为正，尤其是 6 月 1 日，整体情感评分达到 7. 81，为前后一个月时间内的最高值；6 月 3 日整体情感评分也达到 3. 64，为前后十天内的历时最高值。6 月 3 日后，乐视网股价迅速下跌，直到 9 月中旬才开始恢复上升趋势；而整体情感评分也是在 6 月 3 日后出现较为明显的下降，在 6 月 9 日达到半年内的最低值，可见，乐视网大股东通过精心选择减持时机进行大规模减持套现后，损害了中小股东利益。减持后相关新闻情感评分迅速下降，乐视网股票价格持续暴跌，市场反应不佳。

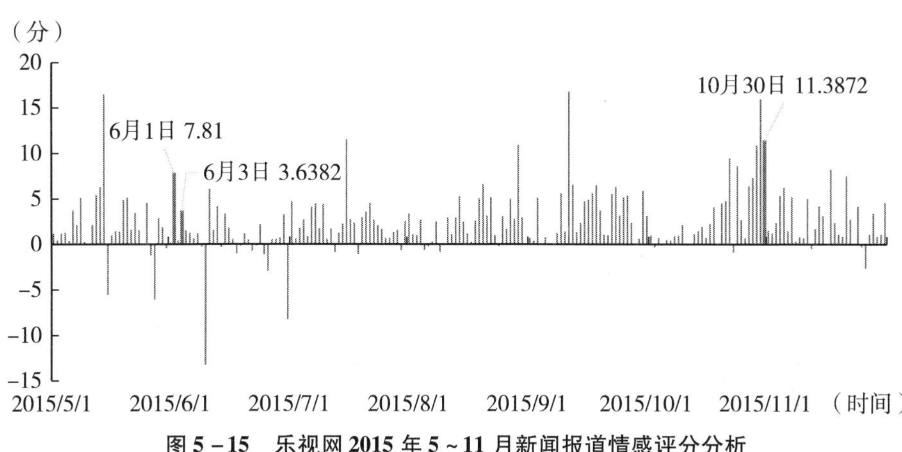

图5－15　乐视网2015年5～11月新闻报道情感评分分析

资料来源：基于报刊新闻量化舆情数据平台的数据分析。

针对第二轮减持的分析可以发现，乐视网股价由第一轮减持完成的6月3日开始下跌至9月中旬的30.88元，9月下旬以后股价缓慢回升，10月20日出现了新的股价高点53.14元。贾跃亭通过协议转让实施第二轮减持的时间为10月30日，此时乐视网的股价是47.85元，接近50元的历史高点。与第一轮减持不同，第二轮减持前半个月，乐视网新闻整体情感评分几乎均为正面的，且呈早期逐步上涨、后期迅速上升的趋势，在10月29日达到12.94分，而减持当天10月30日也出乎所料地达到了11.39的高评分。在此期间乐视网股价从10月14日的43.55元涨到减持前一日10月29日的48.52元，涨幅达到11.41%。减持完成后，股价仍稳步上涨8个工作日，从47.85元上升到了55元，涨幅高达14.94%。减持完成后的媒体报道语调水平虽然在减持后两天出现下降，但依旧维持着积极的正面报道，减持后第三天便迎来上涨，在11月4日回升到6.24的高语调评分水平。相较于第一轮减持后股价的迅速下跌，以及新闻报道向消极语调急转直下的情况，第二轮减持在规模更大、减持金额更多的情况下，乐视网吸取第一轮减持的经验教训，通过媒体的语调操纵维持了积极正面的情感倾向，同时也在一定程度上维持了短期的股价稳定，对大股东减持带来的风险进行了有力管控。

由于媒体新闻报道具有中立性以及客观性，外部投资者对媒体新闻报道的信任度往往较高。而乐视网借助新闻媒体报道的语调误导投资者自身的投资决策，诱使其对乐视网的股票进行投资。这种行为在大股东减持后可以为其出逃行为进行包装，降低后续风险，维持企业经营稳定，同时也不失为一种逃避监管的手段。综合以上的各种分析结果，我们对乐视网大股东以及新闻媒体之间的合谋操纵行为产生了怀疑。

（2）分析师预测偏误降低减持风险。

以往文献说明上市公司不同类型的公开披露文本信息的积极语调对分析师预测的评级水平和其变化有显著的正向影响，而消极语调则没有。除了上市公司主动公开的官方信息以外，通过传媒市场传播的新闻媒体报道也会对分析师产生影响，具体表现为分析师之中存在媒体情绪传染效应，新闻媒体报道的情绪越乐观，各个分析师之间的盈利预测偏差程度越高。进一步分析发现，媒体情绪可以通过投资者情绪来影响分析师预测的乐观倾向，而分析师和媒体的乐观情绪均会加剧股价波动及后续风险。此外，媒体有动机提高企业信息披露水平并采取行动，除了及时披露上市公司的结构化财务信息以外，对非结构化信息和非财务信息的及时性披露也非常重视，在收集和总结分析师的投资建议上，媒体具有一定的优势。可见，新闻媒体报道与分析师的分析预测之间存在相互影响的机制，它们相辅相成，共同对股票市场以及投资者造成影响（杨世鉴，2013）。为了研究分析师预测在本案例中的作用，本研究选取分析师预测数据进行分析。

本研究收集了由国泰安中国上市公司分析师预测研究数据库提供的部分数据，该数据库包含了近二十年所有中国上市公司的相关基础性研究信息、相应的证券公司分析师预测报告以及这些证券公司的关键信息等内容。据此，本研究对乐视网 2015 年分析师预测的重要数据进行了整理和分析。

从图 5 - 16 可以看出，在 5 月 26 日乐视网发布减持计划公告后，各家分析师预测的变动趋势异常相似，净利润金额均持续上涨，从 5 月 26 日的 3.07 亿元增加到 6 月 17 日的 7.57 亿元，增长了 146.58%。之后开始急速下跌，在 7 月 28 日又迎来第二次大幅度上涨。通过查找相关事件，我们发现乐视网在事件前一日，即 7 月 27 日发布了《关于承诺事项履行情况专项披露的公告》，披露内容显示大股东贾跃亭将与公司签订第一笔资金免息借款协议，借款金额 25 亿元起，借款期限十年起。并签署追加承诺，表示借款资金到期归还后，这笔资金仍然不会流出，将全部用来回购乐视网股票，且增持所需要金额低于减持所得金额的部分将无偿归还公司。根据以上分析师预测的变动趋势可以看出，各家分析师对乐视网的第一轮减持均持乐观态度，尽管乐视网大股东进行了大规模减持，但是证券公司对乐视网的关注仍有所增加。

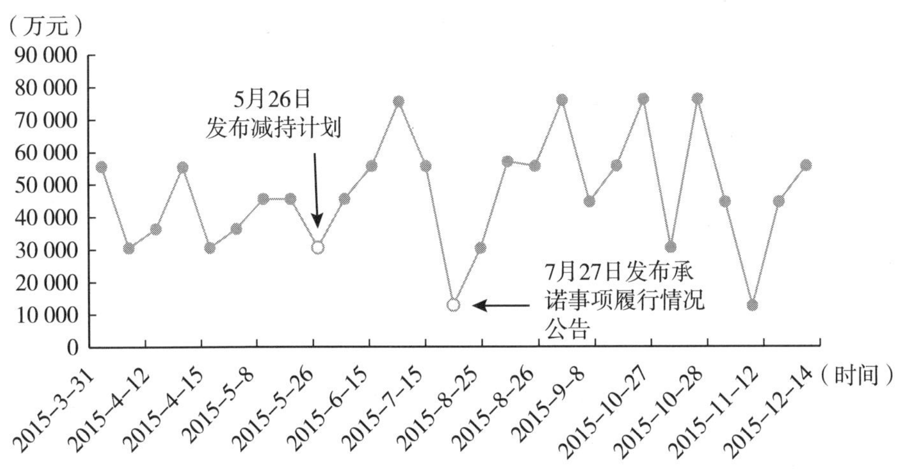

图 5-16 2015 年乐视网分析师预测净利润

资料来源：国泰安上市公司分析师预测数据库。

针对 7 月 27 日至 8 月 26 日分析师预测净利润数据的快速上涨情况，本研究对网络新闻量化舆情数据平台收集到的 2015 年乐视网媒体新闻报道情感评分数据求平均数，得到的结果如表 5-29 所示，在分析师业绩预测上涨期间，平均每篇乐视网媒体新闻报道的整体情感评分远高于 2015 年年均整体情感评分，经过调整后的数据也是如此，分析师业绩预测上涨期间平均每篇媒体报道的情感评分为 2015 年年均整体情感评分的 4 倍左右。可见，乐视网在 7 月 27 日发布承诺事项履行情况的公告后，媒体新闻报道的语调水平远远高于年平均语调水平，而分析师的业绩预测水平也出现了异常上涨，说明分析师的业绩预测结果可能受到媒体报道积极语调的正向影响，从而进一步影响投资者的投资行为。

表 5-29 2015 年乐视网网络新闻情感评分平均数数据 单位：分

	整体情感评分	调整后的整体情感评分
2015 年平均数	0.041	0.150
2015 年 7 月 28 日～2015 年 8 月 26 日的平均数	0.456	0.593

资料来源：基于网络新闻量化舆情数据平台的数据分析。

此外，对比 2014 年和 2015 年对乐视网进行业绩预测的证券公司发现，

2015 年新增了粤开证券股份有限公司对乐视网进行业绩预测，其分析师所公布的预测业绩数据远高于其他进行业绩预测的证券公司。中国国际金融股份有限公司也对乐视网的业绩预测进行了调整，其公布的 2015 年业绩预测数据相比 2014 年 8 月份公布数据高出 4 000 多万元；中信证券股份有限公司对乐视网的业绩预测数据也比 2014 年 5 月份公布数据高出 8 000 多万元。这些证券公司的数据引起市场对乐视网的前景一片看好，吸引了更多投资者的关注（见表 5 – 30）。

表 5 – 30　　2015 年乐视网分析师预测研究数据

报告公布日	证券公司名称	每股收益（元）	市盈率（%）	净利润（元）
2014 年 3 月 24 日	宏源证券股份有限公司	0. 70	58. 00	465 660 000. 00
2014 年 5 月 12 日	中信证券股份有限公司	0. 80	43. 11	676 990 000. 00
2014 年 7 月 18 日	中国银河证券股份有限公司	0. 55	59. 00	459 000 000. 00
2014 年 8 月 7 日	宏源证券股份有限公司	0. 54	67. 00	327 350 000. 00
2014 年 8 月 26 日	中国国际金融有限公司	0. 66	57. 20	511 000 000. 00
2015 年 3 月 31 日	中国国际金融有限公司	0. 66	137. 30	557 000 000. 00
2015 年 6 月 17 日	中信证券股份有限公司	0. 41	161. 00	756 990 000. 00
2015 年 7 月 28 日	华泰证券股份有限公司	0. 20	219. 87	129 000 000. 00
2015 年 8 月 26 日	中信证券股份有限公司	0. 41	83. 00	762 470 000. 00
2015 年 9 月 10 日	粤开证券股份有限公司	0. 33	110. 00	615 310 000. 00
2015 年 10 月 27 日	中信证券股份有限公司	0. 41	122. 00	762 000 000. 00
2015 年 10 月 28 日	中信证券股份有限公司	0. 41	125. 00	762 470 000. 00

资料来源：国泰安上市公司分析师预测数据库。

乐视网通过将第一轮减持行为修饰成利好消息公开发布，并利用语调操纵手段将一段时间的语调水平调高，使得证券公司看好乐视网 2015 年的经营情况，证明了分析师的业绩预测结果也受到企业所披露信息以及披露信息的积极语调的影响而上涨。分析师的乐观预测进一步引导投资者对乐视网的关注，从而吸引更多投资资金的注入，使得股票在大股东大规模减持前维持一定水平。

4. 政府监管机制作用

（1）公司外部监管不到位。

关于乐视网大股东是否履行借款承诺的问题，本研究根据乐视网财务报告发布的信息，整理了 2015 年 6 月至 2017 年 6 月贾跃亭无息借款余额的数据，如图5－17所示。其中，2015年半年报显示贾跃亭向公司提供的无息借款金额为15.7亿元左右，6～8月借款持续增加，年底达到20.7亿元。2016年6月追加4.3亿元，达到最高借款余额25亿元左右，但之后便开始迅速减少，2016年年底减少到260万元，2017年6月实际余额为0元。

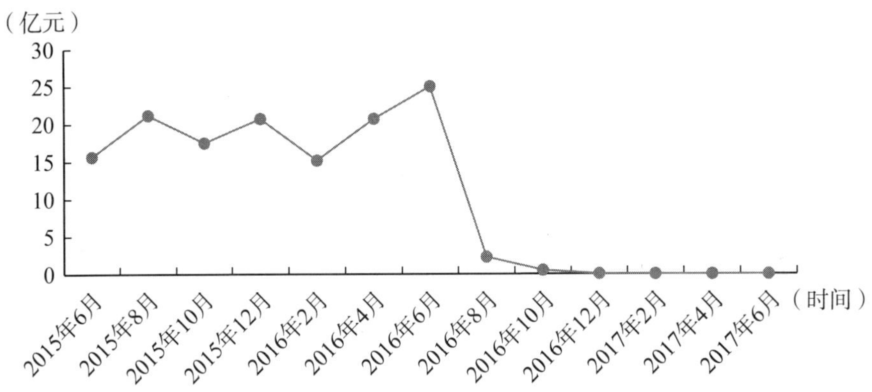

图5－17　贾跃亭无息借款余额变动情况

资料来源：根据乐视网财务报告整理。

乐视网在2015年年报中宣称大股东正常履行2015年7月27日的借款承诺；2016年年报显示贾跃亭没有再向公司提供借款，而公司向其偿还了约20.7亿元；2017年年报显示10月30日第二轮减持的借款承诺并未兑现，乐视网已悉数偿还完毕所有对于贾跃亭的欠款，这意味着贾跃亭有约32亿元的借款资金并没有按照承诺借给公司，且年报显示贾跃亭将资金挪用到了关联企业。其说明大股东并未履行相关承诺，而公司也没有及时对承诺履行情况进行披露，更没有向外部投资者做出风险提示。自2016年下半年开始，贾跃亭提供的无息借款大幅下降，在公司困难重重的时候，作为公司创始人，他竟然还收拢外借资金。在兑现了些许承诺并在2015年成功实施了两轮减持后，开始逐步收回借款，直到所有借款都被收回为止。这充分表明，贾跃亭没有履行其信用义务，减持股份的目的并不是为了缓解公司的财务压力，而是为了成功进行减持套现。这种行为毫无疑问属于大股东“隧道行为”的一种。

另外，大股东在签署借款承诺时未约定具体的违规惩罚措施，导致董事会的监管执行职能失效，最终对公司日常经营造成严重影响。

在外部审计方面，外部审计的监督职能在乐视网财务状况不佳的年份中并没有起到有效的作用。乐视网2011～2016年的外部审计报告意见均为标准无保留意见，直到 2017 年变更为立信会计师事务所进行审计，才突然出具无法表示意见。也就是说会计师事务所对于乐视网的经营情况在 2015 年和 2016 年都没有起到有效的监督和提示作用。

综上所述，乐视网对于公司信息披露方面尤其是承诺履行方面的外部监管不到位，导致外部投资者被借款承诺误导，对乐视网的未来发展情况没有全面科学的认知，对大股东“隧道行为”也缺乏足够的警惕，以致自身利益遭受巨大损失。因此，公司对承诺事项相关信息进行及时披露后，相关监管机构应该承担监督责任，提高外部监督力度。

（2）公司治理机制不完善。

乐视网第一大股东贾跃亭的持股比例在第一轮减持前后均高于 40%，且不存在另一个股东持股比例比他更高的情况，贾跃亭对乐视网拥有绝对控制权，因此，乐视的股权结构属于典型的“一股独大”。这使其对公司决策有重大影响，而中小股东在经营中则缺少话语权，贾跃亭可以利用自身优势进行决策从而使中小股东利益失去保障。乐视网缺乏对大股东贾跃亭的制衡力量，导致其忽视中小股东意见，仅凭其个人意愿便可进行决策。

2021 年 4 月 12 日，乐视网收到北京证监局送达的《行政处罚决定书》，经北京证监局查明，乐视网、贾跃亭等存在以下违法事实：乐视网于 2007 ~ 2016 年财务造假，其报送、披露的 IPO 相关文件及 2010 ~ 2016 年年报存在虚假记载；乐视网未按规定披露关联交易；乐视网未披露为乐视控股等公司提供担保事项；乐视网未如实披露贾某芳、贾跃亭向上市公司履行借款承诺的情况；乐视网 2016 年非公开发行股票行为构成欺诈发行。北京证监局对乐视网合计罚款 2.406 亿元，对贾跃亭（乐视网实际控制人）合计罚款 2.412 亿元，贾跃亭等 5 人被判终身证券市场禁入。自 2007 ~ 2016 年连续 10 年财务造假的乐视网，终于受到严厉处罚。

5.2.5　结论与启示

1. 结论

随着大数据时代的来临以及计算机技术的蓬勃发展，可量化的非财务信息可读性增强，在多个经济领域起着重要作用。本章收集了乐视网通过公开渠道披露的年报、季报、相关新闻报道以及分析师预测等相关文本信息，分析探讨了对公司具有实际控制权的大股东对信息披露的语调操纵与其大规模减持行为之间的关系，结论如下：

（1）乐视网大股东进行语调操纵择机减持。

乐视网在自身发展状况变差、盈利能力减弱、偿债压力巨大、公司财务风险上升的情况下，对年度财务报表、季度财务报表的语调进行操控，抬高文本语调水平，同时与新闻媒体合谋，操纵公司相关新闻报道的语调，发布文本语调评分异常高的新闻报道，诱导股价在其期望的期间内上涨。随后，乐视网大股东选择股价高位减持清仓，从而套现获利。

此外，分析师预测的净利润结果也会受到企业所披露信息、新闻报道信息中文本积极语调的正向影响。分析师对于净利润的乐观偏误进一步将投资者的关注集中到乐视网，误导外部投资者的投资选择，在大股东大规模减持前吸引外部的更多投资资金进入，将股价维持在一定水平。

（2）语调操纵与大股东减持之间的作用机制。

语调操纵与大股东减持之间的作用机制存在直接和间接两种影响方式。通过梳理可以发现，企业管理层、大股东对信息披露中的文本信息语调进行管理或者操纵主要通过以下两条路径实现：第一条是投资者在接收到文本语调所传达的信息后改变了自我的投资意愿和行为，从而影响公司股价的上下波动；第二条是分析师在接收到文本语调所传达的信息后改变了原有的评级或业绩预测结果，从而影响投资者决策，进而间接对公司股票价格造成影响，这其中可能还包括媒体的参与。

此外，大股东不仅可以在减持前通过年度财务报表、季度财务报表以及媒体报道的语调操控股价，或者通过影响分析师预测净利润来造势；在减持后，也可利用积极语调影响分析师预测以及媒体新闻报道，从而减轻大股东减持带来的不利影响，掩盖大股东减持隧道行为，躲避监管。其作用机制如图 5 – 18 所示。

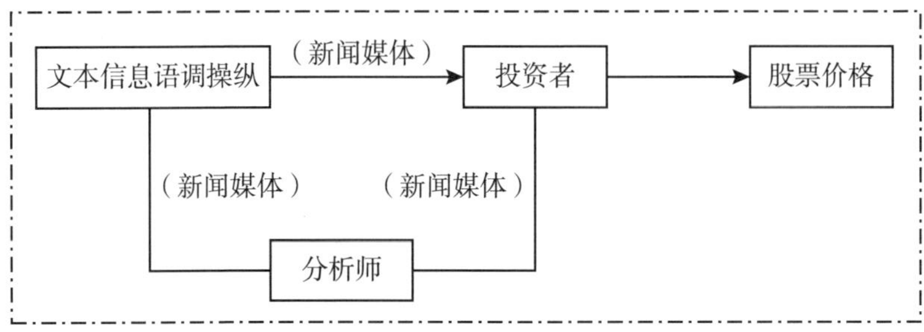

图 5 – 18　语调操纵与大股东减持之间的作用机制

（3）文本语调监管存在漏洞。

国内资本市场处于发展阶段，而对于上市公司非财务类信息公开的监督难度非常大，上市公司管理层监督机制尚未完善，上市公司信息披露的语调监督监管还处在零起点，国内还没有法律法规方面的实践经验可以借鉴。另外，语调操纵行为几乎不需要承担任何的损失和费用。所以，管理人员有强烈的意愿和目的对信息披露的语调实施操纵，以获取自身利益。其一，通过对结构化财务数据进行管理操纵的方式来获得收入将会违背会计准则或者相关法律法规，存在风险性。相比之下，在非结构化、非财务数据上进行语调管理操纵，可采取的方法多种多样，可操作的空间充足，且相对简单易行而可控。其二，汉语表达更为含蓄、委婉，投资者们对公告或者新闻报道的解读可能存在较大的个体差异，相关操作空间大。

信息披露是连接企业与外部投资者的桥梁，对资本市场的影响非常大。信息披露的力度越低，信息不对称程度越严重，如果信息披露不真实，具有误导性，则会对市场秩序造成破坏，影响上市公司的形象，损害投资者利益。对于大股东利用信息优势，借助语调操纵进行择机减持的乱象，国家应提高监督力度，实现对企业公开披露文本信息语调的监管体系从无到有的跨越，确切维护众多中小投资者的切身利益。

（4）“一股独大”加大监管难度。

在乐视网的案例中，相关监管法律法规的缺失、新闻记者群体监管不积极以及乐视网内部贾跃亭个人绝对控股的股权分布结构，均为以贾跃亭为代表的控股大股东利用信息的绝对优势择机减持股票进行套利提供了条件。在乐视网第一轮减持前，第一控股人贾跃亭所占股票的比例超过了40%，其他机构投资者性质的股东持股比例均未达到1%。第一轮减持后，贾跃亭所持股比例有所下降，但仍然未低于40%，与第二大控股股东相比依旧具有压倒性的优势，在乐视网中保持实际控制地位。“一股独大”使得公司内部力量无法制衡大股东的权力，大股东可以根据自己的目的和动机肆意地决定公司的决策方向。

2. 启示

（1）基于监督者角度。

①完善独立董事市场。

作为少数可以阻止大股东行为并保护中小股东利益的内部治理体系之一，建立一个健康健全的独立董事市场以推行内部治理是非常必要的。建立健全独立董事市场，可以使认真履行职责，并公正地监督他人工作的独立董事得到应有的尊重，即使被不合理地解雇，他的声誉也能够得到保持或者提升，而不必担心个人价值不被认可。相反，那些不认真履行职责，缺乏道德约束导致无效监督的独立董事将失去信任，无法在其专业领域得到进一步提升。如此，“胡萝卜加大棒”双管齐下，独立董事才能发挥出自己真正的价值。

②提高大股东减持违规行为处罚力度。

当公司的首位控股人所持有的股票比例远远高于任一其他股东时，公司内部的决策权存在过度集中的现象。这样的股权分布结构极其不合理，该情形下的公司实际决策者所受到的限制与制衡微乎其微，股东之间的相互监督效用也形同虚设。

除了《证券法》以外，在《公司法》的范畴中，当被公司实际决策者的大股东强行侵犯应得利益时，众多中小股东进行诉讼所获得的实际效果非常小。这就导致当中小股东的利益受到侵害时，他们很难通过相关法律法规保护自己的权益。现行法律虽然使用累计投票制度代替以往的一股一票和多数通过的原则，使“一股独大”的现象得到了轻微缓解。但实际情况是，中小股东依然十分被动，很难享有真正的表决权。因此，为了从根本上保护好中小股东利益，一方面需要高度重视控股大股东违法违规行为的监督和惩罚机制，通过加大法律上的惩戒力度来促使大股东严格遵守法律法规，另一方面需要健全相关法规和沟通渠道，为广大中小股东提供高效的申诉通道。

在制度建设上，证券会虽然坚持不断地完善法律法规，但仍然不能完全禁止金融市场上的各种非法行为。针对上市公司大股东利用法律法规的漏洞和缺失逃避责任与监督、择机抛售股票的行为，我国相关监督部门务必健全针对大股东违规减持的法规、加大对其抛售股票行为的信息公开力度，避免集中性、大规模的大股东抛售行为扰乱市场秩序。为了从源头上有效防止中小股东的权益受到侵犯，“一股独大”应是公司治理中尽量要避免的治理结构。对此，应从源头上加强相关法律法规的建设，加强股权制衡，促进企业充分发挥良好的治理效应。

目前，我国资本市场中公司治理问题急需解决，除了制度体系的建设，社会监督体系也至关重要。现实中，由于高管、大股东与新闻媒体之间的合谋操纵利益事件频发，媒体的监督职能也因此受到大众质疑。新闻媒体人应从自身做起，加强道德水平建设，自觉抵制利益诱惑。在行业内也应建立起通用的行业规范，充分发挥行业规范的约束作用，杜绝业内的不道德和违法行为，对资本市场违规行为进行有效监督。相关监管部门也应加大对媒体记者违规行为的处罚力度，对相关媒体进行更深入的调查和监视，提高其违规操作的代价，避免合谋操纵事件的发生。

③鼓励企业推进股份制改革。

对于上市公司公开披露的文本信息所进行的语调管理、操纵手段虽然出现较晚，但各利益相关者应对此现象提高警惕，避免利益受到侵害，以维持平稳向好发展的市场。有些上市公司尝试通过与战略投资者的合作扭转国有股集中高比例控股的情形。其中机构投资者可以丰富股权结构，分散集中的股权，这也不失为一个促进多元化股权的有效方式。

④提高分析师水平。

从乐视网的案例分析结果可以知道，分析师的业绩预测以及评级、荐股能力会受到公开发布的文本信息语调的影响，可见，分析师自身对于上市公司利用或者操纵语调这一事实没有足够的警惕心理。因此，分析师应提高自身专业能力，充分了解一些较常见的上市公司舞弊操作及其作用机制，关注股票市场上的相关制度以及规定的变化，及时更新自身知识内容，提高专业水平。证券公司也应定期对分析师进行培训辅导，以更新扩充其知识面，从而提供更为公平公正、更为准确的预测分析报告。

在提高专业业务能力之外，也要加强分析师的道德水平建设。对于首次提供业绩预测服务的上市公司，应选择更专业、业务更熟练的分析师来提供服务，尽可能地避免上市公司与分析师合谋抬高业绩预测水平的现象，保障分析师的独立性；对于业绩预测水平与以往差异较大的情况，尤其是业绩预测水平上升非常多的情况，应建立完善的内部风险控制制度，进行仔细核实，必要时进行二次预测，做好责任层级划分，加强内部管理，从证券公司内部约束分析师行为，提高分析报告的质量。

（2）基于上市公司角度。

完善公司治理机制的首要任务是提高管理者的管理能力。现代公司治理框架下，一家上市公司要合规高效地持续发展，对公司管理层能力素养提出了很高的挑战。公司治理机制不仅包括公司章程的制定，还涉及股权结构安排。已有研究发现，我国部分上市公司的治理模式仍停留在刻板按照章程办事阶段，或管理层并不明晰自身权责、公司章程流于形式。因此，上市公司应在现代公司治理体制下切实做好高管激励设计，明确其权利与义务，约束管理层自利行为，激励管理层为实现企业价值最大化而提高经营管理能力。

除了管理者培养的角度，公司要完善自我监督制度，加强内部控制建设。企业要加大针对大股东与媒体的合谋行为的监督力度，一旦发现语调操纵的现象发生，应尽快采取补救措施，建立纠察机制查清操控人员，并对其进行相应惩罚。公司内部的董监高应做好内部监督管理工作，在对年度、季度财务报告的信息披露进行监督的同时，也要对企业公开发布的文本信息语调进行监控管理，保证信息披露内容的真实性以及语调的公正客观。当公司处于良好的发展状态时，年度、季度财务报告的语调可以趋向积极正面；当公司经营情况不善时，也应在信息披露中有相应的消极语调文本的呈现。

此外，对于大股东与媒体，甚至还有分析师的合谋行为应提高警惕，加大常态化监督力度，对大股东在媒体监督以及分析师层面的舞弊行为制定应急补救方案以及处罚方案。

（3）基于投资者角度。

我国资本市场正处在发展阶段，股票市场上的违规舞弊行为花样百出，作为投资者应保持终身学习、时刻关心资本市场大事，努力更新相关知识，主动锻炼自己识别“隧道行为”的能力。在投资前，应科学评估个人风险承受能力，同时还应利用多种渠道加强对所投资企业实际情况的全方位了解，避免盲目跟风。应对企业主动披露的文本信息抱有辩证看待的态度，对相关异常情况有所警惕，对相关媒体以及分析师方发布的信息提高警惕，学会运用自身专业知识和经验对所获得信息进行判断，从而有效保护自身利益。

第 6 章

结论与研究局限

6.1 主要研究结论

信息披露是否真实、准确、完整、及时直接影响企业股价及投资者决策。从目前证券市场上的各类违法违规行为来看，无论是在证券发行上市、并购重组、大股东减持，还是股权质押、对外提供担保等企业活动中，其“重灾区”均涉及信息披露违规行为。信息不对称和委托代理问题是导致企业信息披露违规行为发生的重要原因，由于存在明显的实力差距，中小投资者在专业能力和经济实力等方面都无法与上市公司或专业中介机构相抗衡，处于明显的劣势地位。上市公司进行及时、充分的信息披露是保护中小投资者利益的重要前提，有助于资产的合理定价，实现资源的优化配置，促进资本市场健康有序发展。本书在使用 Meta 分析的定量文献综述的方法梳理国内外信息披露与并购重组相关理论研究的基础上，使用信息不对称和信息不确定程度、盈余管理、媒体报道与信息披露语调等指标衡量信息披露质量，分别探讨了并购方与目标方信息披露对并购概率及并购绩效的影响，并从地方官员变更、媒体监督、大股东与管理层语调操纵的视角对其对信息披露的影响从实证和案例方面进行了较为深入细致的研究，探讨了信息披露影响并购重组的实现机制。主要研究结论如下：

（1）上市公司信息披露是缓解并购市场信息不对称的重要手段，信息透明度的提升对精确评估目标企业真实价值、提高并购绩效具有重要作用。本书从资本市场估值效率和并购绩效两方面检验信息披露与并购重组的关系以及潜在调节变量的影响，使用 Meta 分析方法对 59 篇实证文献内容进行筛选整合，提取了 59 个效应值，发现 59 个独立研究的结论具有异质性。通过 Meta 二元分析和 Meta 回归分析发现：信息披露降低了股价同步性与企业资本成本、提升了股票的市场流动性，信息披露能够促进企业并购绩效的提升。此外，信息披露对并购重组的影响程度还受到企业规模、分析师跟踪等调节效应的影响，中小型企业相对于大型企业，分析师跟踪人数较多的企业相对于跟踪人数较少的企业，并购重组对信息披露的敏感程度更高。研究结论厘清并丰富了信息披露监管理论的相关研究观点与分析框架，为完善并购重组中信息披露监管策略、保护中小股东合法权益、提高控制权市场资源配置效率与推动资本市场健康持续发展提供了经验证据与政策启示。

（2）政府干预对信息披露行为产生至关重要的影响，资本市场信息环境的变化直接影响收购企业并购成功率与并购绩效。本书选取 2008 ~ 2017 年我国发生的并购事件为研究样本，探讨了市级地方官员变更对上市公司并购成功率和并购绩效的影响，尝试从信息披露的角度解释其中的作用机制，并检验了官员特征、企业特征和地区特征对官员变更与并购重组关系的调节作用。研究发现：第一，当地方官员发生变更时，企业并购成功的可能性降低。第二，地方官员变更会降低企业并购的短期绩效。可能的原因是在上任初期，新任的地方官员与企业尚处在磨合期，新政策的成效未能完全发挥，企业受到了官员变更带来的政策冲击，因此短期并购绩效相对较差。第三，地方官员变更有利于企业长期并购绩效的提升。从长期来看，官员"支持之手"发挥了主要作用。第四，信息披露水平变化导致的信息不确定和信息不对称解释了地方官员变更如何影响企业并购重组。第五，官员特征、企业特征和地区特征对官员变更与并购重组的关系具有调节作用。具体来说，当新任官员来源于异地时，企业并购成功率及并购绩效受官员变更的影响更大；与国有企业相比，地方官员变更对并购重组的影响在非国有企业中表现得更为显著；当企业所在地为市场化程度较低的地区时，企业并购成功率及并购绩效受地方官员变更的影响程度更大。这些研究结论有利于丰富信息经济学与政治经济学相关研究的理论观点，丰富资本市场监管与市场信息环境相关文献，同时为监管部门优化并购重组市场信息环境提供了经验证据。

（3）目标方盈余管理水平会影响其被并购重组的概率及并购后绩效。本书以 2008 ~ 2017 年被收购两次及以上的 A 股公司为样本，研究了上市公司盈余管理与再次被收购概率的关系，以及不同信息披露质量和产权安排对盈余管理影响存在的差异，同时区分应计盈余管理和真实盈余管理进行了检验。结果表明：应计盈余管理与再次被收购概率显著正相关，这种现象在信息披露完备的情况下，民营企业、首次被收购时取得较好市场反应的企业中更为显著；信息披露质量高的上市公司，应计盈余管理与长期并购绩效显著负相关。此外，目标企业在被收购前一年的真实盈余管理水平与再次被收购概率呈显著负相关关系，且这一关系在首次被收购时市场反应为负的子样本以及民营企业子样本中更为显著。本书还进一步研究了目标方盈余管理影响再次被收购概率的作用机制，发现分析师跟踪在目标方盈余管理与再次被收购的关系中发挥了中介作用。研究结果进一步丰富了目标公司特征的理论研究以及盈余管理与并购的文献观点，同时为监管部门制定并购重组信息披露政策提供了经验证据。

（4）媒体能通过信息传播、声誉机制、行政介入机制和市场压力机制对企业并购重组产生影响，媒体报道后公司信息披露质量有所提升，有助于公司放弃那些不被看好的并购计划。本书通过利欧股份并购案，分析了媒体监督机制在具体案例中如何发挥其影响作用。研究发现，媒体可以通过直接路径和间接路径实现对企业并购活动的监督。从直接路径来看，媒体拥有较强搜索和分析能力的专业团队，能够在收集上市公司相关信息的基础上，对这些信息进行加工和整理，并通过信息传播机制将这些信息资源向公众披露。媒体可以提高企业信息透明度，降低信息使用者自行搜索信息的成本，从而缓解唐斯（1957）提出的“理性忽视悖论”（rational ignorance paradox），提高监管层行使监督权的效率，进而影响投资者的投资行为。从间接路径来看，媒体对企业负面信息的报道，使得公司利益相关者的利益受到影响，受损利益相关者会为了维护自身利益而采取行动，通过声誉机制、行政介入机制和市场压力机制的共同作用，能促使媒体的间接监督对公司的并购决策产生实际影响。本研究还以雪球财经论坛为例，进一步将媒体分成传统财经媒体和自媒体，对比了两类媒体在该事件中产生的影响力。随着信息化浪潮的不断推进和互联网的不断普及，与传统媒体相比，自媒体传播速度更快，传播范围更广，将在未来发挥更大的监督作用。充分利用媒体监督，将有利于我国并购市场的良性发展，为此需要监管层、投资者和上市公司的共同努力。

（5）对公司具有实际控制权的大股东和管理层能够对信息披露的语调进行操纵，进而实现其大规模减持行为。本书以乐视网为例，收集其公开披露的年报、季报、相关新闻报道和分析师预测等信息，探讨了会计文本信息语调对大股东减持的影响原理和影响机制。研究发现：第一，公司大股东在企业面临较高风险时，有动机对企业年度及季度的财务报表语调进行操纵，误导投资者的判断并诱导股价的上涨，从而在股价高位大规模减持以实现套现获利。第二，公司大股东借助外部机制降低减持风险。除了对财务报表语调进行操纵外，大股东有动机联合新闻媒体发布高语调评分的新闻报道，以避免减持后股价的大幅度波动。此外，企业对披露信息的语调操纵以及新闻媒体报道的积极语调会导致分析师对净利润的乐观偏误，进一步影响投资者的投资行为。第三，我国资本市场对上市公司文本语调监管存在漏洞。“一股独大”的股权结构缺乏对大股东的制衡，使中小股东利益受损。外部审计也未能充分发挥监督职能，上市公司信息披露违规成本较低。监管机制的缺失为大股东或管理层操纵文本语调进行择机减持从而达到套利目的提供了操作空间。

6.2　研究局限

本书在考虑“政府管制—公司治理—媒体监督”三位一体的监管框架下，通过理论分析、实证分析和案例分析等方法较为全面地探讨了企业并购重组中信息披露质量对并购绩效及并购市场资源配置效率的影响，研究结论对进一步丰富并购重组中信息披露监管策略研究和加强并购重组中信息披露违规行为防控具有重要的理论意义与实践价值。但由于研究时间精力与自身能力限制，本研究还存在以下局限性：

第一，本书从官员变更的视角探讨了政府管制对信息披露与并购重组的影响。但受数据收集条件的限制，本书仅考虑了市级政府官员变更对企业并购重组的影响，未考虑更细致的县乡级官员变更的影响。此外，本书使用地方官员是否发生变更这一虚拟变量衡量官员变更，但未考虑官员变更的程度，虽然对新任官员是否来源于异地进行分类能在一定程度上反映官员变更的程度，但仍不够细致全面。未来研究可以选取连续变量作为官员变更程度的衡量指标，检验其对企业并购重组的影响，如一定时期内官员的变动率或官员的平均任期等。本书还考虑了变更官员来源、企业性质与市场化水平对官员变更与并购重组关系的调节作用。已有研究认为，行业性质、政府质量、企业发展阶段等因素，也能调节官员变更对企业并购重组的影响。因此，未来的研究可以进一步探索相关调节因素的影响，为企业更好应对官员变更导致的信息环境变化提供相关建议。

第二，本书探讨了信息披露文本信息语调对大股东减持的影响，但未检验信息披露的主题内容、文本语气的确定程度或文本相似度等影响。未来研究可以基于汉语语言基础，综合运用机器学习的方法（LDA 主题模型、向量机模型 SVM 与神经网络模型的 LSTM 方法等）获取信息披露文本信息相关变量，对信息披露文本信息的内容与形式进行准确刻画，探究其对企业并购绩效及并购市场资源配置效率的影响。

第三，受数据样本方面的限制，本书主要以 A 股上市公司为研究对象，未来研究可专注于粤港澳大湾区并购重组中信息披露违规案例，为大湾区监管部门制定并完善全媒体时代的并购重组信息披露监管策略、优化市场信息环境、建立健全金融监管体制和防范系统性金融风险提供经验依据。

参考文献

［1］才国伟，李琦，黄起海．企业社会责任、媒体报道与外部融资［J］．金融学季刊，2018，12（01）：1－26.

［2］才国伟，邵志浩，徐信忠．企业和媒体存在合谋行为吗？——来自中国上市公司媒体报道的间接证据［J］．管理世界，2015（07）：158－169.

［3］蔡西阳，张文杰．企业位势理论研究［J］．中国流通经济，2008（08）：53－55.

［4］蔡志岳，吴世农．董事会特征影响上市公司违规行为的实证研究［J］．南开管理评论，2007，10（06）：62－68.

［5］蔡志岳，吴世农．我国上市公司信息披露违规的预警研究——基于财务、市场和治理视角［J］．管理评论，2007，19（01）：25－33.

［6］曹越，董怀丽，醋卫华，鲁昱．经济政策不确定性与公司税收规避［J］．证券市场导报，2019（04）：22－32.

［7］陈西婵，周中胜．高管激励对公司信息披露违规的治理作用——基于中国上市公司的经验证据［J］．苏州大学学报（哲学社会科学版），2020，41（06）：123－133.

［8］陈冬华，姚振晔．政府行为必然会提高股价同步性吗？——基于我国产业政策的实证研究［J］．经济研究，2018，53（12）：112－128.

［9］陈冬华，章铁生，李翔．法律环境、政府管制与隐性契约［J］．经济研究，2008（03）：60－72.

［10］陈冬，唐建新．高管薪酬、避税寻租与会计信息披露［J］．经济管理，2012，34（05）：114－122.

［11］陈共荣，曾熙文．上市公司社会责任信息披露的影响因素研究——基于合法性视角［J］．湖南大学学报（社会科学版），2013，27（04）：56－62.

［12］陈国辉，关旭，王军法．企业社会责任能抑制盈余管理吗？——基于应规披露与自愿披露的经验研究［J］．会计研究，2018（03）：19－26.

［13］陈汉文，王金妹，杨道广．审计委员会透明度与高管在职消费——

基于上交所强制披露要求的准自然实验研究［J］. 审计研究，2020（05）：57－66.

［14］陈红，杨鑫瑶，尹树森. 媒体评价、声誉治理与投资者权益保护［J］. 中南财经政法大学学报，2014（01）：104－112.

［15］陈德球，陈运森，董志勇. 政策不确定性、税收征管强度与企业税收规避［J］. 管理世界，2016（05）：151－163.

［16］陈德球，陈运森. 政策不确定性与上市公司盈余管理［J］. 经济研究，2018，53（06）：97－111.

［17］陈胜蓝. 财务会计信息与IPO抑价［J］. 金融研究，2010（05）：152－165.

［18］陈胜蓝，马慧. 卖空压力与公司并购——来自卖空管制放松的准自然实验证据［J］. 管理世界，2017（07）：142－156.

［19］陈仕华，卢昌崇，姜广省，王雅茹. 国企高管政治晋升对企业并购行为的影响——基于企业成长压力理论的实证研究［J］. 管理世界，2015（09）：125－136.

［20］陈维，吴世农. 我国创业板上市公司高管和大股东减持股份的动因及后果——从风险偏好转向风险规避的“偏好逆转”行为研究［J］. 经济管理，2013，35（06）：43－53.

［21］陈伟，林川，彭程. 外部审计与大股东连续减持——基于2007～2014年沪深A股上市公司样本［J］. 财会月刊（中），2016（06）：85－90.

［22］陈文磊. 地方官员变更、政府干预与企业盈余管理方式选择［J］. 山西财经大学学报，2018，40（04）：114－124.

［23］陈文婷，李善民. 控制权转移中大股东持股与利益侵占行为研究［J］. 中山大学学报（社会科学版），2015，55（03）：189－199.

［24］陈文婷，李善民，刘中华. 要约收购制度改善与控股股东利益侵占研究［J］. 中山大学学报（社会科学版），2018，58（05）：186－197.

［25］陈信元，黄俊. 政府干预、多元化经营与公司业绩［J］. 管理世界，2007（01）：92－97.

［26］陈艳艳，程六兵. 经济政策不确定性、高管背景与现金持有［J］. 上海财经大学学报，2018，20（06）：94－108.

［27］陈艳艳，罗党论. 地方官员更替与企业投资［J］. 经济研究，2012，47（S2）：18－30.

［28］陈泽艺，李常青，魏志华. 媒体负面报道影响并购成败吗——来自

上市公司重大资产重组的经验证据［J］. 南开管理评论，2017，20（01）：96－107.

［29］程凤朝，刘旭，温馨. 上市公司并购重组标的资产价值评估与交易定价关系研究［J］. 会计研究，2013（08）：40－46.

［30］醋卫华，夏云峰. 媒体报道倾向与公司并购——来自中国的经验证据［J］. 财经科学，2014（11）：130－140.

［31］崔小雨，陈春花，苏涛. 高管团队异质性与组织绩效的关系研究：一项 Meta 分析的检验［J］. 管理评论，2018，30（09）：152－163.

［32］崔学刚，荆新. 上市公司控制权转移预测研究［J］. 会计研究，2006（01）：77－82.

［33］崔学刚. 上市公司财务信息披露：政府功能与角色定位［J］. 会计研究，2004（01）：33－38.

［34］戴亦一，潘越，刘思超. 媒体监督、政府干预与公司治理：来自中国上市公司财务重述视角的证据［J］. 世界经济，2011（11）：121－144.

［35］邓德军，王湘瑶，杨舒. 企业的社会责任行为："好公民"还是"好演员"？——基于企业盈余管理视角［J］. 广西大学学报（哲学社会科学版），2013，35（06）：45－54.

［36］邓俊，欧阳爱平. 媒体关注对上市公司信息披露质量的影响［J］. 商业会计，2012（23）：81－82.

［37］方红星，楚有为. 自愿披露、强制披露与资本市场定价效率［J］. 经济管理，2019，41（01）：156－173.

［38］方军雄，向晓曦. 外部监管、制度环境与信息披露质量——基于中小企业板上市公司的证据［J］. 证券市场导报，2009（11）：58－63.

［39］冯旭南，陈工孟. 什么样的上市公司更容易出现信息披露违规——来自中国的证据和启示［J］. 财贸经济，2011（08）：51－58.

［40］高见，陈歆玮. 中国证券市场资产重组效应分析［J］. 经济科学，2000（01）：66－77.

［41］高燕，杨桐，杜为公. 全流通背景下控股股东减持的动机、风险与防范［J］. 财会通讯，2017（05）：68－71.

［42］葛翔宇，周艳丽. 企业并购中目标公司价值的实物期权定价新方法——基于前景理论的行为分析［J］. 数量经济技术经济研究，2017，34（03）：145－161.

［43］龚启辉，吴联生，王亚平. 两类盈余管理之间的部分替代［J］. 经

济研究，2015，50（06）：175－188.

[44] 荀开红，谷伟. 购并目标公司预测模型实证研究 [J]. 预测，2003 (05)：49－52.

[45] 谷文林，侯勇，张心瑜. 会计信息质量对证券分析师预测的多重影响 [J]. 武汉理工大学学报（信息与管理工程版），2015，37（06）：790－794.

[46] 顾夏铭，陈勇民，潘士远. 经济政策不确定性与创新——基于我国上市公司的实证分析 [J]. 经济研究，2018，53（02）：109－123.

[47] 顾煜，程丹. 创业板高管减持与公司业绩实证研究 [J]. 商业研究，2013（11）：80－85.

[48] 郝威亚，魏玮，温军. 经济政策不确定性如何影响企业创新？——实物期权理论作用机制的视角 [J]. 经济管理，2016，38（10）：40－54.

[49] 郝增慧. 政策不确定性与企业社会责任——基于地方官员变更的视角 [J]. 山西财经大学学报，2020，42（04）：94－108.

[50] 何贤杰，王孝钰，孙淑伟，朱红军. 网络新媒体信息披露的经济后果研究——基于股价同步性的视角 [J]. 管理科学学报，2018，21（06）：43－59.

[51] 何贤杰，王孝钰，赵海龙，陈信元. 上市公司网络新媒体信息披露研究：基于微博的实证分析 [J]. 财经研究，2016，42（03）：16－27.

[52] 贺建刚，魏明海，刘峰. 利益输送、媒体监督与公司治理：五粮液案例研究 [J]. 管理世界，2008（10）：141－150.

[53] 侯永建. 股票市场的信息生产及其对公司投资的影响 [D]. 上海：复旦大学，2006.

[54] 侯宇，叶冬艳. 机构投资者、知情人交易和市场效率——来自中国资本市场的实证证据 [J]. 金融研究，2008（04）：131－145.

[55] 后青松（Tsingsong Hou). 晋升锦标赛、市场一体化与企业研发创新研究 [D]. 武汉：华中科技大学，2015.

[56] 胡军，王甄. 微博、特质性信息披露与股价同步性 [J]. 金融研究，2015（11）：190－206.

[57] 胡琳扬. 并购绩效影响因素的实证研究 [D]. 上海：复旦大学，2012.

[58] 胡元木，谭有超. 非财务信息披露：文献综述以及未来展望 [J]. 会计研究，2013（03）：20－26.

[59] 黄灿，李善民，庄明明，黄志宏. 内幕交易与股价同步性 [J]. 管理科学，2017（06）：3－18.

[60] 黄宏斌，郝程伟. 基于公司治理视角的国有上市公司自媒体信息披露——以中石化微信公众号为例 [J]. 财会月刊，2018 (19)：85 – 91.

[61] 黄宏斌，刘倩茹，李飞宇. 自媒体噪音信息披露是掩人耳目吗? [J/OL]. 南开管理评论：1 – 36 [2021 – 05 – 24]. http：//kns. cnki. net/kcms/detail/12. 1288. F. 20210519. 1619. 003. html.

[62] 黄建欢，尹筑嘉，粟瑞. 中国股市限售股解禁的减持效应研究 [J]. 管理科学，2009，22 (04)：97 – 106.

[63] 黄俊，李挺，李娟. 新闻媒体的监督功能：基于上市公司并购事件的分析 [J]. 中国会计评论，2015 (04)：431 – 452.

[64] 黄溶冰，王跃堂. 内部控制与公司治理——基于委托代理的分析 [J]. 经济经纬，2008 (04)：99 – 102.

[65] 黄政，吴国萍. 信息透明度对资本配置效率的影响——来自中国制造业上市公司的经验证据 [J]. 财经理论与实践，2014，35 (05)：40 – 45.

[66] 吉黎. 政策不确定性与财政补贴——基于官员谨慎动机的新发现 [J]. 经济与管理，2020，34 (02)：58 – 65.

[67] 吉利，何熙琼，毛洪涛. "机会主义"还是"道德行为"? ——履行社会责任公司的盈余管理行为研究 [J]. 会计与经济研究，2014，28 (05)：10 – 25.

[68] 计小青，曹啸. 资本市场财务呈报管制：理论及其对中国实践的解释 [J]. 管理世界，2003 (02)：4 – 14.

[69] 贾倩，孔祥，孙铮. 政策不确定性与企业投资行为——基于省级地方官员变更的实证检验 [J]. 财经研究，2013，39 (02)：81 – 91.

[70] 坚瑞，戴春晓. 股权结构特征对社会责任信息披露质量的影响研究——基于我国家族上市公司的数据分析 [J]. 科学决策，2019 (04)：41 – 57.

[71] 蒋伏心，林江. 晋升锦标赛、财政周期性与经济波动——中国改革开放以来的经验 [J]. 财贸经济，2010 (07)：44 – 50.

[72] 蒋弘，刘星. 股权制衡、并购信息披露质量与主并公司价值——基于中国上市公司的模型与实证研究 [J]. 管理工程学报，2012，26 (04)：17 – 25.

[73] 蒋亚朋，杨洋. 上市公司信息披露问题研究 [M]. 沈阳：东北大学出版社，2005.

[74] 蒋琰. 权益成本、债务成本与公司治理：影响差异性研究 [J]. 管理世界，2009 (11)：144 – 155.

[75] 金智. 新会计准则，会计信息质量与股价同步性 [J]. 会计研究，2010 (07): 19 - 26.

[76] 雷光勇，王文忠，邱保印. 政治冲击、银行信贷与会计稳健性 [J]. 财经研究，2015，41 (03): 121 - 131.

[77] 李秉成，郑珊珊. 管理者能力能够提高资本市场信息效率吗？——基于股价同步性的分析 [J]. 审计与经济研究，2019，34 (03): 80 - 90.

[78] 李常青，陈泽艺，魏志华. 媒体报道影响力对重组绩效的影响研究 [J]. 厦门大学学报 (哲学社会科学版)，2016 (04): 96 - 106.

[79] 李慧云，郭晓萍，张林，黄奕松. 自愿性信息披露水平高的上市公司治理特征研究 [J]. 统计研究，2013，30 (07): 72 - 77.

[80] 李井林. 宏观经济环境对并购活动的影响——基于时间序列数据的经验研究 [J]. 经济与管理，2014，28 (06): 87 - 94.

[81] 李茫茫，黎文靖. 审计具有保险功能吗——基于政府官员变更的自然实验 [J]. 南开管理评论，2017，20 (04): 93 - 104.

[82] 李明，叶勇，张瑛. 媒体报道能提高公司的透明度吗？——基于中国上市公司的经验证据 [J]. 财经论丛，2014 (06): 82 - 87.

[83] 李培功，沈艺峰. 媒体的公司治理作用：中国的经验证据 [J]. 经济研究，2010 (04): 14 - 27.

[84] 李青原. 会计信息质量，审计监督与公司投资效率——来自我国上市公司的经验证据 [J]. 审计研究，2009 (04): 65 - 73.

[85] 李善民，毛雅娟，赵晶晶. 高管持股、高管的私有收益与公司的并购行为 [J]. 管理科学，2009，22 (06): 2 - 12.

[86] 李善民，杨继彬，钟君煜. 风险投资具有咨询功能吗？——异地风投在异地并购中的功能研究 [J]. 管理世界，2019，35 (12): 164 - 180.

[87] 李善民，朱滔，陈玉罡，曾昭灶，王彩萍. 收购公司与目标公司配对组合绩效的实证分析 [J]. 经济研究，2004 (06): 96 - 104.

[88] 李维安，郝臣，崔光耀，郑敏娜，孟乾坤. 公司治理研究40年：脉络与展望 [J]. 外国经济与管理，2019，41 (12): 161 - 185.

[89] 李维安，李晓琳. 家族涉入、外部审计与信息披露违规 [J]. 系统工程，2017，35 (09): 60 - 69.

[90] 李娴. 多用户视角下 MD&A 前瞻性文本信息披露质量研究 [D]. 长沙：湖南大学，2013.

[91] 李小荣，王田力，马海涛. 并购重组中资产评估机构选择存在同行

效应吗？[J]. 中国软科学，2019（04）：109－124.

[92] 李晓慧，杨坤. 媒体关注、审计意见与会计信息透明度研究[J]. 中央财经大学学报，2015（10）：52－60.

[93] 李忠. 中国上市公司信息披露质量研究：理论与实证[M]. 北京：经济科学出版社，2012.

[94] 李竹薇，刘森楠，李津津，王宝璐. 提高信息披露质量能否缓解上市企业的融资约束——融入产权性质分类的证据[J]. 投资研究，2019，38（08）：143－158.

[95] 廉永辉，张琳. 行业困境、所有权性质和多元化的价值效应[J]. 南开经济研究，2015（06）：129－150.

[96] 廖义刚，林婷，邓贤琨. 地方官员更替、企业辖区知名度与股价同步性[J]. 财经理论与实践，2016，37（06）：53－59.

[97] 林乐，谢德仁. 分析师荐股更新利用管理层语调吗？——基于业绩说明会的文本分析[J]. 管理世界，2017（11）：125－145.

[98] 林乐，谢德仁. 投资者会听话听音吗？——基于管理层语调视角的实证研究[J]. 财经研究，2016，42（07）：28－39.

[99] 林德钦. 基于结构方程模型的我国上市公司并购绩效实证研究[J]. 生产力研究，2011（07）：170－172.

[100] 林毅夫，李志赟. 政策性负担、道德风险与预算软约束[J]. 经济研究，2004（02）：17－27.

[101] 凌春华，楼晓霞，廖忠梅. 并购目标公司财务特征的实证分析[J]. 技术经济与管理研究，2005（01）：44－46.

[102] 刘娥平，关静怡. 寅吃卯粮：标的公司盈余管理的经济后果——基于并购溢价与业绩承诺实现的视角[J]. 中山大学学报（社会科学版），2019，59（04）：197－207.

[103] 刘峰涛，赵袁军，刘玮. 重复对赌协议机制下企业两阶段融资博弈[J]. 系统管理学报，2017，26（03）：528－536.

[104] 刘海飞，许金涛，柏巍，李心丹. 社交网络、投资者关注与股价同步性[J]. 管理科学学报，2017，20（02）：53－62.

[105] 刘欢，李志生，孔东民. 机构持股与上市公司信息披露质量——基于主动型和被动型基金影响差异的视角[J]. 系统工程理论与实践，2020，40（06）：1520－1532.

[106] 刘家松. 外资参股争夺银行业控制权的方式、路径与案例[J]. 宏

观经济研究，2014（12）：19－29.

［107］刘立国，杜莹．公司治理与会计信息质量关系的实证研究［J］．会计研究，2003（02）：28－36.

［108］刘亚莉，赵阳．大股东出售解禁股：股权性质与财务特征［J］．中国管理信息化，2011，14（10）：22－28.

［109］刘一鸣，王艺明，常延龙．政策不确定性与私营企业家时间再分配［J］．经济科学，2020（01）：86－99.

［110］刘昱熙．中国上市公司“管理层讨论与分析”信息披露理论与实证研究［D］．广州：暨南大学，2007.

［111］刘子怡，郝红霞．媒体压力、治理激励与政府会计信息披露［J］．中南财经政法大学学报，2015（06）：10－18.

［112］陆超，戴静雯，刘思静．媒体、证券分析师与股价同步性［J］．北京交通大学学报（社会科学版），2018，17（03）：82－92.

［113］逯东，孙岩，杨丹．会计信息与资源配置效率研究述评［J］．会计研究，2012（06）：19－24.

［114］吕长江，韩慧博．业绩补偿承诺、协同效应与并购收益分配［J］．审计与经济研究，2014（06）：3－13.

［115］罗党论，郭蒙．大股东减持与股价崩盘风险［J］．财会月刊，2019（16）：7－14.

［116］罗党论，佘国满．地方官员变更与地方债发行［J］．经济研究，2015，50（06）：131－146.

［117］罗进辉，彭逸菲，陈一林．年报篇幅与公司的权益融资成本［J］．管理评论，2020，32（01）：235－245.

［118］罗进辉，向元高，金思静．董事会秘书能够提高资本市场效率吗——基于股价同步性的经验证据［J］．山西财经大学学报，2015，37（12）：80－90.

［119］罗劲博，李小荣．政策不确定性与公司代理成本［J］．管理评论，2021，33（01）：201－214.

［120］罗时空，龚六堂．企业融资行为具有经济周期性吗——来自中国上市公司的经验证据［J］．南开管理评论，2014，17（02）：74－83.

［121］马海峰，蔡阳．我国上市公司并购目标特征的实证研究［J］．江西农业大学学报（社会科学版），2006（03）：85－88.

［122］马慧．共同分析师与公司并购——基于券商上市的准自然实验证据［J］．财经研究，2019，45（02）：113－125.

［123］马忠新．营商制度环境与民营经济发展——基于营商文化“基因”的历史考察与实证［J］．南方经济，2021（02）：106－122．

［124］莫鸿黴，陈彬．R&D 信息披露与 IPO 抑价——基于创业板市场的实证研究［J］．会计之友，2013（01）：100－106．

［125］牛建波，吴超，李胜楠．机构投资者类型、股权特征和自愿性信息披露［J］．管理评论，2013，25（03）：48－59．

［126］潘越，宁博，肖金利．地方政治权力转移与政企关系重建——来自地方官员更替与高管变更的证据［J］．中国工业经济，2015（06）：135－147．

［127］齐鲁．基于意向分析法的 IPO 招股说明书中风险信息披露研究［D］．济南：山东财经大学，2014．

［128］乔坤元．我国官员晋升锦标赛机制的再考察——来自省、市两级政府的证据［J］．财经研究，2013，39（04）：123－133．

［129］秦续忠，王宗水，赵红．公司治理与企业社会责任披露——基于创业板的中小企业研究［J］．管理评论，2018，30（03）：188－200．

［130］屈文洲，崔峻培．宏观不确定性研究新进展［J］．经济学动态，2018（03）：126－138．

［131］权小锋，吴世农．媒体关注的治理效应及其治理机制研究［J］．财贸经济，2012（05）：59－67．

［132］饶品贵，岳衡，姜国华．经济政策不确定性与企业投资行为研究［J］．世界经济，2017，40（02）：27－51．

［133］任政亮，徐飞．投资者视角下信息披露质量的测度：基础与框架［J］．现代管理科学，2013（05）：3－5．

［134］沈华玉，郭晓冬，吴晓晖．会计稳健性、信息透明度与股价同步性［J］．山西财经大学学报，2017，39（12）：114－124．

［135］沈永建，徐巍，蒋德权．信贷管制、隐性契约与贷款利率变相市场化——现象与解释［J］．金融研究，2018（07）：49－68．

［136］沈永建，尤梦颖，梁方志．政府管制与企业行为：述评与展望［J］．会计与经济研究，2020，34（03）：81－95．

［137］史贞．产能过剩治理的国际经验及对我国的启示［J］．经济体制改革，2014（04）：154－158．

［138］宋贺，段军山．财务顾问与企业并购绩效［J］．中国工业经济，2019（05）：155－173．

［139］孙会霞，倪宣明，钱龙．银行业改革、信贷配置与产业结构升级

[J]. 系统工程理论与实践，2019，39（02）：298－310.

［140］孙士霞. 信息披露与资本成本研究综述［J］. 经济与管理研究，2008（11）：29－33.

［141］孙怡龙，凌鸿程. 分析师羊群行为降低了资本市场信息效率吗？——基于股价同步性的分析［J］. 上海金融，2019（07）：21－28.

［142］唐国正，刘力. 利率管制对我国上市公司资本结构的影响［J］. 管理世界，2005（01）：50－58.

［143］唐梦华，谢纪刚，宋文云. 战略并购目标公司的特征研究［A］. Intelligent Information Technology Application Association. Proceedings of 2011 International Conference on Applied Social Science（ICASS 2011 V5）［C］. Intelligent Information Technology Application Association：智能信息技术应用学会，2011：5.

［144］唐松，胡威，孙铮. 政治关系、制度环境与股票价格的信息含量——来自我国民营上市公司股价同步性的经验证据［J］. 金融研究，2011（07）：182－195.

［145］唐伟，李晓琼. 盈余管理视角下的企业社会责任行为："道德论"抑或"工具论"［J］. 现代管理科学，2015（10）：115－117.

［146］唐跃军. 大股东制衡、违规行为与外部监管——来自2004－2005年上市公司的证据［J］. 南开经济研究，2007（06）：106－117.

［147］唐跃军，左晶晶. 政策性扰动、大股东制衡与董事会独立性［J］. 财经研究，2010，36（05）：27－39.

［148］王冰，潘琰. 新媒体披露对流动性的影响——来自微信的证据［J］. 华东经济管理，2017，31（10）：143－150.

［149］王春峰，孙金帅，房振明，梅世强. 上市公司会计信息质量对市场流动性的影响［J］. 证券市场导报，2012（12）：55－60.

［150］王春林，刘淑莲. 高管权力与并购绩效：信息披露质量的调节效应［J］. 财经问题研究，2019（06）：91－98.

［151］王国俊，王跃堂. 现金股利承诺制度与资源配置［J］. 经济研究，2014，49（09）：91－104.

［152］王化成，陈晋平. 上市公司收购的信息披露——披露哲学、监管思路和制度缺陷［J］. 管理世界，2002（11）：113－123.

［153］王竞达，范庆泉. 上市公司并购重组中的业绩承诺及政策影响研究［J］. 会计研究，2017（10）：71－77.

［154］王克敏，刘博. 公司控制权转移与盈余管理研究［J］. 管理世界，

2014 (07): 144-156.

[155] 王良成. 应计与真实盈余管理: 替代抑或互补 [J]. 财经理论与实践, 2014, 35 (02): 66-72.

[156] 王全景, 温军. 地方官员变更与企业创新——基于融资约束和创新贡献度的路径探寻 [J]. 南开经济研究, 2019 (03): 198-225.

[157] 王卫星, 朱妍, 左哲. 自媒体信息披露对民营企业无形资产影响研究——基于创业板民营上市公司微信数据的实证检验 [J]. 会计之友, 2018 (07): 154-160.

[158] 王霞, 徐怡, 陈露. 企业社会责任信息披露有助于甄别财务报告质量吗? [J]. 财经研究, 2014, 40 (05): 133-144.

[159] 王贤彬, 徐现祥, 李郇. 地方官员更替与经济增长 [J]. 经济学(季刊), 2009, 8 (04): 1301-1328.

[160] 王雄元, 刘焱. 产品市场竞争与信息披露质量的实证研究 [J]. 经济科学, 2008 (01): 92-103.

[161] 王艳, 阚铄. 企业文化与并购绩效 [J]. 管理世界, 2014 (11): 146-157.

[162] 王艳, 李善民. 社会信任是否会提升企业并购绩效? [J]. 管理世界, 2017 (12): 125-140.

[163] 王咏梅. 上市公司财务信息自愿披露指数实证研究 [J]. 证券市场导报, 2003 (09): 45-49.

[164] 王钰玮, 唐建新, 孔墨奇. 公司并购、盈余管理与高管薪酬变动 [J]. 会计研究, 2014 (05): 56-62.

[165] 王仲兵, 王攀娜. 放松卖空管制与企业投资效率——来自中国资本市场的经验证据 [J]. 会计研究, 2018 (09): 80-87.

[166] 温忠麟, 张雷, 侯杰泰, 刘红云. 中介效应检验程序及其应用 [J]. 心理学报, 2004 (05): 614-620.

[167] 吴武清, 揭晓小, 苏子豪. 信息不透明、深度跟踪分析师和市场反应 [J]. 管理评论, 2017, 29 (11): 171-182.

[168] 吴育辉, 吴世农. 企业高管自利行为及其影响因素研究——基于我国上市公司股权激励草案的证据 [J]. 管理世界, 2010 (05): 141-149.

[169] 肖成民, 吕长江. 市场监管、盈余分布变化与盈余管理——退市监管与再融资监管的比较分析 [J]. 南开管理评论, 2011, 14 (01): 138-147.

[170] 肖浩. 股价同步性能够反映我国资本市场的效率吗? [J]. 会计论

坛，2012 (02)：44 – 57.

[171] 肖浩，詹雷，王征．国外会计文本信息实证研究述评与展望 [J]．外国经济与管理，2016，38 (09)：93 – 112.

[172] 肖浩，詹雷．新闻媒体报道、分析师行为与股价同步性 [J]．厦门大学学报（哲学社会科学版），2016 (04)：107 – 117.

[173] 肖红军，郑若娟，铉率．企业社会责任信息披露的资本成本效应 [J]．经济与管理研究，2015，36 (03)：136 – 144.

[174] 肖菁．对赌协议与企业财务绩效的关系分析 [J]．财会研究，2011 (01)：42 – 43.

[175] 肖磊，张聪．资本市场开放能够提升股票市场的流动性吗？——基于“深港通”效应的实证检验 [J]．数理统计与管理，2020，39 (05)：913 – 924.

[176] 肖珉．法的建立、法的实施与权益资本成本 [J]．中国工业经济，2008 (03)：40 – 48.

[177] 肖奇，屈文洲．投资者关注、资产定价与股价同步性研究综述 [J]．外国经济与管理，2017，39 (11)：120 – 137.

[178] 肖土盛，宋顺林，李路．信息披露质量与股价崩盘风险：分析师预测的中介作用 [J]．财经研究，2017，43 (02)：110 – 121.

[179] 谢德仁，林乐．管理层语调能预示公司未来业绩吗？——基于我国上市公司年度业绩说明会的文本分析 [J]．会计研究，2015 (02)：20 – 27.

[180] 谢志华，崔学刚．信息披露水平：市场推动与政府监管——基于中国上市公司数据的研究 [J]．审计研究，2005 (04)：39 – 45.

[181] 辛宇，李天钰，吴雯敏．上市公司的并购、估值与股价崩溃风险研究 [J]．中山大学学报（社会科学版），2015，55 (03)：200 – 212.

[182] 熊艳，李常青，魏志华．媒体报道与 IPO 定价效率：基于信息不对称与行为金融视角 [J]．世界经济，2014，37 (05)：135 – 160.

[183] 修宗峰．股权集中、股权制衡与会计稳健性 [J]．证券市场导报，2008 (03)：40 – 48.

[184] 徐静，葛锐，韩慧．自媒体传播渠道对内控缺陷披露市场反应的影响研究 [J]．审计研究，2018，(05)：113 – 120.

[185] 徐蓉，王素玲．股权性质和媒体关注对上市公司信息披露质量的影响 [J]．中国注册会计师，2017 (04)：51 – 56.

[186] 徐寿福，徐龙炳．信息披露质量与资本市场估值偏误 [J]．会计研

究，2015（01）：40－47.

［187］徐巍，陈冬华．自媒体披露的信息作用——来自新浪微博的实证证据［J］．金融研究，2016（03）：157－173.

［188］徐士伟，陈德棉，陈鑫，乔明哲．企业社会责任与并购绩效——来自中国上市公司的经验证据［J］．投资研究，2017，36（06）：4－19.

［189］徐现祥，王贤彬．晋升激励与经济增长：来自中国省级官员的证据［J］．世界经济，2010，33（02）：15－36.

［190］徐现祥，王贤彬．任命制下的官员经济增长行为［J］．经济学（季刊），2010，9（04）：1447－1466.

［191］薛云奎，朱秀丽．制度变迁、盈余质量和债务契约——来自中国银行业改革的经验证据［J］．中国会计与财务研究，2010，12（03）：57－106.

［192］闫红蕾，张自力，赵胜民．资本市场发展对企业创新的影响——基于上市公司股票流动性视角［J］．管理评论，2020，32（03）：21－36.

［193］严若森，叶云龙．证券分析师跟踪与企业双重代理成本——基于中国A股上市公司的经验证据［J］．中国软科学，2017（10）：173－183.

［194］杨海生，陈少凌，罗党论，佘国满．政策不稳定性与经济增长——来自中国地方官员变更的经验证据［J］．管理世界，2014（09）：13－28.

［195］杨红，杨淑娥．信息披露质量界定与测度研究综述［J］．统计与决策，2007（12）：112－114.

［196］杨继东，杨其静．制度环境、投资结构与产业升级［J］．世界经济，2020，43（11）：52－77.

［197］杨洁，詹文杰，刘睿智．媒体报道、机构持股与股价波动非同步性［J］．管理评论，2016，28（12）：30－40.

［198］杨世鉴．媒体报道与分析师跟踪能够提高信息披露质量吗？——基于我国上市公司业绩预告的分析［J］．中国注册会计师，2013（07）：72－77.

［199］杨书怀．上市公司信息泄露减少了吗？——基于《上市公司信息披露管理办法》实施前后的比较［J］．财贸研究，2012，23（02）：143－150.

［200］杨雨清，陶锋．官员变更、政策不确定性与企业创新［J］．暨南学报（哲学社会科学版），2020，42（02）：110－120.

［201］伊志宏，姜付秀，秦义虎．产品市场竞争、公司治理与信息披露质量［J］．管理世界，2010（01）：133－141.

［202］伊志宏，申丹琳，江轩宇．基金股权关联分析师损害了股票市场

信息效率吗——基于股价同步性的经验证据［J］. 管理评论，2018，30（08）：3－15.

［203］尹海员，朱旭．投资者异质信念、预期演化与股票市场流动性［J］. 中国管理科学，2019，27（10）：12－21.

［204］游家兴，吴静．沉默的螺旋：媒体情绪与资产误定价［J］. 经济研究，2012，47（07）：141－152.

［205］游家兴，张俊生，江伟．制度建设、公司特质信息与股价波动的同步性——基于R～2研究的视角［J］. 经济学（季刊），2007（01）：189－206.

［206］游家兴，张哲远．财务分析师公司治理角色研究——文献综述与研究展望［J］. 厦门大学学报（哲学社会科学版），2016（05）：128－136.

［207］于李胜，王艳艳．信息风险与市场定价［J］. 管理世界，2007（02）：76－85.

［208］于李胜，王艳艳．信息竞争性披露、投资者注意力与信息传播效率［J］. 金融研究，2010（08）：112－135.

［209］于文超，李树，袁燕．官员更替、产权性质与企业避税［J］. 浙江社会科学，2015（08）：14－25.

［210］于文超，梁平汉．不确定性、营商环境与民营企业经营活力［J］. 中国工业经济，2019（11）：136－154.

［211］于晓强，刘善存．治理结构与信息披露违规行为——来自我国A股上市公司的经验证据［J］. 系统工程，2012，30（06）：43－52.

［212］于忠泊，田高良，齐保垒，张皓．媒体关注的公司治理机制——基于盈余管理视角的考察［J］. 管理世界，2011（09）：127－140.

［213］余鹏翼，敖润楠，陈文婷．CEO年龄、风险承担与并购［J］. 经济理论与经济管理，2020（02）：87－102.

［214］岳宝宏，王化成．控制权转移中内幕交易严重程度研究［J］. 经济与管理研究，2013（11）：85－91.

［215］曾庆生，周波，张程，陈信元．年报语调与内部人交易："表里如一"还是"口是心非"？［J］. 管理世界，2018，34（09）：143－160.

［216］曾雪云，陆正飞．盈余管理信息风险、业绩波动与审计意见——投资者如何逃离有重大盈余管理嫌疑的上市公司？［J］. 财经研究，2016，42（08）：133－144.

［217］曾亚敏，张俊生．上市公司高管违规短线交易行为研究［J］. 金融

研究，2009（11）：143－157.

［218］曾颖，陆正飞．信息披露质量与股权融资成本［J］．经济研究，2006（02）：69－79.

［219］曾昭灶，李善民．控制权转移中的盈余质量实证研究［J］．会计理论与方法，2009（07）：105－111.

［220］翟进步，李嘉辉，顾桢．并购重组业绩承诺推高资产估值了吗［J］．会计研究，2019（06）：35－42.

［221］张波．道德风险与行政决策浅析［J］．技术与市场，2009（10）：22－23.

［222］张程睿，徐嘉倩．中国上市公司信息披露制度变迁与股票市场有效性［J］．华南师范大学学报（社会科学版），2019（04）：75－86.

［223］张洁梅．自愿性信息披露的影响因素——基于董事会治理视角［J］．经济管理，2013，35（07）：154－160.

［224］张金鑫，张艳青，谢纪刚．并购目标识别：来自中国证券市场的证据［J］．会计研究，2012（03）：78－84.

［225］张琪．风险因素披露对IPO抑价影响的实证研究——基于语调分析法［D］．济南：山东财经大学，2015.

［226］张琦，郑瑶．媒体报道能影响政府决算披露质量吗？［J］．会计研究，2018（01）：39－45.

［227］张然，王会娟，许超．披露内部控制自我评价与鉴证报告会降低资本成本吗？——来自中国A股上市公司的经验证据［J］．审计研究，2012（01）：96－102.

［228］张婷，张敦力．或有事项信息披露能降低股价同步性吗？［J］．中南财经政法大学学报，2020（03）：3－13.

［229］张彤，贺丹．上市并购目标公司的特征研究［J］．商业研究，2006（19）：26－30.

［230］张薇，王芳．社交媒体、信息披露与股票收益［J］．财会通讯，2018（15）：100－102.

［231］张玮倩，方军雄．证券分析师超乐观盈利预测的溢出效应研究［J］．证券市场导报，2017（09）：42－49.

［232］张文珂，张芳芳，刘淑莲．企业信息风险如何引致市场资源配置活动？——基于并购重组的视角［J］．会计研究，2017（11）：72－78.

［233］张烨．媒体与公司治理关系研究述评［J］．经济学动态，2009

(06): 137 - 141.

[234] 张烨宇，邹谷阳，高峰，江婕．地方官员更替、制度环境与股价崩盘风险 [J]. 投资研究，2020，39 (01): 105 - 122.

[235] 张翼，樊耘，赵菁．国外管理学研究中的元分析评介 [J]. 外国经济与管理，2009，31 (07): 1 - 8.

[236] 张振新，杜光文，王振山．监事会、董事会特征与信息披露质量 [J]. 财经问题研究，2011 (10): 60 - 67.

[237] 张宗新，吴钊颖．媒体情绪传染与分析师乐观偏差——基于机器学习文本分析方法的经验证据 [J]. 管理世界，2021，37 (01): 170 - 185.

[238] 张宗新，杨飞，袁庆海．上市公司信息披露质量提升能否改进公司绩效？——基于2002 - 2005年深市上市公司的经验证据 [J]. 会计研究，2007 (10): 16 - 23.

[239] 赵昌文，许召元，朱鸿鸣．工业化后期的中国经济增长新动力 [J]. 中国工业经济，2015 (06): 44 - 54.

[240] 郑艳秋，曹静娴．上市公司管理层讨论与分析信息披露质量影响因素分析——基于食品行业上市公司2006 ~ 2009年经验数据的研究 [J]. 财会通讯，2012 (20): 41 - 42.

[241] 周波，张程，曾庆生．年报语调与股价崩盘风险——来自中国A股上市公司的经验证据 [J]. 会计研究，2019 (11): 41 - 48.

[242] 周新军．上市公司信息披露与媒体监督 [J]. 中国记者，2002 (12): 46 - 47.

[243] 周开国，应千伟，陈晓娴．媒体关注度、分析师关注度与盈余预测准确度 [J]. 金融研究，2014 (02): 139 - 152.

[244] 周黎安．中国地方官员的晋升锦标赛模式研究 [J]. 经济研究，2007 (07): 36 - 50.

[245] 周晓苏，李进营．深交所信息披露考评公告的市场效应研究 [J]. 证券市场导报，2010 (03): 58 - 65.

[246] 周中胜，陈汉文．会计信息透明度与资源配置效率 [J]. 会计研究，2008 (12): 56 - 62.

[247] 朱红军，何贤杰，陶林．中国的证券分析师能够提高资本市场的效率吗——基于股价同步性和股价信息含量的经验证据 [J]. 金融研究，2007 (02): 110 - 121.

[248] 朱红军，钱友文．中国IPO高抑价之谜："定价效率观"还是"租

金分配观”? [J]. 管理世界, 2010 (06): 28 -40.

[249] 朱红军, 汪辉. 公平信息披露的经济后果——基于收益波动性、信息泄露及寒风效应的实证研究 [J]. 管理世界, 2009 (02): 23 -35.

[250] 朱杰. 独立董事薪酬激励与上市公司信息披露违规 [J]. 审计与经济研究, 2020, 35 (02): 77 -86.

[251] 朱滔. 上市公司并购的短期和长期股价表现 [J]. 当代经济科学, 2006 (03): 31 -39.

[252] Aboody D, Kasznik R. CEO stock option awards and the timing of corporate voluntary disclosures [J]. Journal of Accounting and Economics, 2000, 29 (1): 73 -100.

[253] Adams R B, Almeida H, Ferreira D. Powerful CEOs and their impact on corporate performance [J]. The Review of Financial Studies, 2005, 18 (4): 1403 -1432.

[254] Adams R B, Ferreira D. A theory of friendly boards [J]. The Journal of Finance, 2007, 62 (1): 217 -250.

[255] Agrawal A, Chadha S. Corporate governance and accounting scandals [J]. The Journal of Law and Economics, 2005, 48 (2): 371 -406.

[256] Agrawal A, Jaffe J F, Karpoff J M. Management turnover and governance changes following the revelation of fraud [J]. The Journal of Law and Economics, 1999, 42 (S1): 309 -342.

[257] Ahern K R, Sosyura D. Who writes the news? Corporate press releases during merger negotiations [J]. The Journal of Finance, 2014, 69 (1): 241 -291.

[258] Ahmed A S, Duellman S. Managerial overconfidence and accounting conservatism [J]. Journal of Accounting Research, 2013, 51 (1): 1 -30.

[259] Ang J, Price M. Pitching IPOs: Exaggeration and the marketing of financial securities [J]. Florida State University Working Paper, 2009.

[260] Armour J, Deakin S, Sarkar P, et al. Shareholder protection and stock market development: an empirical test of the legal origins hypothesis [J]. Journal of Empirical Legal Studies, 2009, 6 (2): 343 -380.

[261] Baker M, Stein J C, Wurgler J. When does the market matter? Stock prices and the investment of equity-dependent firms [J]. The Quarterly Journal of Economics, 2003, 118 (3): 969 -1005.

[262] Barnes P. The identification of UK takeover targets using published historical cost accounting data Some empirical evidence comparing logit with linear discriminant analysis and raw financial ratios with industry-relative ratios [J]. International Review of Financial Analysis, 2000, 9 (2): 147 - 162.

[263] Bathala C T, Rao R P. The determinants of board composition: An agency theory perspective [J]. Managerial and Decision Economics, 1995, 16 (1): 59 - 69.

[264] Beasley M S. An empirical analysis of the relation between the board of director composition and financial statement fraud [J]. Accounting Review, 1996: 443 - 465.

[265] Beatty A L, Ke B, Petroni K R. Earnings management to avoid earnings declines across publicly and privately held banks [J]. The Accounting Review, 2002, 77 (3): 547 - 570.

[266] Berk J B, Green R C, Naik V. Optimal investment, growth options, and security returns [J]. The Journal of Finance, 1999, 54 (5): 1553 - 1607.

[267] Bernard V L, Thomas J K. Evidence that stock prices do not fully reflect the implications of current earnings for future earnings [J]. Journal of Accounting and Economics, 1990, 13 (4): 305 - 340.

[268] Bhagwat V, Dam R, Harford J. The real effects of uncertainty on merger activity [J]. The Review of Financial Studies, 2016, 29 (11): 3000 - 3034.

[269] Blankespoor E. Firm communication and investor response: A framework and discussion integrating social media [J]. Accounting, Organizations and Society, 2018, 68: 80 - 87.

[270] Blankespoor E, Miller B, White H. Initial evidence on the market impact of the XBRL mandate [J]. Review of Accounting Studies, 2014, 19 (4): 1468 - 1503.

[271] Bloomfield R J, Wilks T J. Disclosure effects in the laboratory: Liquidity, depth, and the cost of capital [J]. The Accounting Review, 2000, 75 (1): 13 - 41.

[272] Bloom N, Bond S, Van Reenen J. Uncertainty and investment dynamics [J]. The Review of Economic Studies, 2007, 74 (2): 391 - 415.

[273] Bonaime A, Gulen H, Ion M. Does policy uncertainty affect mergers and acquisitions? [J]. Journal of Financial Economics, 2018, 129 (3): 531 -

558.

[274] Botosan C A. Disclosure level and the cost of equity capital [J]. Accounting Review, 1997: 323 – 349.

[275] Botosan C A, Stanford M. Managers "motives to withhold segment disclosures and the effect of SFAS No. 131 on analysts" information environment [J]. The Accounting Review, 2005, 80 (3): 751 – 772.

[276] Boubaker S, Mansali H, Rjiba H. Large controlling shareholders and stock price synchronicity [J]. Journal of Banking & Finance, 2014, 40: 80 – 96.

[277] Brennan M J, Subrahmanyam A. Investment analysis and price formation in securities markets [J]. Journal of Financial Economics, 1995, 38 (3): 361 – 381.

[278] Brown S J, Warner J B. Using daily stock returns: The case of event studies [J]. Journal of Financial Economics, 1985, 14 (1): 3 – 31.

[279] Burkart M, Gromb D, Panunzi F. Large shareholders, monitoring, and the value of the firm [J]. The Quarterly Journal of Economics, 1997, 112 (3): 693 – 728.

[280] Bushee B J, Core J E, Guay W, et al. The role of the business press as an information intermediary [J]. Journal of Accounting Research, 2010, 48 (1): 1 – 19.

[281] Cade N L. Corporate social media: How two-way disclosure channels influence investors [J]. Accounting, Organizations and Society, 2018, 68: 63 – 79.

[282] Cai Y, Sevilir M. Board connections and M&A transactions [J]. Journal of Financial Economics, 2012, 103 (2): 327 – 349.

[283] Cao N, Li S, Li Y. Does inside trading affect managers' decision-making? A theoretical investigation [J]. Journal of Mathematical Finance, 2015, 5 (04): 348 – 359.

[284] Chaney P K, Lewis C M. Earnings management and firm valuation under asymmetric information [J]. Journal of Corporate Finance, 1995, 1 (3 – 4): 319 – 345.

[285] Chan K, Hameed A. Stock price synchronicity and analyst coverage in emerging markets [J]. Journal of Financial Economics, 2006, 80 (1): 115 – 147.

[286] Chau G K, Gray S J. Ownership structure and corporate voluntary dis-

closure in Hong Kong and Singapore [J]. The International journal of accounting, 2002, 37 (2): 247-265.

[287] Chen D, Li O Z, Xin F. Five-year plans, China finance and their consequences [J]. China Journal of Accounting Research, 2017, 10 (3): 189-230.

[288] Cheng E C M, Courtenay S M. Board composition, regulatory regime and voluntary disclosure [J]. The international Journal of Accounting, 2006, 41 (3): 262-289.

[289] Cheng Q, Lee J, Shevlin T. Internal governance and real earnings management [J]. The Accounting Review, 2015, 91 (4): 1051-1085.

[290] Chen J V, Nagar V, Schoenfeld J. Manager - Analyst conversations in earnings conference calls [J]. Review of Accounting Studies, 2018, 23 (4): 1315-1354.

[291] Chen Q, Goldstein I, Jiang W. Price informativeness and investment sensitivity to stock price [J]. The Review of Financial Studies, 2006, 20 (3): 619-650.

[292] Chen Q, Jiang W. Analysts' weighting of private and public information [J]. The Review of Financial Studies, 2005, 19 (1): 319-355.

[293] Chen W, Li S, Chen C X. How much control causes tunneling? Evidence from China [J]. China Journal of Accounting Research, 2017, 10 (3): 231-245.

[294] Chen Y, Chen D, Wang W, et al. Political uncertainty and firms' information environment: Evidence from China [J]. Journal of Accounting and Public Policy, 2018, 37 (1): 39-64.

[295] Chen Y F, Funke M. Option value, policy uncertainty, and the foreign direct investment decision [R]. Hamburg Institute of International Economics Discussion Paper, 2003.

[296] Collier P. Factors affecting the formation of audit committees in major UK listed companies [J]. Accounting and Business Research, 1993, 23 (supl): 421-430.

[297] Core J E, Holthausen R W, Larcker D F. Corporate governance, chief executive officer compensation, and firm performance [J]. Journal of Financial Economics, 1999, 51 (3): 371-406.

[298] Cornett M M, McNutt J J, Tehranian H. Corporate governance and earnings management at large US bank holding companies [J]. Journal of Corporate Finance, 2009, 15 (4): 412 -430.

[299] Craswell A T, Taylor S L. Discretionary disclosure of reserves by oil and gas companies: an economic analysis [J]. Journal of Business Finance & Accounting, 1992, 19 (2): 295 -308.

[300] Davis A K, Ge W, Matsumoto D, et al. The effect of manager-specific optimism on the tone of earnings conference calls [J]. Review of Accounting Studies, 2015, 20 (2): 639 -673.

[301] Davis A K, Piger J M, Sedor L M. Beyond the numbers: measuring the information content of earnings press release language [J]. Contemporary Accounting Research, 2012, 29 (3): 845 -868.

[302] DeAngelo L E. Accounting numbers as market valuation substitutes: A study of management buyouts of public stockholders [J]. Accounting Review, 1986, 61 (3): 400 -420.

[303] Dechow P M, Dichev I D. The quality of accruals and earnings: The role of accrual estimation errors [J]. The Accounting Review, 2002, 77 (s -1): 35 -59.

[304] Dechow P M, Sloan R G. Executive incentives and the horizon problem: An empirical investigation [J]. Journal of Accounting and Economics, 1991, 14 (1): 51 -89.

[305] Diamond D W, Verrecchia R E. Disclosure, liquidity, and the cost of capital [J]. The Journal of Finance, 1991, 46 (4): 1325 -1359.

[306] Dickersin K. Publication bias: Recognizing the problem, understanding its origins and scope, and preventing harm [J]. Publication Bias in Meta - Analysis: Prevention, Assessment and Adjustments, 2005: 11 -33.

[307] Diebold F X, Yilmaz K. Measuring financial asset return and volatility spillovers, with application to global equity markets [J]. The Economic Journal, 2009, 119 (534): 158 -171.

[308] Dietrich J K, Sorensen E. An application of logit analysis to prediction of merger targets [J]. Journal of Business Research, 1984, 12 (3): 393 -402.

[309] Ding Y, Hope O K, Jeanjean T, et al. Differences between domestic accounting standards and IAS: Measurement, determinants and implications [J].

Journal of Accounting and Public Policy, 2007, 26 (1): 1 –38.

[310] Doupnik T S, Salter S B. External environment, culture, and accounting practices: a preliminary test of a general model of international accounting development [M]. 1995.

[311] Downs A. An economic theory of democracy [J]. 1957. New York: Harper and Row.

[312] Duchin R, Schmidt B. Riding the merger wave: Uncertainty, reduced monitoring, and bad acquisitions [J]. Journal of Financial Economics, 2013, 107 (1): 69 –88.

[313] Durnev A, Morck R, Yeung B. Value-enhancing capital budgeting and firm-specific stock return variation [J]. The Journal of Finance, 2004, 59 (1): 65 –105.

[314] Dyck A, Volchkova N, Zingales L. The corporate fovernance role of the media: Evidence from Russia [J]. Journal of Finance, 2008, 63 (3): 1093 –1135.

[315] Easley D, O'hara M. Information and the cost of capital [J]. The Journal of Finance, 2004, 59 (4): 1553 –1583.

[316] El – Gazzar S M. Predisclosure information and institutional ownership: A cross-sectional examination of market revaluations during earnings announcement periods [J]. Accounting Review, 1998: 119 –129.

[317] Elliott W B, Grant S M, Hodge F D. Investor reaction to MYM firm or# CEO use of social media for negative disclosures [J]. Journal of Accounting Research, 2018, 56 (5): 1483 –1519.

[318] Elyasiani E, Wen Y, Zhang R. Institutional ownership and earning management by bank holding companies [J]. Journal of Financial Research, 2017, 40 (2): 147 –178.

[319] Engelberg J E, Parsons C A. The causal impact of media in financial markets [J]. The Journal of Finance, 2011, 66 (1): 67 –97.

[320] Eng L L, Mak Y T. Corporate governance and voluntary disclosure [J]. Journal of Accounting and Public Policy, 2003, 22 (4): 325 –345.

[321] Erickson M, Wang S. Earnings management by acquiring firms in stock for stock mergers [J]. Journal of Accounting and Economics, 1999, 27 (2): 149 –176.

[322] Erickson M, Wang S W, Zhang X F. The change in information uncertainty and acquirer wealth losses [J]. Review of Accounting Studies, 2012, 17 (4): 913 - 943.

[323] Faccio M. Politically connected firms [J]. American Economic Review, 2006, 96 (1): 369 - 386.

[324] Fama E F. Agency problems and the theory of the firm [J]. Journal of Political Economy, 1980, 88 (2): 288 - 307.

[325] Fama E F, Jensen M C. Separation of ownership and control [J]. The Journal of Law and Economics, 1983, 26 (2): 301 - 325.

[326] Fang L, Peress J. Media coverage and the cross-section of stock returns [J]. The Journal of Finance, 2009, 64 (5): 2023 - 2052.

[327] Feldman R, Govindaraj S, Livnat J, et al. Management's tone change, post earnings announcement drift and accruals [J]. Review of Accounting Studies, 2010, 15 (4): 915 - 953.

[328] Ferreira M A, Laux P A. Corporate governance, idiosyncratic risk, and information flow [J]. The Journal of Finance, 2007, 62 (2): 951 - 989.

[329] Forker J J. Corporate governance and disclosure quality [J]. Accounting and Business research, 1992, 22 (86): 111 - 124.

[330] Francis J, LaFond R, Olsson P M, et al. Costs of equity and earnings attributes [J]. The Accounting Review, 2004, 79 (4): 967 - 1010.

[331] Freeman R E, Liedtka J Corporate social responsibility: A critical approach [J]. Business Horizons, 1991, 34 (4): 92 - 99.

[332] Freeman R N. The association between accounting earnings and security returns for large and small firms [J]. Journal of Accounting and Economics, 1987, 9 (2): 195 - 228.

[333] Fukui Y. Earnings management with the help of historical cost accounting: Not for managers but for investors [J]. Manuscript in Preparation, Tohoku University, 2000.

[334] Gao P. Disclosure quality, cost of capital, and investor welfare [J]. The Accounting Review, 2010, 85 (1): 1 - 29.

[335] Gelb D S, Strawser J A. Corporate social responsibility and financial disclosures: An alternative explanation for increased disclosure [J]. Journal of Business Ethics, 2001, 33 (1): 1 - 13.

[336] Goel A M, Thakor A V. Why do firms smooth earnings? [J]. The Journal of Business, 2003, 76 (1): 151 - 192.

[337] Graebner M E, Eisenhardt K M. The seller's side of the story: Acquisition as courtship and governance as syndicate in entrepreneurial firms [J]. Administrative Science Quarterly, 2004, 49 (3): 366 - 403.

[338] Gul F A, Leung S. Board leadership, outside directors' expertise and voluntary corporate disclosures [J]. Journal of Accounting and public Policy, 2004, 23 (5): 351 - 379.

[339] Hall E T, Beyond Culture [M]. New York; Doubleday. 1976.

[340] Handa P, Linn S. Arbitrage pricing with estimation risk [J]. Journal of Financial Economics, 1993, (28): 81 - 100.

[341] Harford J. What drives merger waves? [J]. Journal of Financial Economics, 2005, 77 (3): 529 - 560.

[342] Hart G O D. One share-one vote and the market for corporate control [J]. Journal of Financial Economics, 1988, 20: 175 - 202.

[343] Healy P M, Palepu K G. Information asymmetry, corporate disclosure, and the capital markets: A review of the empirical disclosure literature [J]. Journal of Accounting and Economics, 2001, 31 (1 - 3): 405 - 440.

[344] Healy P M. The effect of bonus schemes on accounting decisions [J]. Journal of Accounting and Economics, 1985, 7 (1 - 3): 85 - 107.

[345] Healy P M, Wahlen J M. A review of the earnings management literature and its implications for standard setting [J]. Accounting Horizons, 1999, 13 (4): 365 - 383.

[346] Hermalin B E, Weisbach M S. Information disclosure and corporate governance [J]. The Journal of Finance, 2012, 67 (1): 195 - 233.

[347] Higgins H N. Do stock-for-stock merger acquirers manage earnings? Evidence from Japan [J]. Journal of Accounting and Public Policy, 2013, 32: 44 - 70.

[348] Hillman A L. The political economy of protection [M]. Taylor & Francis, 2013.

[349] Hirshleifer D, Lim S S, Teoh S H. Driven to distraction: Extraneous events and underreaction to earnings news [J]. The Journal of Finance, 2009, 64 (5): 2289 - 2325.

[350] Hirshleifer D, Teoh S H. Limited attention, information disclosure, and financial reporting [J]. Journal of Accounting and Economics, 2003, 36 (1 - 3): 337 - 386.

[351] Hoberg G, Phillips G M. Product market synergies and competition in mergers and acquisitions: A text-based analysis [J]. Review of Financial Studies, 2010, 23 (10): 3773 - 3811.

[352] Hong H, Kubik J D, Stein J C. Social interaction and stock-market participation [J]. The Journal of Finance, 2004, 59 (1): 137 - 163.

[353] Hossain M, Prevost A K, Rao R P. Corporate governance in New Zealand: The effect of the 1993 Companies Act on the relation between board composition and firm performance [J]. Pacific - Basin Finance Journal, 2001, 9 (2): 119 - 145.

[354] Huang X, Teoh S H, Zhang Y. Tone management [J]. The Accounting Review, 2014, 89 (3): 1083 - 1113.

[355] Huang Y, Luk P. Measuring economic policy uncertainty in China [J]. China Economic Review, 2020, 59: 101367.

[356] Hutton A P, Marcus A J, Tehranian H. Opaque financial reports, R2, and crash risk [J]. Journal of Financial Economics, 2009, 94 (1): 67 - 86.

[357] Jaggi B, Low P Y. Impact of culture, market forces, and legal system on financial disclosures [J]. The International Journal of Accounting, 2000, 35 (4): 495 - 519.

[358] Jegadeesh N, Wu A D. Word power: a new approach for content analysis [J]. Journal of Financial Economics, 2013, 110 (3): 712 - 729.

[359] Jensen M C. The modern industrial revolution, exit, and the failure of internal control systems [J]. the Journal of Finance, 1993, 48 (3): 831 - 880.

[360] Jin L, Myers S. R2 around the world: New theory and new tests [J]. Journal of Financial Economics, 2006, 79, (2): 257 - 292.

[361] Johnson M F, Nelson K K, Pritchard A C. Do the merits matter more? The impact of the Private Securities Litigation Reform Act [J]. The Journal of Law, Economics, & Organization, 2007, 23 (3): 627 - 652.

[362] Johnson S, Porta R L, Silanes F L D, et al. Tunneling [J]. American Economic Review, 2000, 90 (2): 22 - 27.

[363] Jones J J. Earnings management during import relief investigations [J].

Journal of Accounting Research, 1991, 29 (2): 193 -228.

[364] Khorana A, Servaes H, Tufano P. Explaining the size of the mutual fund industry around the world [J]. Journal of Financial Economics, 2005, 78 (1): 145 -185.

[365] Kim A, Meschke F. CEO interviews on CNBC [J]. Social Science Electronic Publishing, 2011.

[366] Kim E H, Youm Y N. How do social media affect analyst stock recommendations? Evidence from S&P 500 electric power companies' Twitter accounts [J]. Strategic Management Journal, 2017, 38 (13): 2599 -2622.

[367] Kim O, Verrecchia R E. Market liquidity and volume around earnings announcements [J]. Journal of Accounting and Economics, 1994, 17 (1 -2): 41 -67.

[368] Kim W G, Arbel A. Predicting merger targets of hospitality firms (a Logit model) [J]. International Journal of Hospitality Management, 1998, 17 (3): 303 -318.

[369] Kim Y, Park M S, Wier B. Is earnings quality associated with corporate social responsibility? [J]. The Accounting Review, 2012, 87 (3): 761 -796.

[370] Laeven L. Does financial liberalization reduce financing constraints? [J]. Financial Management, 2003: 5 -34.

[371] Landsman W R, Maydew E L. Has the information content of quarterly earnings announcements declined in the past three decades? [J]. Journal of Accounting Research, 2002, 40 (3): 797 -808.

[372] Larcker D F, Zakolyukina A A. Detecting deceptive discussions in conference calls [J]. Journal of Accounting Research, 2012, 50 (2): 495 -540.

[373] Lasfer M A. The interrelationship between managerial ownership and board structure [J]. Journal of Business Finance & Accounting, 2006, 33 (7 -8): 1006 -1033.

[374] Lennox C, Wang Z T, Wu X. Earnings management, audit adjustments, and the financing of corporate acquisitions: Evidence from China [J]. Journal of Accounting & Economics, 2018, 65 (1): 21 -40.

[375] Leuz C, Nanda D, Wysocki P D. Earnings management and investor protection: an international comparison [J]. Journal of Financial Economics, 2003, 69 (3): 505 -527.

[376] Li E X, Ramesh K. Market reaction surrounding the filing of periodic SEC reports [J]. Social Science Electronic Publishing, 2009, 84 (4): 1171 - 1208.

[377] Li F. Textual analysis of corporate disclosures: A survey of the literature [J]. Journal of Accounting Literature, 2010, 29: 143 - 165.

[378] Li F. The information content of forward-looking statements in corporate filings—a nave bayesian machine learning approach [J]. Journal of Accounting Research, 2010, 48 (5): 1049 - 1102.

[379] Li K, Morck R, Yang F, et al. Firm-specific variation and openness in emerging markets [J]. Review of Economics and Statistics, 2004, 86 (3): 658 - 669.

[380] Linck J S, Netter J M, Yang T. The determinants of board structure [J]. Journal of financial economics, 2008, 87 (2): 308 - 328.

[381] Lins K V, Servaes H, Tamayo A. Social capital, trust, and firm performance: The value of corporate social responsibility during the financial crisis [J]. the Journal of Finance, 2017, 72 (4): 1785 - 1824.

[382] Liu B, Mcconnell J J. The role of the media in corporate governance: Do the media influence managers' capital allocation decisions? [J]. Social Science Electronic Publishing, 2013, 110 (1): 1 - 17.

[383] Liu Q, Lu Z J. Corporate governance and earnings management in the Chinese listed companies: A tunneling perspective [J]. Journal of Corporate Finance, 2007, 13 (5): 881 - 906.

[384] Loughran T, McDonald B. When is a liability not a liability? Textual analysis, dictionaries, and 10 - Ks [J]. The Journal of Finance, 2011, 66 (1): 35 - 65.

[385] Louis, H. Earnings management and the market performance of acquiring firms [J], Journal of Financial Economics, 2004, 74: 121 - 148.

[386] Mak Y T, Li Y. Determinants of corporate ownership and board structure: evidence from Singapore [J]. Journal of Corporate Finance, 2001, 7 (3): 235 - 256.

[387] Meek G K, Roberts C B, Gray S J. Factors influencing voluntary annual report disclosures by US, UK and continental European multinational corporations [J]. Journal of International Business Studies, 1995, 26 (3): 555 - 572.

[388] Miller G S, Skinner D J. The evolving disclosure landscape: How changes in technology, the media, and capital markets are affecting disclosure [J]. Journal of Accounting Research, 2015, 53 (2): 221 -239.

[389] Miller G S. The press as a watchdog for accounting fraud [J]. Journal of Accounting Research, 2006, 44 (5): 1001 -1033.

[390] Millstein I M, MacAvoy P W. The active board of directors and performance of the large publicly traded corporation [J]. Columbia Law Review, 1998: 1283 -1322.

[391] Mitchell M L, Mulherin J H. The impact of industry shocks on takeover and restructuring activity [J]. Journal of Financial Economics, 1996, 41 (2): 193 -229.

[392] Molz R. Managerial domination of boards of directors and financial performance [J]. Journal of Business Research, 1988, 16 (3): 235 -249.

[393] Monem R M. Determinants of board structure: Evidence from Australia [J]. Journal of Contemporary Accounting & Economics, 2013, 9 (1): 33 -49.

[394] Morck R, Yeung B, Yu W. The information content of stock markets: why do emerging markets have synchronous stock price movements? [J]. Journal of Financial Economics, 2000, 58 (1 -2): 215 -260.

[395] Mork K A. Oil and the macroeconomy when prices go up and down: an extension of Hamilton's results [J]. Journal of Political Economy, 1989, 97 (3): 740 -744.

[396] Munisi G, Hermes N, Randøy T. Corporate boards and ownership structure: Evidence from Sub - Saharan Africa [J]. International Business Review, 2014, 23 (4): 785 -796.

[397] Muslu V, Radhakrishnan S, Subramanyam K R, et al. Forward-looking MD&A disclosures and the information environment [J]. Management Science Journal of the Institute for Operations Research and the Management Sciences, 2015, 61 (5): 931 -948.

[398] Myers S C, Majluf N S. Corporate financing and investment decisions when firms have information that investors do not have [J]. Journal of Financial Economics, 1984, 13 (2): 187 -221.

[399] Narayan P K, Narayan S, Tran V T. Political uncertainty and corporate investment: State-level evidence from Australia [J]. SSRN Electronic Journal,

2017, 36 (2): 174 - 189.

[400] Nelson K K, Pritchard A C. Litigation risk and voluntary disclosure: The use of meaningful cautionary language [C]//2nd Annual Conference on Empirical Legal Studies Paper, 2007.

[401] North D. Institutions, institutional change and economic performance [J]. Cambridge University Press, 1991.

[402] Ocasio W. Political dynamics and the circulation of power: CEO succession in US industrial corporations, 1960 - 1990 [J]. Administrative Science Quarterly, 1994: 285 - 312.

[403] Pagano M, Röell A A. The choice of stock wwnership structure: Agency costs, monitoring, and the decision to go public [J]. Quarterly Journal of Economics, 1998, 113 (1): 187 - 225.

[404] Palepu K G. Predicting takeover targets: A methodological and empirical analysis [J]. Journal of Accounting and Economics, 1986, 8 (1): 3 - 35.

[405] Pastor L, Veronesi P. Uncertainty about government policy and stock prices [J]. The Journal of Finance, 2012, 67 (4): 1219 - 1264.

[406] Peng W Q, Wei K C J, Yang Z. Tunneling or propping: Evidence from connected transactions in China [J]. Journal of Corporate Finance, 2011, 17 (2): 306 - 325.

[407] Peress J. The media and the diffusion of information in financial markets: Evidence from newspaper strikes [J] Journal of Finance, 2014, 69 (5): 2007 - 2043.

[408] Piotroski J D., Roulstone D T. The influence of analysts, institutional investors, and insiders on the incorporation of market, industry, and firm-specific information into stock prices [J]. The Accounting Review, 2004, 79 (4): 1119 - 1151.

[409] Piotroski J D, Wong T J, Zhang T. Political incentives to suppress negative information: Evidence from Chinese listed firms [J]. Journal of Accounting Research, 2015, 53 (2): 405 - 459.

[410] Piotroski J D, Zhang T. Politicians and the IPO decision: The impact of impending political promotions on IPO activity in China [J]. Journal of Financial Economics, 2014, 111 (1): 111 - 136.

[411] Porta R L, Lopez-de - Silanes F, Shleifer A, et al. Law and finance

[J]. Journal of Political Economy, 1998, 106 (6): 1113 – 1155.

[412] Porter C E, Donthu N, Macelroy W H, et al. How to foster and sustain engagement in virtual communities [J]. California Management Review, 2011, 53 (4): 80 – 110.

[413] Price S M, Doran J S, Peterson D R, et al. Earnings conference calls and stock returns: the incremental informativeness of textual tone [J]. Journal of Banking and Finance, 2012, 36 (4): 992 – 1011.

[414] Rahman M M, Moniruzzaman M, Sharif M J. Techniques, motives and controls of earnings management [J]. International Journal of Information Technology and Business Management, 2013, 11 (1): 22 – 34.

[415] Ravenscraft D J. Australian mergers and takeovers: A review of recent evidence [J]. Economic Analysis and Policy, 1987, 17 (2): 221 – 238.

[416] Roll R. The stochastic dependence of security price changes and transaction volumes: Implications for the mixture-of-distributions hypothesis [J]. The Journal of Finance, 1988, 43 (3): 541 – 566.

[417] Rosenstein S, Wyatt J G. Outside directors, board independence, and shareholder wealth [J]. Journal of Financial Economics, 1990, 26 (2): 175 – 191.

[418] Rothstein H R, Sutton A J, Borenstein M. Publication bias in meta-analysis: Prevention, assessment and adjustments [M]. Reports from the UK National Ecosystem Assessment Follow-on Phase, 2014.

[419] Rousseau D M, Sitkin S B, Burt R S, et al. Not so different after all: A cross-discipline view of trust [J]. Academy of Management Review, 1998, 23 (3): 393 – 404.

[420] Roychowdhury S. Earnings management through real activities manipulation [J]. Journal of Accounting and Economics, 2006, 42 (3): 335 – 370.

[421] Ruland W, Tung S, George N E. Factors associated with the disclosure of managers' forecasts [J]. Accounting Review, 1990: 710 – 721.

[422] Schadewitz H J, Blevins D R. Major determinants of interim disclosures in an emerging market [J]. American Business Review, 1998, 16 (1): 41 – 55.

[423] Segal G, Shaliastovich I, Yaron A. Good and bad uncertainty: Macroeconomic and financial market implications [J]. Journal of Financial Economics, 2015, 117 (2): 369 – 397.

[424] Sengupta P. Corporate disclosure quality and the cost of debt [J]. Accounting review, 1998: 459 - 474.

[425] Shleifer A. Does competition destroy ethical behavior? [J]. American Economic Review, 2004, 94 (2): 414 - 418.

[426] Shleifer A, Vishny R W. A survey of corporate governance [J]. Journal of Finance, 1997, 52 (2): 737 - 783.

[427] Simkowitz M, Monroe R J. A discriminant analysis function for conglomerate targets [J]. Southern Journal of Business, 1971, 6 (1): 1 - 15.

[428] Solomon D H. Selective publicity and stockprices [J]. Journal of Finance, 2012, 67 (2): 599 - 638.

[429] Sorensen D E. Characteristics of merging firms [J]. Journal of Economics and Business, 2000, 52 (5): 423 - 433.

[430] Stevens D L. Financial characteristics of merged firms: A multivariate analysis [J]. Journal of Financial and Quantitative analysis, 1973: 149 - 158.

[431] Strickland D, Wiles K W, Zenner M. A requiem for the USA is small shareholder monitoring effective? [J]. Journal of Financial Economics, 1996, 40 (2): 319 - 338.

[432] Tetlock P C. Giving content to investor sentiment: the role of media in the stock market [J]. The Journal of Finance, 2007, 62 (3): 1139 - 1168.

[433] Tetlock P C, Saar - Tsechansky M, Macskassy S. More than words: quantifying language to measure firms' fundamentals [J]. The Journal of Finance, 2008, 63 (3): 1437 - 1467.

[434] Uzun H, Szewczyk S H, Varma R. Board composition and corporate fraud [J]. Financial Analysts Journal, 2004, 60 (3): 33 - 43.

[435] Veldkamp L L. Information markets and the comovement of asset prices [J]. The Review of Economic Studies, 2006, 73 (3): 823 - 845.

[436] Veldkamp L, Wolfers J. Aggregate shocks or aggregate information? Costly information and business cycle comovement [J]. Journal of Monetary Economics, 2007, 54: 37 - 55.

[437] Wang K, Sewon O, Claiborne M C. Determinants and consequences of voluntary disclosure in an emerging market: Evidence from China [J]. Journal of International Accounting, Auditing and Taxation, 2008, 17 (1): 14 - 30.

[438] Wang Y, Lahr H. Takeover law to protect shareholders: Increasing effi-

ciency or merely redistributing gains? [J]. Journal of Corporate Finance, 2017, 43: 288-315.

[439] Weeds H. Strategic delay in a real options model of R&D competition [J]. The Review of Economic Studies, 2002, 69 (3): 729-747.

[440] Welker M. Disclosure policy, information asymmetry, and liquidity in equity markets [J]. Contemporary Accounting Research, 1995, 11 (2): 801-827.

[441] Wurgler J. Financial markets and the allocation of capital [J]. Journal of Financial Economics, 2000, 58 (1-2): 187-214.

[442] Ye Q, Li Z. Do independent directors play a political role? Evidence from independent directors' death events [J]. China Journal of Accounting Research, 2017, 10 (4): 295-316.

[443] Zang A Y. Evidence on the trade-off between real activities manipulation and accrual-based earnings management [J]. The Accounting Review, 2012, 87 (2): 675-703.

[444] Zhu X L, Li L J. Xue Y K. Banking system reform, earnings quality and credit allocation [J]. China Journal of Accounting Research, 2012, 5 (3): 217-229.

附　　录

（1）研究样本文献汇总描述性统计。

表 1　　研究样本文献汇总描述性统计

作者	年份	样本数	调整相关系数	标准误	Fisher's Z	Fisher's Z SE
Sengupta	1998	109	-0. 215	0. 093	-0. 219	0. 097
汪炜	2004	516	-0. 197	0. 042	-0. 200	0. 044
陆超等	2018	2 321	-0. 179	0. 020	-0. 181	0. 021
Botosan	1997	115	-0. 160	0. 092	-0. 161	0. 094
Embong 等	2012	460	-0. 140	0. 046	-0. 141	0. 047
王喜等	2019	731	-0. 128	0. 036	-0. 128	0. 037
Richardson 等	2001	324	-0. 119	0. 055	-0. 120	0. 056
肖浩等	2016	788	-0. 119	0. 035	-0. 120	0. 036
Francis 等	2005	688	-0. 083	0. 038	-0. 083	0. 038
Kim 等	2016	9 316	-0. 083	0. 010	-0. 083	0. 010
肖作平等	2013	500	-0. 082	0. 045	-0. 082	0. 045
黄俊等	2014	9 837	-0. 082	0. 010	-0. 082	0. 010
罗进辉	2012	1 291	-0. 074	0. 028	-0. 074	0. 028
Li 等	2018	10 571	-0. 073	0. 010	-0. 073	0. 010
卢文彬	2014	5 516	-0. 070	0. 013	-0. 070	0. 013
佟孟华等	2020	2 390	-0. 065	0. 020	-0. 065	0. 020
Francis 等	2008	677	-0. 061	0. 038	-0. 062	0. 039
李辉等	2019	3 214	-0. 060	0. 018	-0. 061	0. 018
杨建辉等	2018	9 806	-0. 050	0. 010	-0. 050	0. 010
罗进辉等	2020	6 801	-0. 049	0. 012	-0. 049	0. 012
夏楸等	2018	6 281	-0. 043	0. 013	-0. 043	0. 013
肖翔等	2019	6 831	-0. 041	0. 012	-0. 041	0. 012

续表

作者	年份	样本数	调整相关系数	标准误	Fisher's Z	Fisher's Z SE
Zhou 等	2019	76 105	-0.040	0.004	-0.040	0.004
Haggard 等	2008	2 084	-0.039	0.022	-0.039	0.022
赵玉洁	2019	5 285	-0.032	0.014	-0.032	0.014
何贤杰等	2018	4 689	-0.030	0.015	-0.030	0.015
张婷等	2020	16 288	-0.027	0.008	-0.027	0.008
夏阳等	2018	4 656	-0.024	0.015	-0.024	0.015
He 等	2019	19 847	-0.004	0.007	-0.004	0.007
方红星等	2019	5 596	0.006	0.013	0.006	0.013
Balakrishnan 等	2014	2 095	0.008	0.022	0.008	0.022
张淑慧等	2018	207	0.008	0.070	0.008	0.070
Biddle 等	2009	34 791	0.012	0.005	0.012	0.005
李常青等	2016	330	0.014	0.055	0.014	0.055
张文菲等	2018	7 524	0.031	0.012	0.031	0.012
王健忠	2018	4 001	0.035	0.016	0.035	0.016
Buskirk	2012	9 373	0.041	0.010	0.041	0.010
Lai 等	2014	6 017	0.044	0.013	0.044	0.013
Dai 等	2018	11 518	0.044	0.009	0.044	0.009
Zhong 等	2018	88 687	0.051	0.003	0.051	0.003
李青原	2009	2 319	0.053	0.021	0.053	0.021
Heflin 等	2005	1 374	0.057	0.027	0.057	0.027
李海凤等	2015	3 171	0.060	0.018	0.060	0.018
李新丽等	2019	13 646	0.064	0.009	0.064	0.009
Chih 等	2009	1 402	0.068	0.027	0.068	0.027
吴璇等	2017	1 235	0.075	0.028	0.075	0.028
彭丁等	2013	2 099	0.078	0.022	0.078	0.022
徐世伟等	2019	1 090	0.106	0.030	0.106	0.030
王卫星等	2018	2 208	0.119	0.021	0.119	0.021
王冰等	2017	836	0.132	0.034	0.133	0.035
张程睿等	2019	12 273	0.141	0.009	0.142	0.009

续表

作者	年份	样本数	调整相关系数	标准误	Fisher's Z	Fisher's Z SE
龙文等	2019	886	0. 155	0. 033	0. 156	0. 034
董淑兰等	2018	1 397	0. 156	0. 026	0. 157	0. 027
Chen 等	2014	724	0. 176	0. 036	0. 178	0. 037
王春峰	2012	386	0. 189	0. 049	0. 191	0. 051
Borochin 等	2018	225	0. 195	0. 065	0. 198	0. 067
李思龙等	2018	9 020	0. 212	0. 010	0. 215	0. 011
张宗新等	2007	1 577	0. 258	0. 024	0. 264	0. 025
Gajewski 等	2015	180	0. 258	0. 070	0. 264	0. 075

（2）剔除森林图中 10 篇效应值横跨零分界线的文献检验结果。

表 2　　信息披露对并购重组影响的总体效应

模型	K	N	ES	-95% CL	95% CL	Z 值	P 值	Q 值	df（Q）	I^2
固定效应	49	398 117	0. 010 ***	0. 007	0. 013	6. 417	0. 000	196. 824 ***	48	97. 469
随机效应	49	398 117	0. 017 **	0. 005	0. 038	1. 992	0. 046			

注：*** 、** 、* 分别表示在 1% 、5% 、10% 的水平上显著，下同。

表 3　信息披露性对股价同步性、市场流动性、资本成本与并购绩效的影响效应

	模型	K	N	ES	-95% CL	95% CL	Z 值	P 值
股价同步性	固定效应	12	177 158	-0. 022 ***	-0. 026	-0. 017	-9. 147	0. 000
	随机效应	12	177 158	-0. 034 *	-0. 074	0. 006	-1. 662	0. 097
市场流动性	固定效应	9	27 894	0. 109 ***	0. 097	0. 121	18. 186	0. 000
	随机效应	9	27 894	0. 113 ***	0. 051	0. 175	3. 587	0. 000
资本成本	固定效应	14	40 437	-0. 056 ***	-0. 066	-0. 046	-11. 239	0. 000
	随机效应	14	40 437	-0. 067 ***	-0. 084	-0. 049	-7. 608	0. 000
并购绩效	固定效应	14	152 628	0. 047 ***	0. 042	0. 052	18. 230	0. 000
	随机效应	14	152 628	0. 094 ***	0. 069	0. 120	7. 161	0. 000

表 4　信息披露与并购重组关系的调节效应

		调节变量	K	ES	−95% CL	95% CL	Q 值	df（Q）	I^2	Z 值	P 值
情景因素	企业规模	中小型企业	21	0.032***	0.028	0.036	726.819***	20	97.248	14.656	0.000
		大型企业	18	0.024*	0.023	0.070	743.418***	17	97.713	1.695	0.090
	分析师跟踪	分析师跟踪人数少	10	0.009***	0.004	0.014	786.222***	9	98.855	3.294	0.001
		分析师跟踪人数多	8	0.026***	0.021	0.031	238.897***	7	97.070	10.548	0.000
测量因素	测量维度	单一维度	19	0.026***	0.021	0.030	756.729***	18	97.621	11.145	0.000
		多重维度	30	0.032**	0.003	0.061	1 054.150***	29	97.249	2.142	0.032

表5　信息披露与并购重组的 Meta 回归分析结果

调节变量	系数	标准误	Z值	P值	-95% CL	95% CL
企业规模（大型企业=1，中小型企业=0）	-0.031***	0.004	-7.703	0.000	-0.039	-0.023
分析师跟踪（跟踪人数多=1，跟踪人数少=0）	0.035***	0.004	9.606	0.000	0.028	0.042
测量维度（多重维度=1，单一维度=0）	0.029***	0.003	9.271	0.000	0.023	0.036

（3）逐一剔除样本文献检验结果（仅列示剔除第一篇与最后一篇回归结果）。

①剔除第一篇：

表6　信息披露对并购重组影响的总体效应（剔除第一篇样本文献）

模型	K	N	ES	-95% CL	95% CL	Z值	P值	Q值	df（Q）	I^2
固定效应	58	434 115	0.009***	0.006	0.012	5.710	0.000	115.705***	57	97.025
随机效应	58	434 115	0.012**	0.007	0.031	1.966	0.049			

②剔除最后一篇：

表7　信息披露对并购重组影响的总体效应（剔除最后一篇样本文献）

模型	K	N	ES	-95% CL	95% CL	Z值	P值	Q值	df（Q）	I^2
固定效应	58	434 044	0.009***	0.006	0.011	5.604	0.000	109.604***	57	97.015
随机效应	58	434 044	0.008**	0.001	0.027	2.024	0.043